불황탈출

박상준 지음

불황탈출

不況脫出

알키

2019년 7월, 한국 경제를 향한 일본의 선전포고가 있었다. 2010년 중국이 대일 희토류 수출을 금지했을 때 일본이 겪었던 혼란을 지금은 대한민국이 겪고 있다. 2010년은 중국이 G3에서 G2로 부상하던 해였고 그해 중국의 경제 규모는 반세기만에 일본을 추월했다. 2019년, 일본은 완전고용을 달성했고 주요 대기업은 사상 최대의 실적을 보고했다. 2010년에는 중국이, 2019년에는 일본이 자국 경제에 대한 자만에 도취되어 무역분쟁을 일으킨 것이다. 무역분쟁은 결국 자국 경제에 부메랑이 돼서 돌아오지만, 정치가들은 때로 그것을 모를 만큼 어리석거나 알고도 눈을 감을 만큼 이기적이다.

지난 수년 일본이 불황에서 벗어난 것은 사실이다. 그러나 미래 전망이 밝은 것만은 아니다. 인구가 감소하는 것이 가장 큰 문제고, 취업이 쉽다 보니 청년들의 도전 의식이 부족하다. 일본 기업을 부활시킨 유명 기업가들은 지난 수년간의 구조개혁을 20년 전에 시작했어야 한다고 한탄한다. 지금 한국은 20년 전의 일본과 같은 문제로 고민하고 있다. 한국은 일본보다 더 현명한 선택을 할 수 있을까?

2000년대 초반은 일본에게 고통스러운 시기였다. 버블은 1990년대 초반에 붕괴했지만 '부자는 망해도 삼대는 간다'는 말처럼 파산 기업이 쏟아진 것은 1990년대 말과 2000년대 초였다. 2001년 "개혁 없이 성장 없다"고 외친 고이즈미가 수상이 되고, 잃어버린 10년에 지친 일본인들은 그에게 희망을 걸었지만 오히려 이듬해에 2만여 개의 기업이 도산했다. 역대 두 번째로 높은 수치였다. 범죄율은 2002년에, 청년실업률은 2003년에 역대 최고치를 기록했고, 자살률도 다시 높아지고 있었다. 나는 1999년 4월 일본의 한 대학에 부임했고 미래에 대한 두려움으로 불안해하던 일본 사회를 마주했다.

안타깝게도 나는 2019년 대한민국에서 1999년 일본의 풍경을 다시 본다. 기업은 활력을 잃고 있고 청년들은 일자리를 잃고 있다. 출생률, 자살률이 역대 최악이고 그 이면에는 두려움이, 미래가 현재보다 더 힘들 것이라는 두려움이 있다.

"두려움은 분노를, 분노는 증오를, 증오는 고통을 낳는다." 제다이의 위대한 스승인 요다가 어린 아나킨 스카이워커에게 한 말이다. 영화 〈스타워즈〉 제작진의 통찰력이 빛나는 이 조언을 귀담아들어야 할 이는 아나킨만이 아니다. 2019년 설날 때 오랜만에 만난 고등학생 조카가 집값이 폭락하면 우리도 거지가 되는 게 아니냐 해서 크게 웃은 일이 있다. 학교에서 친구들과 가끔 이런 얘기를 한다는데 의젓한 모습에 대견하기도 했지만, 경제에 대한 불안감이 어린 학생들한테까지 번지고 있다는 사실이 새삼 놀랍기도 했다.

앞이 보이지 않는 어두운 길을 걸을 때처럼 나를 둘러싼 상황이 낯설고 혼란스러울 때 두려움은 증폭된다. 저출산 고령화라는 새로운 사회현상에 4차 산업이라는 과학기술의 혁명까지 겹쳐서 그러잖아도 당혹스러운데, 미중 무역마찰에 이어 한국과 일본도 무역전쟁에 돌입했다. 게다가 청년실업은 최악을 갱신하고 있고 전국 곳곳에서 빈 주택이 늘어나고 있다. 한국이 일본처럼 장기불황에 진입 중이라는 얘기가 들리는가 하면, 일본은 오히려 불황에서 벗어나 활력을 되찾고 있다는 말도 들린다. 일본이 완전고용에 이른 것은 인구가 줄었기 때문이며 따라서 한국도 가까운 장래에 청년실업이 해소되리란 전망도 있다. 반대로 누군가는 한국에는 청년들을 위한 미래가 없다고 말한다. 질문은 많은데 답이 없으니 혼란스럽고 겁이 나는 것이 당연하다. 겁이 나면 신경이 곤두서고 날을 세우게 된다. 요즘 한국 사회에 횡행하는 '혐오'는 우연이 아니다.

일본이 불황에서 벗어났다는데 사실일까? 사실이라면 어떻게 불황을 극복하였을까? 일본인들은 불황의 경험에서 무엇을 배웠을까? 한국도 일본처럼 부동산 가격이 폭락할까? 청년실업은 악화될까, 개선될까? 한국 기업과의 경쟁에서 패퇴했던 일본 기업이 부활하여 지금은 오히려 한국 기업이 뒤처지고 있다는 우울한 경보는 어디까지가 사실일까? 아베노믹스는 효과를 보았는가? 소득주도성장은 한국 경제에 적절한 처방인가? 내가 최근 일 년간 친구와 동료 경제학자, 아내와 아들, 아들 또래의 제자, 정부 공무원, 기업가, 언론인에게서 받은 질문이다. 20년간 한국과 일본 경제를 연구하고 가르친 학자로서 내가 알고 있는 대로 성실히 답하였고 그 답을 정리하여 이 책을 내게 되었다.

나는 1997년 미국에서 박사학위를 받고 한국의 국책연구원에 첫 직장을 잡았다. 동료와 선배의 배려로 행복한 직장생활을 했지만 그해 11월 한국이 IMF 구제금융을 받게 되자 외국에서의 직장 경험 없이 한국에 돌아온 것이 후회됐다. 결국 1999년 한국을 떠나 일본에 있는 한 대학에서 교편을 잡았다. 그리고 만 40세가 되던 2005년에, 정년을 보장받고 와세다대로 자리를 옮겼다. 정년도 보장받았고 불혹도 되었으니, 이제 여기에 진중히 있으면서 10년간 일본 경제를 공부하고 2015년쯤 일본 경제에 관한 책을 내자고 결심했다. 그러나 막상 2015년이 되자 망설여졌다. 나는 10년을 준비한 책인데 시장에서 외면받으면 마음이 아플 것 같았기 때문이다. 우여곡절 끝에 전작인 《불황터널: 진입하는 한국 탈출하는 일본》이 2016년에 출간되었고, 감사하게도 경제 전문가와 일반인 독자에게 호평을 받았다. 뿐만 아니라 과분하게도 강연과 언론 인터뷰에 초청받고 신문에 칼럼을 쓰는 계기도 됐다. 그 후 몇 군데 출판사에서 일본 경제에 관한 후속작을 출간하자는 제의가 있었지만 전작에 비견할 만한 책을 낼 수 있을지 자신이 없어서 오랫동안 망설였다.

그러나 인터넷에 떠도는 단편적 지식과 거짓 정보가 공포와 혐오를 부추길 뿐, 일본 경제의 실상을 왜곡해 전달하는 것을 보고 용기를 냈다. 일본의 실수를 반복하지 않고, 일본의 경험에서 교훈을 얻기 위해서는 먼저 일본에 대한 정확한 정보가 필요하다. 일본을 이기자는 구호가 난무하지만, 일본을 모르고 어떻게 일본을 이길 수 있는가? 그래서 일본 경제와 한국 경제에 대한 오해를 바로잡고 제대로 된 정보를 독자들에게 전해주고 싶었다.

경제학자들은 정해진 미래를 믿지 않는다. 경제변수 대부분은 예측이 불가능하다는 것이 경제학 교과서의 기본 가르침이다. 그럼에도 불구하고 한국은행이나 IMF가 경제 전망치를 발표하는 것은 미래를 예언하기 위해서가 아니라 현재를 제대로 파악하여 미래를 위한 최선의 계획을 세우기 위해서다. 개인이나 국가의 미래는 정해져 있지 않으며 현재의 선택에 따라 모습이 달라진다. 그리고 현실을 제대로 파악할수록 현명한 선택을 할 확률이 높아진다. 현명한 선택을 할 만큼 지식이 쌓이면 그만큼 두려움도 사라진다. 우리는 두려움 때문에 혐오하고 그러잖아도 힘든 세상에서 나 자신과 이웃에게 불필요한 고통을 지우고 있는지도 모른다.

2019년 7월 1일 일본 정부는 반도체 생산에 필요한 핵심 소재 일부의 한국 수출에 대한 심사를 강화하겠다고 발표해 세상을 놀라게 했다. 8월 2일에는 급기야 화이트 국가 리스트에서 대한민국을 삭제했다. 한일 간의 정치·외교 분쟁이 무역전쟁으로 번지는 양상이다. 이 전쟁이 국지전으로 끝날지 아니면 전면전으로 비화할지 아직은 예단하기 어렵다. 그러나 당분간 한국 기업과 경제가 감내해야 하는 충격은 결코 작지 않을 것이다.

그래서 일본이 어떻게 중일 희토류 분쟁에서 승리했는지를 돌아보는 것으로 책의 1장을 시작한다. 2장과 3장에서는 부동산과 일자리를 중심으로 일본이 정말 불황에서 벗어났는지, 한국은 정말 불황에 들어와 있는지를 묻고 답한다. 한국도 일본처럼 부동산 가격이 폭락하는 것 아니냐는 질문을 워낙 많이 받았기 때문에, 일본과 한국 부동산 시장의 차이를 설명하는 데도 공을 들였다. 그리고 일본 기업과 경제의 진화를 설명한 4장과 5장에 지면의 많은 부분을 할애했다. 이 얘기를 가장 하고 싶었기 때문이다. 일본이 희토류 분쟁에서 이길 수 있었던 것도, 불황에서 나올 수 있었던 것도, 다 일본 기업이 살아났기 때문에 가능한 일이었다. 6장에서는 일본 사회와 일본인이 불황을 통해 무엇을 배웠는지, 경제학자로서만이 아니라 20년 동안 일본에 살고 있는 외국인으로서 느낀 점을, 그리고 2019년의 한국에 전달하고 싶은 점을 솔직하게 적었다.

이 책에 등장하는 에피소드는 모두 내가 직접 들었거나 겪은 일이다. 그러나 개인정보를 보호하기 위해 등장인물의 이름은 가명을 썼다. 유명인이나 문헌에 등장하는 인물은 물론 실명 그대로다.

"두려워 말고 겁먹지 말고 사로잡히지 말자." 2001년 일본 유행어 대상을 받은 말이다. 두려움이 팽배한 시대였기 때문에, 두려워하지 말자는 말이 유행어가 되었을 것이다. 오늘날의 한국에도 울림이 있는 말이라고 생각한다. 이 책이 한국 경제의 현실을 보다 잘 이해하는 작은 나침반이 되어 독자들의 두려움이 조금이라도 해소되는데 도움이 되기를 바란다.

박상준

머리말 04

## 한국을 강타한 재팬 쇼크

chapter01   예상치 못했던 일본의 수출 규제 15
chapter02   중국의 수출 규제에 일본은 어떻게 대처했었나 24
chapter03   한국이 일본의 경험을 배워야 하는 이유 32
**더 알아보기**   **한국과 일본의 경제 수준** 37

## 일본은 정말 불황에서 벗어났는가

chapter01   일본 부동산 폭락의 진실 41
chapter02   2019년 서울과 도쿄의 집값, 불황 혹은 호황의 전조인가 51
chapter03   일본은 어디에서 왜 땅값이 오르는가 65
chapter04   넘치는 일자리로 구인난에 시달리는 일본 74
chapter05   일본은 왜 지금도 불황을 두려워하는가 82
**더 알아보기**   **일본에는 왜 갭투자가 없는가?** 92

## 불황터널 안에 갇힌 한국

chapter01   달아나는 일본 뒤처지는 한국 97
chapter02   한국이 이미 불황이라는 증거 103
chapter03   내 주위의 실업자가 통계보다 많아 보이는 이유 108
chapter04   심각한 수준에 다다른 청년실업 116
chapter05   한국의 정부부채는 안전한가 128
chapter06   이 불황은 누구의 책임인가 132
**더 알아보기**   **일본은 왜 공무원 시험 경쟁률이 낮을까?** 137

**4장**

# 일본은 어떻게 불황에서 벗어났는가

chapter01    일본 기업의 해외진출  143
chapter02    한국을 넘어서는 높은 연구개발비  153
chapter03    일본 경제 회생에서 아베노믹스의 역할  157
**더 알아보기    한국의 불황은 일본의 불황과 무엇이 다른가?  161**

**5장**

# 일본 기업의 진화

chapter01    소니, 몰락한 전자왕국에서 차세대 기업으로  167
chapter02    일본 CEO들의 남다른 경영 마인드  184
chapter03    히타치, 100년 기업의 진화  195
chapter04    암흑기를 탈출한 일본 기업의 3가지 비밀  219
**더 알아보기    원샷법(기업활력제고를 위한 특별법)  228**

**6장**

# 일본은 불황에서 무엇을 배웠는가

chapter01    개혁과 중용의 자세  233
chapter02    일본이 한국보다 중소기업이 강한 이유  247
chapter03    소득주도성장은 계속되어야 하는가  255
chapter04    불황을 거친 일본이 찾은 교훈  262
chapter05    한국이 일본보다 더 나은 것  276
**더 알아보기    일본의 정년과 임금피크제  287**

참고문헌  290

# 1장

# 不況脫出

# 한국을 강타한 재팬 쇼크

chapter

# 01

# 예상치 못했던
# 일본의 수출 규제

중국 측이 대일 경제제재를 슬쩍 내비치는 것은 올해 명목 GDP에
서 일본을 제치고 세계 제2위 경제대국의 자리를 차지할 것이 확실
시되고, 경제력에서 일본을 눈 밑으로 보는 의식이 높아진 것이 그
배경이다.

— 〈산케이신문〉, 2010년 9월 24일

스텔라케미파는 일본 오사카에 본사를 둔 화학약품 제조사다. 도쿄
증시 1부에 상장된 기업이기는 하지만, 2018년도 매출액이 384억 엔,
총 종업원 수 761명, 본사 인원 276명으로 세계적 대기업이 즐비한 일
본에서 그리 큰 회사는 아니다. 2019년 7월, 이 중견기업이 뉴스의 중심
에 섰다. 일본 경제산업성이 반도체·디스플레이 제조에 필요한 핵심 품

목의 한국 수출에 대한 심사를 강화하겠다고 발표했기 때문이다. 심사 강화 대상이 된 세 품목은 고순도 불화수소, 포토레지스트, 플루오린 폴리이미드다. 스텔라케미파는 이중에서 불화수소를 생산하는 업체다.

경제산업성 발표가 있던 7월 1일, 스텔라케미파 주가는 2.7% 하락했다. 매출의 27.3%가 한국 수출로 이뤄지기 때문이다. 한국의 주력 산업을 타깃으로 한 아베 정권의 도발이 향후 어떤 식으로 전개될 지, 한국 경제와 세계 경제에 어떤 영향을 미칠지에 대해서는 아직 설만 무성하다. 그러나 이번 조치는 일차적으로 일본의 관련 기업들에게 타격이 크다. 삼성, LG, SK하이닉스 등에 납품하는 일본 기업 명단이 증권가에 돌고 있다. 투자가들의 주의를 환기시키기 위해서다. 자국의 일부 기업에 타격을 입히면서까지 한국에 대한 수출 심사를 강화하겠다는 모습에서 한국에 대한 적의뿐만 아니라 자국 경제에 대한 자신감을 읽을 수 있다. 아베 정권 초기인 2013년이나 2014년이라면 상상도 할 수 없는 일이다. 아베 정권은 일본이 이제 불황에서 벗어났다고 판단하는 듯하다.

전시 징용공에 대한 배상 문제 등으로 한일 간의 정치적 마찰이 심각한 상태였기 때문에 2019년 상반기 내내 도쿄에서는 일본이 수출 규제라는 카드로 한국을 압박할 거라는 설이 무성했지만, 나는 그 소문을 믿지 않았다. 일본은 2010년 중국이 일본에 대한 희토류 수출을 규제했을 때, 중국을 맹렬히 비난하고 결국 WTO에 제소했었기 때문이다. 그리고 일본은 자유무역을 옹호하는 선언문을 발표한 2019년 'G20 정상회의'의 의장국이기도 하다. 2019년 G20 정상회의의 선언문에는 "자유롭고 공정하며 차별이 없으며, 투명하고 예측 가능하고 안정적인 무역과 투자 환경을 실현하기 위해 그리고 시장의 개방을 유지하기 위해 노력한다"는 구절이 들어가 있다. 7월 4일부터 시행된 일본 정부의 규제 조치는 겨우 일주일 전에 발표된 선언문과 명백히 배치된다.

　예상치 못한 규제였기 때문에 적잖이 놀랐지만, 한편으로는 안도감이 들었다. 보이지 않던 위협Phantom menace이 얼굴을 드러냈기 때문이고, 그 위협이 뜻밖에 한국에 기회가 될 수도 있겠다는 생각이 들었기 때문이다. '위안부' 합의나 전시 징용공 배상문제 등과 관련하여 한국을 "간단히 약속을 파기하는 나라"로 폄하하고 국내외 여론전을 펼치던 일본이 한국에 반격의 빌미를 제공하는 자충수를 두었다. 위안부 합의 등과 관련하여 이도 저도 아닌 어정쩡한 태도로 일관하며 일본의 공세에 하릴없이 당하기만 하던 한국 정부는 이 기회를 십분 활용할 수 있을까? 한국의 지도자들은 이제 그들이 왜 그 자리에 있어야 하는지를 증명해야 하는 순간을 맞고 있다.

## 일본과 중국의 희토류 분쟁

　2019년 한국을 향한 일본의 공세는 2010년 일본을 향한 중국의 공세와 여러 면에서 닮았다. 일본은 자신이 당한 수법을 그대로 한국에 써먹고 있다. 아니, 9년 전의 경험에 더해 최근 미중 마찰까지 참고하면서 더 치밀하게 준비한 느낌이다. 2010년 9월 22일 〈뉴욕타임스〉는 중국이 영토분쟁에 대한 보복으로 희토류의 일본 수출을 금지하기로 했다고 보도했고, 일본 신문은 24일 조간에서 일제히 이 뉴스를 대서특필했다. 사실 중국의 희토류 수출 규제는 이전부터 문제가 되고 있었지만, '영토분쟁'에 이용한다는 보도는 〈뉴욕타임스〉 기사가 최초였다.

희토류는 한 가지 광물이 아니고 여러 광물을 포괄하여 지칭하는 이름이다. 희귀한 광물류, 라는 뜻이지만 이름과는 달리 매장량이 적은 것만도 아니다. 다만 환경이나 채산성 등의 문제로 채굴이 활발하지 않아, 생산량의 대부분을 중국산이 차지하고 있을 뿐이다. 2010년에는 전 세계 희토류의 95% 이상이 중국에서 생산됐고, 2019년에도 80% 이상이 중국에서 생산되고 있다. 희토류의 일부 광물은 고성능 자석 제조에 필수불가결한 물질이다. 그리고 고성능 자석은 하이브리드 자동차나 전기 자동차 모터의 필수 부품이다. 희토류가 없으면 첨단 자동차를 생산할 수 없다. 그리고 자동차 산업은 생산, 수출, 고용 등 모든 면에서 일본 경제를 받치는 버팀목이다. 일본의 시가총액 1위 기업인 토요타에게 희토류 수출 규제는 치명타다.

2010년 7월, 중국 정부가 희토류의 수출 한도를 대폭 삭감했다. 일본의 첨단산업 발전을 저해함으로써 중국 기업의 미래 경쟁력을 높이기 위한 조처가 아닌가 하는 의심이 일본 사회에 퍼졌다. 애가 탄 일본 재계 인사들이 일중경제협회를 중심으로 방중단을 꾸려, 9월 7일 산업 정책을 담당하는 중국 관료들과 회담을 가졌다. 일본 측 단장은 토요타 자동차 회장이었고, 경단련* 회장도 방문단에 참가했다. 원자바오 총리와의 면담을 원했지만 부총리와의 면담만 성사되었다. 담당부서 장관

---

*경단련, 즉 일본 경제단체연합회는 일본 대기업을 중심으로 1,400여 기업으로 구성된 연합회다. 한국의 전경련과 비슷한 조직이라고 볼 수 있지만, 영향력을 거의 상실한 전경련과 달리 현재 일본 경제단체 중에서 가장 큰 영향력을 가지고 있다. 2019년 경단련 회장은 히타치제작소의 나카니시 히로아키 회장이다.

급 인사와의 면담 역시 차관급으로 격하되었다. 중국 인사들은 일본 경영자들이 원하는 답을 내놓지 않았고, 희토류 수출 제한은 "자원 고갈과 환경파괴를 방지하기 위한 조치"이며 일본 측 요구에 대해서는 "관계부처에서 협의할 것"이라는 원론적 답변만 되풀이했다. 9월 11일, 재계 관계자들은 아무 성과 없이 빈손으로 귀국했다.

일중경제협회의 방중단이 중국 관료와 회담을 가지던 바로 그날, 센카쿠열도/댜오위다오에서 중국 어선이 일본 해상보안청의 순시선과 충돌하는 사건이 발생했다. 해상보안청은 고의적 충돌로 보고 공무집행 방해 혐의로 중국인 선장을 체포했고 오키나와 지방검찰에 넘겼다. 그렇지 않아도 영토분쟁으로 시끄러운 지역에서 자국 선장이 체포된 사건에 대해 중국 전역이 들끓었다. 중국 정부는 선장의 조건 없는 석방과 일본의 사과를 요구했고, 요구가 관철되지 않을 경우 상응한 조치를 취하겠다고 위협했다. 일본과 중국이 대립하는 사이, 중국이 자국 선장을 체포한 것에 대한 보복 조치로 희토류의 대일 수출을 전면 금지했다는 기사가 〈뉴욕타임스〉에 실렸다. 일본 정부는 조사에 들어갔고, 일본 상사들은 희토류 수출에 대한 허가가 알 수 없는 이유로 미뤄지고 있다고 보고했다. 누가 보더라도 중국인 선장 체포에 대한 보복으로 비춰졌지만, 상응한 조치를 취하겠다고 위협했던 중국 정부는 희토류 수출 규제에 대해선 자원의 고갈과 환경파괴를 방지하기 위해서라는 공식 입장을 바꾸지 않았다. WTO 협정 위반이라는 일본 정부의 항의에 대해서도, 환경보호를 위한 것이기 때문에 위반 사항이 아니라고 응수했다.

9월 24일, 〈산케이신문〉은 중국이 일본을 우습게 보기 시작했기 때

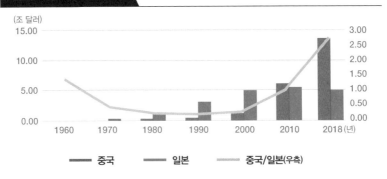

**중국과 일본의 명목 GDP**

(조 달러)

출처: World Development Indicator

문에 이런 일이 발생했다는 뉘앙스의 기사를 실었다. 2010년 중국의 명목 GDP가 일본을 추월했다. 희토류 분쟁이 있던 바로 그해, 중국은 G3에서 G2로 부상하고 있었다. 일본뿐만 아니라 미국과 유럽 경제가 글로벌 금융위기로 휘청하는 동안 중국 경제는 별 타격을 입지 않았다. 중국은 자신감이 충만했고, 서서히 그 존재감을 국제 사회에 드러내고 있었다.

위 그래프는 1960년부터 2018년까지 매 10년간 중국과 일본의 명목 GDP 추이다. 1960년만 해도 중국 GDP가 일본 GDP의 1.4배에 달했다. 그러나 1970년대와 1980년대 일본 경제는 무섭게 성장했고, 버블이 정점에 있었던 1990년 중국 GDP는 일본 GDP의 겨우 12% 수준에 불과했다. 그런데 일본의 버블이 무너지고 중국 경제가 개방되면서 사정이 180도 달라졌다. 20년간 일본을 맹렬히 추격한 중국은 2010년 드디어 일본을 넘어섰다. 그해, 희토류 분쟁이 일어났다.

2010년 9월 24일, 오키나와 지방검찰은 중국인 선장을 석방했다. 오키나와 지방검찰은 "일본 국민에 대한 영향과 이후의 일중관계를 고려한 조치"라고 설명했다. 국가의 위신을 떨어뜨린 조치라고 일본 언론은 반발했지만, 중국은 선장의 석방에 만족하지 않고 사과까지 요구했다. 일본 정부는 석방은 검찰의 단독 결정이라는 입장을 밝혔고, 사과 요구에 대해서는 거부 의사를 분명히 했다.

선장을 석방한 후에도 수출 제재는 금방 풀리지 않았다. 중국이 일본에 수출한 희토류의 양이 9월 2,203톤에서 10월과 11월 500톤 미만으로 떨어지자 일본의 관련 기업을 중심으로 큰 소동이 일었다. 12월 들어 중국의 희토류 수출량이 예년 수준을 일시적으로 회복했지만 중국은 규제를 완전히 풀지는 않았다. 희토류 가격은 폭등했고, 희토류를 사용하는 일본 제품의 가격 역시 폭등했다. 일본 언론은 일본의 자동차와 전자 산업이 사활의 기로에 섰다며 걱정했다.

### 한국과 일본의 무역 분쟁

오늘(7월 1일)부터, 대한민국에 관한 수출관리상의 카테고리를 검토하기 위해, 외환법 수출무역관리령 별표 제3의 국가(즉, 화이트 국가)에서 대한민국을 삭제하기 위한 정령개정에 관해 의견모집 절차를 개시합니다.

7월 4일부터, 플루오린 폴리이미드, 포토레지스트, 고순도 불화수소의 대한민국 수출 그리고 관련 제조기술의 이전을 포괄수출허가제도의 대상에서 제외, 개별 수출허가신청을 대상으로 수출심사를 행하기로 했습니다.

– 일본 경제산업성 발표 자료, 2019년 7월 1일

2019년 7월 1일, 일본경제산업성의 발표는 한국에 대한 무역전쟁의 선전포고였다. 반도체와 디스플레이 등 대한민국 경제의 기간이 되는 제품의 생산에 필수불가결한 소재에 대해 수출심사를 강화하겠다는 선언은 이런저런 핑계로 수출허가를 지연시킴으로써 한국 기업과 경제에 타격을 줄 수도 있다는 협박에 다름 아니다.

플루오린 폴리이미드는 OLED 디스플레이 제조에 사용된다. 한국무역협회 자료에 따르면 2019년 1~5월 한국은 모두 1,300만 달러의 플루오린 폴리이미드를 수입했는데, 그중 94%를 일본에서 수입했다. 포토레지스트와 고순도 불화수소는 반도체 생산에 필요한 재료다. 포토레지스트는 1억 달러 수입 중 92%를, 고순도 불화수소는 6,500만 달러 수입 중 44%를 일본에서 수입했다. 2010년 일본이 희토류의 83%를 중국에서 수입하던 것과 같은 상황이다. 일본이 규제의 첫 타깃으로 삼은 소재는 모두 일본의 시장 점유율이 높은 품목이다. 포토레지스트의 경우, 2018년 일본 5개 기업의 생산량이 13억 달러 정도였는데 이는 전 세계 생산량의 약 90%에 해당하는 양이다. 중국이 전 세계 희토류 시장의 95% 이상을 장악하고 있던 것과 같은 상황이다.

2019년 7월 7일, 삼성 이재용 부회장이 도쿄로 날아갔다. 9년 전 토요타의 조 후지오張富士夫 회장이 베이징으로 날아간 것과 같은 상황이다. 12일 귀국한 이재용 부회장은 성과가 있었는지에 대한 질문에 전혀 입을 열지 않았다. 7월 12일, 한국과 일본의 과장급 관료가 수출 규제 문제를 논의하기 위해 도쿄에서 만났다. 한국 정부는 국장급 협의를 제의했지만 일본 정부는 과장급 만남을, 그리고 협의가 아니라 설명회라는 조건으로 양자 간 회담을 수용했다. 입장차만 확인한 만남이었다.

일본은 "일한 간의 신뢰관계가 현저히 훼손됨에 따라 신뢰관계하의 수출관리가 곤란하게 되었고, 대한민국의 수출관리에 부적절한 사안이 있었다"는 것을 규제의 명분으로 삼았다. 위안부 합의 파기나 징용공 배상명령에 대한 정치보복임을 흘리면서도, 공식적으로는 한국의 수출관리에 문제가 있기 때문이라고 주장한다. 무역을 정치보복의 수단으로 쓴다는 비난을 면하기 위해서다. WTO 협정 위반이라는 항의에 대해, 2010년 중국 정부는 환경보호를 위한 것이기 때문에 위반이 아니라고 응수했고, 2019년 일본은 안전보장을 위한 것이기 때문에 위반사항이 아니라고 응수하고 있다.

2010년은 중국이 G3에서 G2가 되던 해였다. 2018년 일본 경제는 완전고용을 달성했다. 일본인들은 아베의 인격에 회의를 표하면서도 그를 지지한다. 경제가 좋아졌기 때문이다. 자살률과 범죄율이 버블 붕괴 후 가장 낮은 수준으로 떨어졌고, 기업의 인건비 총액도 지난 4년 동안 매년 증가했다. 한국을 향한 아베의 도발 이면에는 자국 경제에 대한 자신감이 있다.

# chapter 02

## 중국의 수출 규제에
## 일본은 어떻게 대처했었나

2005년 1월 9일 후지제록스 회장인 고바야시 요타로의 집 현관에서 두 개의 화염병이 발견됐다. 두 개 모두 불이 붙어 있는 상태였다. 화염병을 발견한 행인이 신속히 연락을 취한 덕분에 별일은 없었지만, 화재로 이어질 수 있었던 아찔한 순간이었다. 열흘 뒤에는 고바야시 회장 집에 우편으로 실탄이 배달됐다. 두 사건 모두 범인이 잡히지는 않았지만, 일본 일간지는 일제히 우익의 소행이라고 단정했다. 2004년, 고이즈미 총리의 야스쿠니 신사 참배에 반발해 중국에서 반일 감정이 고조되고 있었다. 일본 우익은 중국이 내정 간섭을 하고 있다며 연일 가두선전에 몰입했다. 살벌한 분위기에서 고바야시 회장은 재계 인사로는 드물게 야스쿠니 참배에 대해 반대의견을 분명히 했고, 곧바로 우익의 표적이 됐다.

2004년, 내가 재직하고 있던 국제대학의 모든 교실에 삼성 평면 TV 가 설치됐다. 기숙사에 있던 모든 가전제품도 삼성 제품으로 교체되었다고 들었다. 교수들에게는 새 모니터가 필요하면 연락하라는 이메일이 왔다. 당시 국제대학 이사장이던 고바야시 회장이 삼성과 친분이 두터웠기 때문에 삼성으로부터 대규모 기부를 받았다고 한다. 재벌가문에서 태어나 그 자신 역시 경영자로 성공했고, 젊었을 때 배우가 될 생각까지 했을 정도로 인물이 좋은 이 기업가는 영어까지 유창해 국제대학 교수들을 놀라게 하곤 했다. 일본인으로는 드물게 가톨릭 신자였던 그는 한중일의 관계 개선에 많은 노력을 쏟고 있었다. 그가 기업인들의 침묵을 깨고 야스쿠니 신사 참배에 대해 우려를 표명한 배경이다. 고바야시 회장에 대한 우익의 위협에 〈아사히신문〉은 "화염병 사건, 경제인이여 간과하지 말라"라는 사설을 실었고, 경단련 회장 등 재계인사들은 언론의 자유를 말살하려는 시도라며 드러나지 않은 범인을 규탄했다.

그러나 중일 관계는 날로 악화됐다. 2005년 3월부터 중국에서 대규모 반일 시위와 일본 제품 불매 운동이 일었다. 일본 미디어는 중국인들의 폭력적인 시위 장면만 골라 연일 방송에 내보냈다. 일본에 있는 중국 대사관, 영사관, 중국계 학교, 은행에 화염병이 투척되거나 총기류가 배달되는 사건이 연달아 일어났다. 불똥은 한국계 학교까지 튀어, 일본에서 나가지 않으면 전부 죽여버리겠다는 협박전화로 한인 사회도 긴장했다.

## 희토류 분쟁 이후 일본의 대처

2010년의 희토류 수출 규제는 일본이 입는 피해 면에서 2005년 반

일데모와는 급이 달랐다. 그러나 일본인들은 2005년처럼 흥분하지 않았고 대신 무서울 만큼 냉정하게 미래를 위해 움직였다. 우익을 중심으로 일본 각지에서 반중 시위가 벌어졌지만, 폭력 사태는 벌어지지 않았다. 중국 대사관에 협박전화가 걸려오거나 총기류가 배달되는 사건도 전혀 보도된 바가 없다. 3,000여 명이 참가한 대규모 시위가 있었지만, 일본 언론은 많은 지면을 할애하지 않아 우익의 원성을 샀다. 외부의 적이 더 강해지고 위협이 더 거대해졌기 때문에 긴장감도 그만큼 더 컸던 것 같다. 공급이 제한되면 가격이 오르고, 가격이 오르면 수요가 줄고 공급이 다시 늘어난다는 경제법칙도 일본에 도움이 되었다.

일단 단기적으로는 희토류 공급 확보에 최대의 노력을 기울였다. 상사들이 발빠르게 움직였다. 희토류 가격이 폭등하는 데다 정부의 지원까지 있던 터라 경제적 유인이 생겼기 때문이다. 소지쓰双日는 2010년 11월 일본 정부기구인 JOGMEC와 공동으로 2억 5,000달러를 호주의 희토류 생산업체인 라이너스Lynas Corporation Ltd.에 출자했다. JOGMEC의 출자금은 경제산업성이 발표한 '희토류종합대책' 예산 1,000억 엔의 일부였다. 희토류 분쟁이 있었던 것이 9월, 경제산업성의 대책발표가 10월, 라이너스에의 출자가 11월에 이루어졌다. 미쓰비시 상사가 희토류 태스크포스를 구성한 것도 10월이었다. 미국과 동남아시아에서 조달처를 개척하기 시작했다. 중국산의 저가 공세로 희토류 시장에서 밀려나 있던 나라들이 시장에 뛰어들기 시작했다. 중국의 수출 규제로 희토류 가격이 폭등하자, 사업성이 좋아졌기 때문이다. 희토류의 일본 수입 단가는 2010년 1월 1kg당 911엔에서 9월 2,964엔 11월 3,728엔으로 폭등했다. 중국 업자들조차 당국의 감시를 피해 밀수출·우회수출을 감행하기 시작했다.

대체재료의 발굴, 희토류 사용량 저감기술의 개발 등에도 진전이 있었다. 2012년 4월, 일본 대기업 히타치가 희토류를 사용하지 않는 산업용 모터를 개발했다고 발표했다. 히타치는 이전에 이미 희토류 리사이클 기술을 개발한 회사이기도 하다. 2015년 경제산업성의 보고서에 의하면, 희토류 사용량을 줄이기 위한 기술개발은 중소기업을 포함한 다수의 기업에서 상업적 진척이 있었다.

기술개발이 이렇듯 신속히 이뤄질 수 있었던 것은, 사실 이미 2007년부터 관련 분야에 대한 투자가 있었기 때문이다. 그중 하나가 문부과학성이 2007년에 착수한 '원소전략 프로젝트'다. 20여 개 대학과 기업이 참가한 이 프로젝트에서 대체재료에 대한 연구에 상당한 진척이 있었고, 2010년 이후 희토류 대체재료 개발에 그 연구성과가 응용되었다. 문부과학성이 기초 기술을, 경제산업성이 응용연구를 분담하는 협업체제로 세계에 자랑할 만한 성과를 거두었다는 것이 일본 언론의 평이다. 2012년 3월에는 미국·EU와 함께 중국의 희토류 수출 규제를 WTO에 제소했고, 2014년 8월 중국의 규제가 WTO협정 위반이라는 판결을 얻어냈다.

희토류 분쟁은 결국 일본의 승리로 끝났다. 중국에 대한 희토류 의존도는 2009년 86%에서 2015년에는 55%까지 떨어졌다. 반면 중국의 희토류 업계는 2014년 처음으로 적자를 냈다. 희토류 가격이 폭락했기 때문이다. WTO에서 패소한 중국은 2015년 1월 희토류 수출 규제를 전면 철폐했고, 5월에는 희토류 수출에 부과하던 세금마저 철폐했다.

## 희토류 분쟁이 주는 몇 가지 시사점

2019년 한국은 2010년의 일본보다 일견 더 위험한 상황에 놓여 있는 듯 보인다. 희토류는 중국에만 있는 자원이 아니다. 희토류 가격이 폭등하자 중국 이외의 나라에서 희토류를 생산하기 시작했다. 2019년 일본이 규제하기 시작한 품목은 일본이 아닌 다른 곳에서는 구입하기 어려운 것으로 알려져 있다. 일본이 앞으로 규제대상을 더 확대한다면, 일본의 세계시장 점유율이 높은 품목들이 그 대상이 될 확률이 높다. 그리고 희토류의 우회수출이나 밀수출이 중국의 규제를 뚫었던 것을 기억하는 일본은 규제대상 품목을 더욱 철저히 통제할 것이다.

그러나 일본의 수출 규제가 전면적인 수출금지로는 이어질 수 없다. 그렇게 되면 변명의 여지가 없는 WTO협정 위반이기 때문이다. 수출심사를 까다롭게 함으로써 한국 기업을 괴롭히는 일은 충분히 가능하다. 그러나 아베 정권이 수출 규제라는 카드를 과감하게 꺼내들 수 있었던 배경을 보면, 7월에 발표된 수출 규제가 한국 경제에 치명타는 될 수 없을 것임을 짐작할 수 있다.

아베 정권은 일본이 군사력을 가진 보통 국가가 될 수 있도록 일본의 평화헌법을 개정하고자 한다. 아베의 숙원이다. 많은 일본인들은 경제에 들이는 아베의 공은 헌법 개정을 위한 수단에 불과하다고 믿는다. 그리고 아베에게는 외부의 적이 필요하다. 이 또한 헌법 개정에 유리한 여론을 조성하는 데 도움이 되기 때문이다. 2년 전까지 그 적은 북한이었다. 아베가 정치적으로 곤경에 처할 때마다 북한 김정은의 미사일이 아베를 구했다. 일본에서는 아베가 푸틴을 통해 김정은과 연결되어 있는 것 아니냐는 농담이 나올 정도였다. 북한이 미사일 발사를 멈추자, 한국이 외부의 적이 되었다. 한국 정부가 한·일 위안부 합의에 따라 출범했던 화해·치유 재단을 해산하기로 결정하고, 한국 대법원이 전시 징용공에 대한 배상명령을 내리자 일본은 한국을 국가 간 신뢰를 지키지 않는 나라라며 맹렬히 비난했다. 일본에서 한국에 대한 반감이 그 어느 때보다 커졌다. 도쿄에서는 일본 정치인들과 관료들이 한국에 대한 적대감을 공공연하게 드러내고 있다는 소문이 퍼지기 시작했다. 아베는 국제 여론도 일본에 결코 불리하지 않다고 믿었다. 국내 경기가 호황이고 국내외 여론도 불리하지 않으니, 한국을 때릴 절호의 기회였다.

그러나 한국을 치는 무기로 수출 규제를 택함으로써, 일본은 정치 보복을 위해 무역을 무기로 삼는 나라가 되고 말았다. 아직은 국제 사회에서 비난의 목소리가 크지 않지만, 수출 규제가 수출금지로 이어지고, 세계 경제에 혼란을 초래하면 이번에는 일본이 수세에 몰릴 것이다. 수출 규제로 피해를 보는 일본 기업에서도 불만이 터져 나올 것은 당연한 일이다. 그리고 지난 수년간 경기가 회복된 것은 사실이지만, 2019년 들어서는 미국과 중국의 무역마찰로 인해 일본 경제에도 불안감이 확산되고 있다. 게다가 2019년 10월부터 소비세가 8%에서 10%로 인상될 예정이다. 일본은 소비세가 인상될 때마다 경제가 일시적으로 후퇴한 경험이 있다. 만일 그동안 호조를 보이던 경기가 꺾이는 조짐이 조금이라도 보인다면, 일본 국내 여론도 아베에게 결코 유리하게 돌아가지는 않을 것이다. 그때쯤이면 아베도 물밑 협상을 통해 한일 관계를 개선하려 들 것이다.

따라서 한국 정부는 여론에 떠밀려 섣불리 대응하는 우를 범하지 말고 이 전쟁에서 이길 수 있는 전략을 냉정히 강구해야 한다. 2005년의 일본과 달리 2010년의 일본은 치밀하고 냉정하게 대응했다. 일본인들은 정의가 이기는 것을 믿지 않는다. 일본에서는 "치밀하게 준비한 자"가 이긴다. 희토류 분쟁 당시 일본 정부는 WTO협정에 위반되는 행동을 전혀 하지 않았다. 오히려 미국 등과 연합하여 중국을 WTO에 제소하고 결국 승소했다. 당시의 일본과 달리 2019년 한국은 단기간에 할 수 있는 일이 극히 제한되어 있다. 결국 외교적 해결이 가장 현실적 접근법인데, 이미 양자 간 신뢰를 상실한 상태에서 일본을 협상테이블로 나오게 할 수 있는 유일한 수단은 국제 사회의 압력뿐이다. 따라서 국제 사회의 응원이 그 어느 때보다도 절실하다. 국제 사회의 응원을 받기 위해서는 국제 사회의 룰을 지키는 국가라는 이미지가 필요하다. 룰을 지키지 않는 것은 한국이 아니라 일본이라는 것을 보여야 한다. 일본 정치인들이 더 이상 위안부 피해자들을 모욕하는 말을 하지 않는 것은, 그들의 영혼이 각성했기 때문이 아니다. 그들의 인식이 문명 사회의 보편적인 양심에 배치된다는 것을 깨달았기 때문이다.

지난 수년간 한일관계를 대하는 한국 정부의 태도에 아쉬움이 남는 것은 내부의 시선만 의식할 뿐 외부의 시선에 주의를 기울이지 않았기 때문이다. 이번 한일 무역마찰을 계기로, 국가 간 관계에 있어서는 국내 정치와 국내 여론뿐만 아니라 제3국의 시선, 국제 사회의 시선에도 주의를 기울이는 것이 필요하다는 인식이 확산되었으면 한다. "약속을 지키지 않는 나라"라는 이미지는 국익에 도움이 되지 않는다. 이번처럼, 한국을 정략적으로 이용하려는 외부 세력에 이용당할 위험이 있다.

한편, 기술개발 등을 통해 희토류 수요를 줄인 것은 장기적 계획의 결과였고, 지금도 그 노력은 계속되고 있다. 2018년 2월 토요타자동차는 희토류 사용량을 반으로 줄인 자석의 개발에 성공했다고 발표했다. 일본 기업은 한국 기업에 비해 훨씬 더 많은 돈을 연구개발에 투자하고 있다. 그리고 정부의 지원정책은 정권에 관계없이 일관되게 추진된다. 희토류 대체재의 개발에 크게 공헌한 원소전략 프로젝트는 자민당 정권에서 시작됐다. 희토류 종합대책은 민주당 정권에서 세웠다. 민주당 정권에서 시작된 희토류 관련 기술개발 프로젝트에 대한 사후 평가서는 2015년 자민당 정권하에서 작성되었고, 대체적으로 긍정적인 평가를 내렸다. 한국은 대통령이 바뀔 때마다 주요 정부 정책이 원점에서 새로 출발한다. 이전 정부의 정책에 대한 공정하고 객관적인 사후 평가서는 존재하지 않는다. 2019년, 한국도 기초소재산업 육성에 투자해야 한다는 목소리가 높다. 2022년 새 대통령이 취임한 뒤에는 얼마나 많은 사람이 2019년의 소동을 기억하고 있을까?

# 한국이 일본의
# 경험을 배워야 하는 이유

2016년 출간한 《불황터널》이 좋은 평가를 받아 가슴을 쓸어내렸다. 나름대로 정성을 다해 쓴 책이었는데, 다른 경제학자의 혹평을 받거나 시장의 외면을 받으면 어쩌나 걱정했기 때문이다. 그 덕에 후속작을 출간하지 않겠느냐는 제안을 받았지만 많이 망설였다. 처음에는 나에게 후속작을 낼 콘텐츠가 있는지 자신이 없었고, 자신이 생긴 다음에는 한일관계가 너무 나빴기 때문이다. 일본이 불황에서 벗어날 수 있었던 이유와 한국에 주는 시사점에 대해 쓰고 싶었지만 지금 이 시기에 일본에 관한, 그것도 일본 경제를 긍정적으로 평가하는 책이 시의적절한지 의문이 들었다. 나는 1999년 3월에 일본으로 이주해 21년째 일본에서 살고 있다. 지난 20년간 지금처럼 한일관계가 나빴던 적이 없었다. 한국의 반일감정도 대단하지만, 일본 언론에 비치는 혐한감정도 이제는 노골적이다. 그러다가 2018년 11월 일본의 한 방송 프로그램을 보고 책을 쓰기로 결심했다.

### 2018년 11월 29일, 아사히 TV 보도 스테이션

아사히TV는 일본 공중파 방송 중 하나고 '보도 스테이션'은 아사히 TV에서 저녁 10시에 방송하는 메인 뉴스 프로그램이다. 2019년 11월 29일은 '미쓰비시 중공업'을 상대로 한 징용공 배상 소송의 한국 대법원 판결이 있던 날이다. 한 달 전 '신일본제철' 때와 마찬가지로 일본 기업의 배상 명령이 대법원에서 확정되었고, 일본 정부와 언론은 격앙된 반응을 보였다. 밤 10시에 TV를 켠 나는 보도 스테이션에서도 당연히 대법원 판결이 메인 뉴스일 거라고 생각했고, 일본 언론의 반응을 보고 싶었다. 그런데 헤드라인 뉴스는 배상 판결이 아니고 "왜 베트남 구직자들은 일본보다 한국에 가고 싶어 하는가"를 묻는 탐사보도였다.

잘 알려졌다시피 지금 일본은 노동력 부족으로 골머리를 썩고 있다. 해외의 유수한 인력을 유치하기 위해 이민법을 비롯한 각종 제도를 손질하는 중이다. 보도 스테이션은 한국의 어떤 점이 베트남 구직자들에게 더 매력적으로 다가오는지, 그리고 일본이 한국에서 배울 점은 무엇인지를 그야말로 '심층 취재'해 내보냈다. 그다음으로 미쓰비시 중공업에 대한 배상 판결을 감정을 싣지 않고 사실 관계 중심으로 냉정하게 보도했다.

그 보도를 보고 나니 책을 쓸 수 있을 것 같았다. 정말로… 책을 쓸 수 있을 것 같았다. 일본에는 한국의 경험에서 일본을 위한 지혜를 찾으려는 사람들이 있다. 한국에도 일본의 경험에서 한국을 위한 지혜를 얻으려는 사람들이 있을 것이다. 일본 대학에서 가르치는 한국인 교수로서 나는 내 일본인 친구와 제자들에게, 나는 "한국인이 모르는 일본"을 한국에 얘기할 테니 당신들은 "일본인이 모르는 한국"을 일본에 얘기해 달라고 부탁한다. 한국과 일본의 정치인들은 끝없이 한일관계를 정치적 목적으로 이용한다. 여야와 진보, 보수가 크게 다르지 않다. 언론은 주목을 끌 만한 선정적 이슈를 중심으로 보도한다. 그 가운데 팩트가 비틀어지고, 한국인과 일본인의 솔직한 감정이 서로에게 전달되지 못하고, 그래서 오해만 쌓여간다.

## 우리는 일본의 경험에서 무엇을 배울 수 있는가

다음 그래프는 1990년대 말에서 2000년대 초에 일본 기업의 도산 건수가 급증했음을 보여준다. 같은 시기 범죄율과 자살률도 급격히 증가했다. 반면 지난 수년간 일본 기업들의 도산은 버블 붕괴 이전 수준으로 감소했고 자살률과 범죄율 역시 떨어졌다. 또 다른 그래프는 일본 기업의 인건비 증가율을 보여준다. 대기업, 중소기업 할 것 없이 지난 수년 간 임금 총액이 증가했음을 알 수 있다. 최근 일본에서 일자리가 늘고, 대졸자 취업률이 거의 100%에 가까워지고, 대학 진학률이 다시 상승하는 것은 일본 기업이 살아났기 때문이다.

2010년 희토류 분쟁에서 일본이 최종적인 승리를 거둘 수 있었던 것도 일본 기업의 분투가 있었기에 가능했다. 희토류가 필요하지 않은 모터를 개발한 히타치제작소는 2009년 일본 제조업 사상 최대의 순손

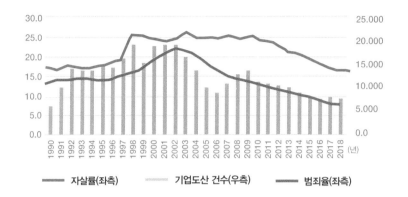

**기업도산과 자살률/범죄율**

출처: 제국 데이터뱅크(기업도산 건수), 일본 경시청(자살률과 범죄율)
참고: 자살률은 인구 10만 명 당 자살자 수, 범죄율은 인구 1,000명당 형사범죄 건수

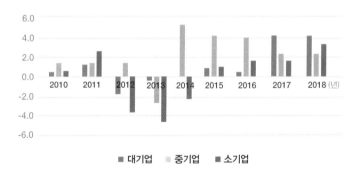

**인건비 총액 증가율**

출처: 일본 재무성, 법인기업 통계

실을 기록해 뉴스의 전면을 장식한 바가 있다. 샤프나 산요처럼 곧 파산 소식이 들리나 했는데, 최근 수년 연이어 사상 최고의 영업이익을 갱신하고 있다.

일본 기업의 부활은 일본 기업과 사회가 진화에 성공했기 때문에 가능했다. 끝없이 변하는 환경에 적응하여 진화하지 않으면 생명체든 기업이든 살아남을 수 없다. 일본 기업은 어떻게 진화했으며, 일본 사회와 일본인의 의식에는 어떤 변화가 있었던 것일까? 일본의 경험에서 우리가 배울 수 있는 것은 바로 그 진화의 궤적이다. 아마도 한국 사회 역시 유사한 환경변화를 겪을 것이기 때문이다.

## 더 알아보기: 한국과 일본의 경제 수준

2018년 일본의 명목 GDP는 4조 9,700달러, 한국의 명목 GDP는 1조 6,200달러로 일본의 경제 규모는 한국의 3배에 달한다. 같은 해 독일의 명목 GDP는 네덜란드의 약 4.4배에 달한다. 그러나 독일인도 네덜란드인도 두 나라의 경제력 차이를 별로 의식하지 않는다. 경제 수준이 비슷하기 때문이다. 한국과 일본도 비슷하다.

경제학자들은 국가 간 경제 수준을 비교할 때, 물가수준을 고려하여 보정된 1인당 GDP를 주로 사용한다. 이 지표를 사용하면 개인의 구매력을 비교할 수 있다. 다음 그래프는 1970년부터 매 10년간, 한국과 일본 1인당 GDP의 추이다. 2017년 한국의 1인당 GDP는 일본의 95%에 육박하는 것을 볼 수 있다. 1980년에는 25%, 1990년에는 40% 수준이었던 것을 생각하면 그야말로 상전벽해다.

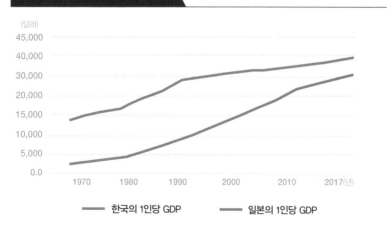

한국과 일본의 1인당 GDP 변화

출처: OECD

**2장**

# 不況脫出

# 일본은
# 정말
# 불황에서
# 벗어났는가

# 01

# 일본 부동산
# 폭락의 진실

"일본이 정말 불황에서 벗어났는가?"

2019년 들어 내 연구실을 방문한 한국인 지인들이 가장 많이 했던 질문이다. 최근의 미중 무역마찰로 일본 기업 투자가 위축되고 있는 와중에, 한국과도 무역분쟁이 발생했으니 향후 경제 전망이 어두워졌다. 정치적 분쟁에 대한 보복으로 무역제재를 꺼내면 늘 결과가 좋지 않았다. 그래서 일본 기업도 사태를 예의주시하는 중이다. 그러나 최근 4~5년을 본다면 일본이 불황에서 벗어난 것은 '사실'이다.

일본 경제에 대해 논하다보면 한국인들의 관심은 당연하다는 듯 부동산으로 향한다. 최근 수년간 도쿄의 집값이 계속 오르고 있다는데 불황이 끝났기 때문인가? 반면 최근 한국에서는 집값이 하락하고 있는데 불황의 전조일까? 일본에서는 20년 전에 부동산 가격이 폭락했었는데 한국도 그렇게 될까?

부동산 시장이 일본 경제의 현 상황을 잘 보여주고 있고, 또 한국이 지금 이 시점에도 부동산 신화에 매몰되어 있는 것이 안타까워서 우선 부동산에서부터 현재 일본의 경제 상황을 풀어보려고 한다. 한국 사회와 경제 시스템은 일본과 비슷한 면이 많다. 그리고 언론과 인터넷을 통해 일본에 관한 정보도 많이 접하니 일본의 경험을 통해 한국의 미래를 점쳐보려는 이들이 많다. 실제로 차분히 들여다보면 일본의 경험을 통해 한국 경제를 이해할 수 있는 부분이 적지 않다. 그러나 서로 확연히 다른 부분이 있는 것도 사실이다. 그래서 어떤 부분이 닮았고 어떤 부분이 다른 지 잘 이해하는 것이 중요하다. 그 차이를 잘 이해한다면 일본의 경험을 통해 유용한 시사점을 다양하게 얻을 수 있다. 그래서 부동산에 대한 질문의 답을 찾는 것도 한국과 일본, 그리고 서울과 도쿄의 차이를 이해하는 것에서부터 출발하려 한다.

### 부동산 불패 한국, 부동산 필패 일본

내 또래의 마치다 요스케는 도쿄에 작은 빌딩을 가지고 있다. 부모님에게 물려받은 재산이다. 그의 부모님은 그와 그의 누이에게 홋카이도의 온천과 도쿄의 빌딩을 물려주었고, 그는 한 달의 반은 홋카이도에 나머지 반은 도쿄에 머물면서 자산을 관리한다. 건물주인 셈이다. 나는 그를 만나면 늘 부럽다고 말하지만, 그는 늘 골치가 아프다고 한다. 매년 번듯한 새 건물이 우후죽순처럼 생기는 도쿄에서 45년이 된 그의 건물은 점점 경쟁력을 잃고 있다. 그의 일은 그 건물을 잘 관리해서 노는 방이 없도록 하는 것이다. 그래서 매년 수리와 인테리어에 많은 돈을 쓴다. 재건축은 꿈도 꾸지 않는다. 만약 지금 건물을 새로 짓는다면 그의 생전에 투자금을 회수할 수 있을지 자신이 없기 때문이다. 그의 건물에 있는 10여 개의 오피스는 현재 전부 임대 중이지만 그는 언제 공실이 날지 몰라 불안해한다. 나는 그의 기분을 이해할 수 있다. 나도 도쿄에 집을 가지고 있고, 부동산 경기의 부침을 겪었기 때문이다. 2019년 초 도쿄의 오피스 공실률은 1.7%에 불과하다. 그러나 6년 전만 해도 공실률이 10%를 넘었던 적이 있다. 2018년 말 서울의 오피스 공실률은 11.4%를 기록했다.

나는 2005년 도쿄로 이사했고, 그해에 지금 살고 있는 아파트를 분양 받아서 2006년 입주했다. 내 집을 마련하기까지 일 년간은 월세를 살았다. 일반적으로 도쿄 사람들은 월세가 돈을 버리는 짓이라고 생각하지 않는다. 오히려 집을 사면 세금이니 뭐니 해서 귀찮다는 사람도 적지 않다. 게다가 1990~1991년을 정점으로 버블이 붕괴하면서 도쿄를 비롯한 6대 대도시 주택가의 평균 지가는 2005년까지 단 한 번의 예외 없이 매년 하락을 거듭했다. 1985년에 10억 원이었던 곳이 단 5년 만에 26억 원까지 값이 뛰었지만, 한번 하락하기 시작하자 끝없이 추락하여 2003년에는 다시 10억 원이 되었고, 내가 아파트 분양을 심각하게 고려하던 2005년에는 9억 원까지 내려가 있었다. 상업지역의 지가는 부침이 더 심해서 1985년과 1990년까지 단 5년 동안 4배나 값이 올랐지만, 2005년에는 1985년의 50% 수준에 불과했다. 정점이던 1990~1991년 100억 원에 땅을 산 사람이 15년 뒤인 2005년에 그 땅을 매물로 내놓았다면 겨우 13억 원을 받을 수 있는 정도의 하락이다.

  15년 동안 부동산 가격이 하락에 하락을 거듭하다 보니, 부동산으로 돈을 벌 수 있다고 생각하는 도쿄 사람은 거의 없다. 게다가 신차와 중고차의 가격이 다르듯 아파트 역시 연식에 비례해 가격이 떨어지는 것이 상식이었다. 내 일본인 친구들은 월세를 살면 집값 하락을 걱정할 필요가 없어 좋다고 말한다. 그리고 일본에는 집주인의 갑질이 통하지 않는다. 공공임대는 물론 기업형 임대도 많기 때문에 월세로 구할 수 있는 방이 도쿄 전체에 널려 있고, 임차인의 권리는 법의 보호를 받는다. 한 번 2년 계약을 하면 계약이 끝나도 함부로 내보낼 수 없다.

  그러나 여전히 한국인 마인드를 가지고 있던 나는 월세가 아까웠다. 내가 재직하는 대학도 아이가 다니는 초등학교도 모두 신주쿠에 있었기 때문에 나는 울며 겨자 먹기로, 비싼 월세에도 불구하고 도쿄 도심지의 일부인 신주쿠에 집을 얻었다. 전용면적 67㎡에 북향, 그리고 2층에 있는 아파트였지만 나는 매달 23만 엔, 한국 돈으로 230만 원을 월세로 냈다. 당시 나는 일본 경제를 맹렬하게 공부하고 있던 터라, 나름 경제학자로서 주거비용을 줄이려고 열심히 머리를 굴려 보았다. 일단 대출금리가 역사적 저점을 기록하고 있었기에 10년 고정금리면 2.5%로 충분했다. 2005년 당시에는 한국은 물론 미국과 비교해도 터무니없이 낮은 수치였다. 당시는 엔화 약세를 배경으로 일본 기업의 수출과 영업이익이 개선되고 있었고, 무엇보다도 부실채권이 빠르게 해소되고 있었다. 엔화 약세는 세계 최초의 '양적완화QE, quantitative easing'의 효과가 서서히 나타나고 있었기 때문이다. 집값이 반등할 거라는 생각까지는 못했지만, 경기가 풀리고 대출금리도 낮으니 집값 하락이 멈출 수도 있겠다 싶어 아파트 분양 광고를 보면 유심히 살펴봤다. 그리고 지금도 내 자신을 기특하게 생각하는 것은 2005년 어느 날 텔레비전에서 청장년들이 다시 도쿄로 이주한다는 보도를 보고, 즉각 일본의 인구 변화를 조사해본 것이다.

1990~1999년 일본 인구는 2.5% 증가한 반면 도쿄 인구는 오히려 0.2% 감소했다. 반면 도쿄 인근의 사이타마현 인구는 8.2%나 증가했다. 도쿄의 살인적인 집값 때문에 교외에서 도쿄로 출퇴근하는 인구가 늘어난 탓이다. 이러한 경향에 변화가 생긴 것은 2000년대 들어서다. 도쿄의 인구증가율이 일본 전체는 물론이고 인근 현보다 높은 수치를 기록하기 시작했다. 청장년이 도쿄로 돌아오기 시작했기 때문이다. 젊은 인구는 도쿄에서도 교통이 편한 곳으로 이주하고 있었다. 반면 65세 이상 노년 인구는 도쿄를 서서히 빠져나가고 있었지만 그래도 일본 전체와 비교해 도쿄의 노년 인구 상승률은 여전히 높은 편이었다. 나는 두 마리 토끼를 다 잡겠다는 생각으로 지하철역과 버스 정류장이 가까우면서 동시에 대형 병원이 가까운 곳을 중심으로 분양 아파트를 찾아보았다. 예전에 한국 신문에서 한 아파트 주민들이 인근에 대형 병원이 들어서는 것을 막고자 데모를 한다는 기사를 읽은 적이 있다. 대형 병원이 들어서면 영안실이 같이 들어오기 때문이다. 어리석은 생각이다. 일본은 현재 20세 이상 인구의 사분의 일이 70세 이상의 고령이다. 가까운 미래 한국의 모습이기도 하다. 고령화 사회에서 죽음은 늘 우리 곁에 있고, 노년 인구에게는 시설이 잘 갖춰진 대형 병원이 절실하게 필요하다.

다행히 내 조건에 맞는 분양 아파트를 찾을 수 있었다. 지하철역과 버스 정류장 1분, 슈퍼마켓 3분, 종합병원 3분, 파출소 2분, 우체국 5분, 완벽했다.

그러나 완벽한 입지의 아파트라 해도 향후 값이 오를 거란 기대는 하지 않았다. 집값이 오를 일은 없다는 말을 워낙 주변에서 많이 듣기도 했고, 나 자신도 지난 15년의 트렌드를 보고 그러려니 했기 때문이다. 다만 중고 아파트가 되면서 매년 집값이 떨어지겠지만, 경제 상황과 인구 변화를 고려하면 예전보다 낙폭은 훨씬 줄어들 것 같았다. 집값의 감가상각, 대출을 받는 경우의 이자비용 등을 계산해봤더니 집을 사는 것이 월세로 사는 것보다 낫겠다 싶었다. 그리고 10년이 넘는 결혼생활 동안 미국과 일본의 임대주택을 전전하면서 변변한 가구 하나 장만하지 못한 것이 아내에게 미안했고, 무엇보다 나이가 마흔이 되었으니 '내 집'을 갖고 싶었다. 주변의 우려에도 불구하고 나는 과감하게 분양계약서에 도장을 찍었다.

나는 집값 하락이 멈출 수도 있겠다는 생각으로 분양을 받았던 것인데, 2006년부터 도쿄의 집값이 오르기 시작했다. 주변의 한국인 친구들은 내 결단을 부러워했다. 일본인 친구들은 큰 관심이 없었다. 그때까지 도쿄에서 집값에 관심을 두고 민감하게 반응하는 이들은 모두 한국인이었다.

2006년 7월 새집으로 이사했는데, 언제부턴가 우편함이 매일같이 부동산 광고지로 가득 차기 시작했다. 매물을 소개하는 광고지가 아니라 지금 사는 집을 매물로 내놓지 않겠느냐는 전단지였다. 이러이러한 사람이 이러이러한 조건의 집을 구하고 있는데, 당신 집을 매물로 내놓지 않겠습니까, 혹은 지금 매물로 내놓으면 어느 정도 값을 받을 수 있는지 공짜로 감정해드리겠습니다, 라는 식의 광고였다. 나는 그때 이후로 우편함에 있는 광고지로 부동산 경기를 가늠해보고는 한다.

나는 그 집을 팔 생각이 없었고 따라서 가격이 오르든 말든 상관없었지만, 그래도 기분이 나쁘지는 않았다. 솔직히 우편함을 여는 것이 뜻밖의 즐거움이 되었다. 그러나 인생이 대개 그렇듯 좋은 시절은 오래 가지 않았다.

### 폭락도, 폭등도 없는 일본의 부동산

한국의 친구들은 20년이 넘는 저성장 기간 동안 일본의 경기 역시 상승과 하락을 반복했다는 것을 믿지 않는다. 일본 경제는 '줄곧' 불황 터널에 갇혀 있었다고 생각한다. 그러나 2000년대 중반 일본에서는 버블 붕괴 후 가장 긴 경기 상승기가 지속되고 있었다. 2007년 서브프라임 모기지 사태가 발생했을 때만 해도 일본 경제만큼은 큰 타격을 받지 않을 듯 보였다. 2007년 한 해 동안, 44만 3,000명이 도쿄로 전입했고 34만 9,000명이 전출했다. 순전입자 수가 거의 10만 명에 육박한 것이다. 대도시라고 늘 사람이 모이는 것은 아니다. 도쿄도 한때는 인구가 빠져나가던 도시였고, 2018년 서울에서는 전출자가 전입자보다 많아 순유출 인구가 11만 명이었다.

그러나 2008년 들어 엔화가 강세를 보이면서 대기업 영업이익이 타격을 받기 시작했고, 그해 9월 '리먼 쇼크' 이후에는 엔화 강세에 글로벌 경기의 위축까지 겹쳐 일본 경제를 다시 불황터널로 밀어 넣었다. 2007년 내내 3~4%에 불과했던 도쿄 오피스 공실률이 2009년 연말 9%를 넘었다. 그러나 사람들은 도쿄를 떠나지 않았다. 대신 도쿄로 이주하는 인구가 조금 줄었을 뿐이다. 2007년에 10만 명에 육박하던 순전입자 수가 2011년에는 절반인 5만 명 정도로 줄었지만, 도쿄는 여전히 사람이 떠나는 곳이 아니라 사람이 모이는 곳이었다. 1990년대 사람들이 도쿄를 떠난 것은 주로 살인적인 집값 때문이었다. 2000년대 중반 이후 도쿄의 집값은 등락을 거듭했지만 사람들을 밖으로 내몰 만큼 살인적으로 오른 적이 없다. 2006~2007년 반짝 올랐던 도쿄의 집값은 몇년 만에 다시 2003~2004년 수준으로 돌아갔고 매일같이 우편함에 쌓이던 전단지도 감쪽같이 사라졌다. 그러나 사람들이 떠나지 않는 도시에서 그 이상의 폭락은 없었다.

2011년 대지진으로 잠시 부동산 거래가 거의 중단된 적이 있다. 그러나 대지진의 충격에서 벗어나면서 부동산 시장은 다시 정상을 찾았다. 2013년 아베노믹스가 시작되면서 내가 사는 아파트의 거래가도 분양가 이상의 수준을 회복했다. 2000년대 중반까지는 중고 아파트의 시세가 그 아파트의 처음 분양가보다 높아질 수 있다고 아무도 기대하지 않았다. 중고차 가격이 신차보다 높을 수 없는 것과 같은 맥락이다. 내아파트가 분양가보다 값이 높을 수 있는 이유는 주변의 신규 분양 아파트의 분양가가 꽤 올랐기 때문이다. 집을 매물로 내놓지 않겠느냐는 전단지도 다시 쌓이기 시작했다. 그러나 2019년 들어서는 그 양이 많이 줄었다. 아마 도쿄의 부동산 가격이 거의 정점에 다다른 모양이다.

도쿄 사람들은 부동산 거래를 자주 하지 않고 가격이 오른다고 해서 추격 매수에 나서지도 않는다. 집값이 어느 정도 오르면 매수를 꺼리고, 집값이 떨어져야 매수를 고려하기 때문에 집값에 등락은 있지만 폭등하거나 폭락하는 일은 없다. 그래서 집값이 오르거나 내려도 크게 당황하거나 두려워하지 않는다. 부동산으로 인한 손해나 이익으로 인생이 바뀔 일은 없다고 믿기 때문이다. 그리고 나는 그것이 부럽다.

## 두 가지 낡은 신화에서 벗어난 일본

내가 2005년에 분양계약서에 도장을 찍을 수 있었던 것은 일본인들의 '부동산 필패'라는 마인드와 달랐기 때문이다. 1991년까지는 일본인들도 '부동산 불패'의 신화를 믿었다. 주식시장의 버블은 1990년 초에 끝났지만 대도시의 지가는 1991년까지, 지방의 지가는 1992년까지도 오르고 있었다. 주식은 망해도 부동산은 망하지 않는다는 오래된 믿음 때문이다. 그러나 그 이후 10년이 넘는 세월 동안 끝없이 부동산 가격이 하락하자, 일본인들 사이에는 '부동산 필패'가 새로운 신화로 자리를 잡았다. 그러다 2000년대 중반 도쿄 부동산 가격의 반등은 일본인의 사회심리에 변화를 일으켰다. 경기상황과 인구변화에 따라 부동산은 오를 수도 내릴 수도 있다는 것을 깨달은 것이다. 그럼에도 집을 투자의 대상이 아니라 주거의 대상으로, 즉 실수요자의 입장에서 보는 태도에는 큰 변화가 없다. 일본인들은 드디어 부동산 불패와 부동산 필패라는 두 가지 낡은 신화 모두에서 벗어난 것이다.

한국에서는 아직도 부동산 불패가 한국인의 심리를 지배하고 있는 한편, 일본처럼 언젠가는 폭락하지 않을까, 하는 두려움도 함께 감지된다. 마치 신의 구원을 열렬히 믿으면서도 신의 존재를 의심하는 종교인과도 같다. 그래서 작은 변화에도 서울의 부동산 가격이 요동치는 것이다. 그리고 집은 주거의 대상일 뿐만 아니라 여전히 가장 큰 투자 혹은 투기의 대상이다. 2018년까지만 해도 갭투자가 유행처럼 번졌었다.

한국은 일본이나 미국과 같은 광범위한 규모의 자산 버블을 겪지 않았다. 따라서 1990년대 초의 일본이나 2000년대 후반의 미국처럼 부동산이 하루아침에 폭락하는 일은 없을 것이다. 그러나 '부동산 불패' 역시 이제 한국에서는 근거를 상실한 낡은 신화다. 부동산은 오를 수도 내릴 수도 있고, 마치 주식처럼 유망한 종목과 그렇지 못한 종목으로 갈릴 것이다. 그리고 유망한 주식 종목도 경기와 실적의 영향을 받듯이, 유망한 부동산도 마찬가지일 것이다. 평범한 직장인이 주식투자에서 크게 성공하기 어렵듯, 그리고 굳이 주식에 투자하려면 자금운용사의 서비스를 이용하는 것이 낫듯이, 이제는 한국에서도 주택을 투자나 투기의 대상으로 보는 시각을 접어야 할 때가 온 것인지도 모른다.

chapter

# 02

# 2019년 서울과 도쿄의 집값,
# 불황 혹은 호황의 전조인가

"2019년 서울의 집값, 불황의 전조인가?"

2019년 초, 한국에서는 부동산 가격이 하락하면서 거래 자체가 실종된 현상이 뉴스의 전면을 장식하곤 했다. '역전세난'이라는, 외국에서는 찾아볼 수 없는 기현상도 발생했다. 전세 계약이 끝났는데도 세입자에게 전세금을 돌려줄 수 없을 정도로 얼어붙은 부동산 시장은 한국에서도 일본식 불황이 시작되는 것을 알리는 불길한 전조일까? 한국도 일본이나 미국처럼 부동산 가격이 폭락하는 것은 아닐까?

그렇진 않다. 한국은 이미 불황이 시작됐지만, 부동산 가격은 경기와 무관한 투기 심리로 잠시 요동쳤을 뿐이다. 폭등이 크지 않았으니 거대한 외부 충격이 없는 한 폭락도 없을 것이다. 근래의 부동산 가격의 하락이 불황의 전조가 아닌 것은 2018년의 폭등이 경기 상승의 반영이나 전조가 아니라는 것과 궤를 같이한다. 2017년과 2018년은 다들 경제가 어렵다고 난리였다. 실질 GDP 상승률은 2년 연속 3%를 넘지 못했고 청년실업률은 역대 최고를 기록했다. 그런데도 서울 강남을 중심으로 한 수도권의 집값이 갑자기 올랐다. 2018년의 반짝 상승은 몇 년간 지속되어온 초저금리가 부동산 가격 상승을 기대하는 심리와 맞물려 발생한 미니 버블에 불과하다. 노무현 정부 말기의 버블에 대한 기억이 상당한 역할을 하였을 것이다.

2000년대 중반, 노무현 정권 후반인 2006년부터 서울의 집값이 폭등한 적이 있다. 서울과 경기도에서 특히 집값이 가파르게 상승한 7개 지역을 언론과 정부는 '버블 세븐'이라고 불렀다. 당시 경기도 신도시에 있던 부모님 집의 매매가가 도쿄 한복판에 있던 내 집의 분양가와 거의 차이가 나지 않아 크게 놀란 기억이 있다. 노무현 정부는 부동산 가격을 잡겠다고 정권 초기부터 호언장담했지만 지키지 못했고, 당시의 정권 담당자들에게는 지금도 뼈아픈 기억으로 남아 있을 것이다. 그때의 가파른 상승 역시 일시적 버블이었지만 2018년보다는 합리적인, 실수요와 투기의 결합에 의한 버블이었다. 당시는 명목 GDP가 매년 5% 이상 상승하고 있었고 생산가능인구 역시 증가하고 있었다. 잘 가꿔진 주거환경에 대한 수요가 급증하던 시기기도 했다. 따라서 버블이더라도 1980년대의 일본이나 2000년대의 미국만큼 터무니없는 폭등은 아니었기에 버블이 가라앉고도 폭락은 없었다. 대신 버블 이후 거의 5~6년 동안 부동산 가격이 정체됨으로써 버블의 독을 씻어냈다.

## 미국과 일본의 부동산 버블

사실 2000년대 중반은 전 세계적으로 부동산 경기가 뜨거울 때였다. 버블은 미국에서 먼저 시작됐다. 2003년 이후 3년간 미국의 주택가는 37%, 미국 10대 도시의 주택가는 48% 올랐다. 같은 시기 미국의 소비자물가는 9.6%, 명목 GDP는 21% 상승하였다. 주택은 토지라는 한정된 자원을 필요로 하기 때문에 주택 가격이나 지가가 소비자물가보다 더 빠르게 상승하는 것이 크게 이상한 일은 아니다. 그러나 대도시뿐만 아니라 전국의 평균 주택 가격이 명목 GDP보다 거의 배 이상 가파르게 증가한 것은 뭔가 이상하다.

2008년 버블의 붕괴는 미국 사회에 큰 충격을 주었다. 2000년대 초에는 IT 버블의 붕괴가 있었다. 그러나 연방준비위원회(연준)*가 금리를 인하하는 등 신속하게 대응한 덕분에 버블의 붕괴가 경제 시스템 전반에 걸친 충격으로 이어지지는 않았다. 따라서 세계 경제에 미친 영향도 제한적이었다. 연준은 금리정책을 통해 경기변동을 제어할 수 있다는 자신감을 가지게 되었고 경제학자들은 그 내용을 경제학 교과서에 넣기 시작했다. 그러나 2009년에 시작된 불황은 경제학자들의 자신감을 송두리째 앗아갔고, 1929년 대불황 이후 가장 심각한 경기침체는 전 세계에 영향을 미쳤다. 미국 하원은 왜 멍청하게 이런 비극을 막지 못했는

---

*미국의 중앙은행제도인 연방준비시스템Federal Reserve System은 7명의 위원이 있는 연방준비위원회Board of Governors 혹은 Federal Reserve Board와 12개의 연방준비은행FRB,Federal Reserve Banks으로 구성되어 있다. 연방준비위원회는 워싱턴에 본부를 두고 있고, 12개의 연방준비은행은 뉴욕, 시카고 등 미국 12개 도시에 흩어져 있다. 정책금리 등의 주요 금융정책은 연방공개시장위원회FOMC,Federal Open Market Committee에서 결정된다. FOMC는 연방준비위원회 7명의 위원과 12개 연방준비은행 중 5개 은행의 총재President로 구성된다.

가를 묻기 위해, 그리고 다시 이런 일을 겪지 않기 위해서는 어떤 조치를 취해야 하는지를 알기 위해 '금융위기조사위원회Financial Crisis Inquiry Commission'를 꾸리고 10명의 위원을 임명했다. 당시 여당이던 민주당에서 추천한 6명과 야당이던 공화당에서 추천한 4명의 위원은 2010년 1월 조사를 시작했고, 일 년 뒤 'Financial Crisis Inquiry Commission: Examine the causes of the current financial and economic crisis in the US'라는 제목의 보고서를 냈다.

나는 그 보고서를 2년 동안 내 세미나 수업의 교재로 쓰면서 참 부럽다는 생각을 많이 했다. 왜 우리는 국가적 재앙을 겪은 후에 이런 보고서를 내지 못하는 것일까? 왜 이런 종류의 활동은 항상 정치적 대립과 논란만 일으키고 학생들에게 읽힐 만한 보고서를 생산하지 못하는 것일까.

금융위기조사위원회의 보고서를 보면 2000년대 중반 미국의 버블은 1980년대 후반 일본의 버블과 너무 닮아 놀라게 된다. 그리고 앞선 현상들이 한국의 상황과는 판이하게 다르다는 것도, 한국에서는 왜 부동산 가격의 폭락이 없었는지도 이해할 수 있다.

버블이 한창이던 1980년대 후반 일본 오사카에 '오노우에 메이尾上縫'라는 여성이 살고 있었다. 1991년 8월 사기죄로 체포되었고, 길고 지루한 재판 끝에 1998년 3월 징역 12년을 선고받고, 2003년 4월 대법원에서 형이 확정되었다. 직업은 정체가 불분명한 요정의 주인이었고 1990년 당시 나이는 60세였다. 학력도 과거 경력도 여전히 미스터리인 그녀가 금융기관에서 빌린 돈은 모두 2조 7,736억 엔, 갚은 금액은 2조

3,060억 엔, 갚지 못한 부채액은 4,300억 엔, 개인의 파산액으로는 일본에서 지금까지도 깨지지 않은 전무후무한 기록이다.

이 얘기를 학생들에게 하면 내가 한국 '원'을 일본 '엔'과 착각했다고 오해한다. 직업이 불분명한 60세 여성이 금융기관에서 한국 돈으로 28조 원에 해당하는 돈을 빌릴 수 있었던 것이 버블 당시 일본 금융계의 상황이었다. 그녀는 가짜 예금증서를 담보로 대출을 받는 수법으로 천문학적인 돈을 빌려 각종 자산에 투자했다가 버블이 꺼지면서 빚더미에 앉게 되었고 사기행각 역시 발각되었다.

1985년 플라자합의로 엔화 가치는 순식간에 거의 2배 가까이 뛰었고, 닛산이나 소니 등 일본을 대표하는 기업들의 영업이익이 급감했다. 수출기업의 실적 악화로 경기가 침체될 것을 걱정한 일본은행은 금리를 대폭 인하함으로써 플라자합의에 대응하였다. 나날이 성장하는 일본 시장에 눈독을 들이던 외국 자본은 금융시장 개방을 계기로 일본에 진출했고, 각종 금융 자유화로 경쟁이 격화된 일본 금융사들은 시장점유율을 잃지 않기 위해 무한 경쟁을 벌였다. '대출이 제일 쉬웠어요'가 어색하지 않은 시절이었고, 주식이든 부동산이든 사고 나면 값이 올랐다. 실적을 올리기 위해 은행 경영진은 오노우에 메이 같은 사기꾼에게 협력했다.

일본은행은 버블을 감지하고 1989년부터 정책금리를 올리기 시작했다. 그때부터 일본 경제에 뭔가 문제가 있다는 것을 감지한 사람들이 나타났고 그들은 서서히 자산을 처분하기 시작했다. 1990년 1월 도쿄 주식시장이 개장하자마자 주가가 폭락했다. 1989년 12월 마지막 호에서 일본 경제지들은 새해에도 주가가 상승세를 유지할 것이라고 예측했지만 불과 며칠 후 장밋빛 꿈은 산산이 조각났다.

버블 당시 일본에서는 모든 종류의 자산이 투기의 대상이었다. 일본인들은 캘리포니아의 골프장에서부터 빈센트 반 고흐의 작품까지, 투자할 수 있는 모든 것에 투자했다. 1990년 일본 실업가 사이토 료에이齊藤了英는 8,520만 달러를 주고 고흐의 작품 〈의사 가셰의 초상 Portrait of Dr. Gachet〉을 사들였다. 그는 1,000억 원에 가까운 거액을 주고 산 그 걸작을 자신과 함께 관에 묻고 싶다는 말로 공분을 샀다.

미국 금융위기조사위원회 보고서는 2000년대 중반 미국 버블의 이면에 있던 각종 도덕적 해이를 적나라하게 고발한다. 잘 알려졌다시피 '서브프라임 모기지'는 주택담보대출(주택모기지대출)을 받을 수 있는 자격을 갖춘 사람에게 부과하는 이자(프라임 이자)보다 조금 높은 이자(서브프라임 이자)를 부과함으로써 원래는 대출을 받을 수 없던 사람에게도 대출이 가능하도록 한 제도였다. IT 버블의 붕괴를 극복하기 위해 연준은 많은 돈을 시중에 풀었고, 자금이 넉넉해지자 은행들은 경쟁적으로 주택담보대출을 늘렸다. 프라임 대출이든 서브프라임 대출이든 대출 심사는 외주를 주었다. 외주를 받은 심사관들은 대출 신청자가 대출을 받을 수 있도록 적당히 서류를 꾸몄고, 은행은 눈치를 챘으면서도 적당히 눈을 감았다. 대출이 늘어야 실적이 늘기 때문이었다.

눈을 뜨면 집값이 올랐다는 소문이 먼저 들리는 세상에서 누구나 집을 사고 싶어 했다. 직업이 없는 사람은 원칙적으로 주택담보대출을 받을 수 없다. 심사관들은 무직인 사람이 집에서 가끔 집수리를 한다는 이유로 목수라는 직업을 부여하고 서브프라임 대출을 받을 수 있도록 도왔다. 1980년대 후반 일본에서 있었던 온갖 종류의 도덕적 해이가 외피만 살짝 바꾼 채, 2000년대 중반 미국에서 부활한 것이다.

### 미국, 일본과는 다른 한국 부동산 상황

다음 그래프는 대도시 부동산 가격이 10% 이상 상승하기 시작한 것을 '버블 1년'으로 보고 버블기와 버블 붕괴 후 부동산 가격의 추이를 나타낸 것이다. 한국과 미국은 주택가격, 일본은 주택가 지가를 가지고 계산한 값이다. 한국은 통계청의 주택가 지수, 미국은 케이스-쉴러Case-Shiller 주택가 지수, 일본은 부동산연구소의 지가 지수를 사용하였다. 그래프가 끝나는 연도는 한국 2018년(버블 후 13년), 일본 2005년(버블 후 20년), 미국 2018년(버블 후 19년)이다.

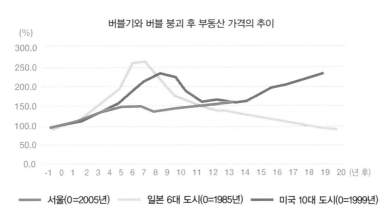

**버블기와 버블 붕괴 후 한미일 부동산 가격**

버블기와 버블 붕괴 후 부동산 가격의 추이

━━ 서울(0=2005년) ━━ 일본 6대 도시(0=1985년) ━━ 미국 10대 도시(0=1999년)

출처: 한국 통계청, 미국 케이스-쉴러, 일본 부동산연구소

대도시 부동산 가격이 10% 이상 오르기 시작한 것은 일본 1986년, 미국 2000년, 한국 2006년의 일이다. 그래프는 서울의 버블이 미국이나 일본 대도시의 버블과는 규모 면에서 많이 다르다는 것을 보여준다.

서울에서 부동산 가격이 연 10% 넘게 가파르게 오른 것은 2006~2008년의 3년간에 불과하다. 반면 미국과 일본의 대도시에서는 그 정도 버블이 5~6년 동안 지속되었다. 서울에서는 2015년 이후 다시 부동산 가격이 오르기 시작했지만, 명목 GDP 증가율 이상으로 오른 건 2018년 한 해에 불과하다. 2018년 서울의 집값은 5.5%, 한국의 명목 GDP는 3.0% 증가했다.

버블이 대도시에만 집중된 것도 한국의 다른 점이다. 2006년 한국에서는 서울과 수도권에서만 버블이 발생했다. 서울의 강남·서초·송파, 목동과 경기도 분당, 용인, 평촌이 버블 세븐 지역으로 특정된 것만 보아도 알 수 있다. 2005년부터 2008년까지 3년 동안 서울의 주택가는 45% 상승했다. 서울을 포함한 수도권의 주택가 역시 서울과 거의 비슷한 상승률을 기록했다. 버블 세븐만 뽑아서 본다면 당연히 그 이상일 것이다. 같은 시기 한국의 소비자물가는 9.7%, 명목 GDP는 20% 상승했다. 역시 주택가 상승률이 명목 GDP 상승률을 압도한다. 이 3년만 보면 그리고 수도권만 보면 미국이나 일본의 버블에 비견할 만하다. 그러나 같은 기간, 수도권 외 지방의 주택가는 단 5% 상승했을 뿐이다. 2018년 역시 집값이 뛴 곳은 주로 서울과 수도권뿐이었고 지방의 집값은 오히려 조금 하락했다.

반면 미국의 경우 2003년과 2006년 사이 전국 주택가가 37% 상승하였다. 10대 도시의 인구가 미국 전체 인구의 삼분의 일도 되지 않는 점을 감안하면 지방의 주택가 상승률도 상당했을 것으로 짐작된다.

1987년부터 1990년까지 3년 동안 일본 6대 도시의 주택가 지가는 88.9% 상승했다. 지방의 지가는 버블이 일 년 늦게 시작되고 일 년 늦게 끝났는데, 1988년부터 1991년 사이 6대 도시를 제외한 지방의 주택가 지가는 29.2% 상승하였다. 같은 시기 일본의 소비자물가는 9.0%, 명목 GDP는 23.4% 상승하는 데 그쳤다. 지방에서도 지가 상승률이 명목 GDP 상승률 이상인 것을 알 수 있다.

여기까지 보면 '전설'처럼 들렸던 일본 버블의 상승폭이 생각보단 초라하다고 느끼는 독자도 있을지 모르겠다. 일본의 버블은 1985년 무렵부터 5~6년 정도 지속되었고, 전국에 걸쳐 주택보다는 상가 가격이 더 큰 폭으로 올랐기 때문이다. 6대 도시의 상업지 지가는 1985년과 1990년 사이 4배로 뛰었다. 도쿄의 금싸라기 땅은 당연히 그 이상이었을 것이다.

미국과 일본의 버블은 공격적인 금융완화 정책이 금융감독의 부실과 공존하고, 민간의 투기심리가 각종 도덕적 해이와 결합함으로써 광범위한 자산 영역에 걸쳐 전국적으로 발생했다. 그러나 2000년대 중반과 2018년 한국 부동산 버블은 모든 면에서 미국이나 일본의 버블보다 규모가 작았고, 수도권에 한정되어 있었다. 그리고 일본과 미국에서는 외국 자본의 유입도 버블의 원인 중 하나였다. 버블 당시 일본은 서구 자본이 몰려들고 있었고, 미국은 아시아 자본이 밀려들고 있었다. 하지만 한국 부동산 시장은 외국 자본이 보기에 아직은 그리 매력적인 투자처가 아니다.

폭등의 폭이 클수록 폭락의 폭도 크다. 일본의 부동산 버블이 꺼진 것은 1991년의 일이다. 무리한 대출과 단기 차익을 노린 투기에 기반을 둔 버블이 결국 꺼지자 부동산 가격은 10년 이상 줄곧 하락에 하락을 거듭했다. 2003년에는 18년 전인 1985년 수준까지 떨어졌다. 미국에서는 2007년부터 부동산 가격이 하락하기 시작했다. 그 유명한 '서브프라임 모기지 사태'가 터진 것이다. 2011년의 주택가는 8년 전인 2003년 수준으로 후퇴했다.

서울과 수도권의 부동산은 폭락하는 대신 긴 정체기를 가졌다. 2008년까지 매년 10% 이상 폭등하던 서울의 집값은 2009년과 2010년 아주 조금 상승했고, 2011년부터 3년간 아주 조금 하락했다. 2008년과 2014년 사이 한국의 명목 GDP는 35% 상승하였지만, 서울의 집값에는 변화가 없었다. 폭락은 없었지만 경제성장과 동떨어진 긴 침체로 서울의 부동산은 버블을 해독한 것이다.

긴 정체기를 가지던 서울의 집값은 2015년부터 다시 오르기 시작했다가 2018년 잠시 폭등해서 사람들을 불안하게 했다. 그러나 이번에도 서울의 부동산은 미국이나 일본과 같은 규모로 폭등하지 않았다. 그리고 부동산 버블이 부동산 외의 다양한 자산을 대상으로 한 투기와 동시에 발생하지 않았다. '갭투자'가 가능한 환경은 여전히 문제지만, 도덕적 해이가 판치는 대출 부정도 광범위하게 발생하지 않았다.

## 2019년 서울 집값, 폭락의 전조인가

1980년대 후반 일본의 버블은 형성과 붕괴 과정이 2000년대 중반의 미국과 흡사하다. 그러나 버블 붕괴 후 부동산 시장의 판도는 판이하게 다르다. 앞선 그래프를 보면, 미국은 붕괴 전의 가격을 회복하였지만일본은 예전 가격을 회복하지 못했다. 왜 그럴까?

첫째, 미국의 경우 부동산 외의 시장에서는 자산 가치의 버블이 부동산 버블만큼 심각하지 않았다. 일본에서는 주식, 부동산은 물론이고반 고흐의 작품까지 버블을 경험했다. 해외의 유명 미술품을 매집한 일본 기업들은 버블이 꺼진 뒤 매수가격의 10%도 안 되는 값에 소장품을처분해야 했다.

둘째, 자산가치가 폭락하기 시작하자 부채비율이 높은 기업부터 파산하기 시작했고, 일본 기업의 최우선 과제는 부채비율을 줄이는 것이되었다. 버블기 일본 기업의 부채비율은 400%에 육박했다. IMF 사태직전의 한국 기업과 비슷한 수준이다. 보유자산을 처분하고 영업이익을부채의 상환에 우선적으로 투입해야 하는 상황에서 기업들은 토지를 새로 구매할 여력이 없었다. 오히려 보유하고 있던 토지마저 처분할 형편이었다. 일본 전역에 걸쳐 상업지 지가는 주택지 지가보다 훨씬 더 가파르게 하락했다.

셋째, 1990년대 중반부터 생산가능인구가 줄기 시작했다. 주택을구입하는 인구가 줄어든 것이다.

넷째, 저성장이 지속되면서 디플레이션이 발생했다. 부동산 가격을비롯한 물가의 지속적인 하락은 경제의 모든 부문에서 소비와 투자를 위축시켰다. 버블 붕괴 후 한동안은 부동산 가격이 다시 오를 것으로 기대하는 사람들이 적지 않았다. 그러나 당시 집을 구매한 사람은 예상과 다르게 계속해서 떨어지는 집값을 속수무책으로 지켜봐야만 했다. 내 집을 장만하기보다는 월세를 택하는 젊은층이 늘기 시작했다. 내일이면 값이 더 떨어질 텐데, 굳이 오늘 사려는 사람이 얼마나 있겠는가?

다섯째, 실업률의 증가, 임금·고용·노후에 대한 불안은 소비와 부동산 투자를 더욱 위축시켰다.

버블 붕괴 후 미국에서는 생산가능인구가 여전히 증가하고 있었고, 대규모 양적완화를 발판으로 경제가 회복되기 시작했다. 미국 기업은 버블기에도 부채비율이 그리 높지 않았다. 그리고 일본의 경험은 미국의 정책가들에게 좋은 참고서였다. 연준은 실업률이 목표치만큼 내려올 때까지 양적완화를 포기하지 않았다. 경제가 성장하면서 실업률이 떨어지고 임금이 상승하자 부동산 시장도 회복되었다.

그렇다면 한국은 어떨까? 현재 한국의 사정은 1980년대 후반이나 1990년대 초반의 일본과 확연히 다르다. 자산 투기가 광범위한 영역에 걸쳐 일어나지 않았고, 기업이 300~400%에 달하는 부채비율로 고통받고 있지도 않다. 그래프가 잘 보여주듯이 버블의 규모도 비교되지 않을 정도로 작다. 따라서 1990년대 초반 일본과 같은 부동산 시장 붕괴는 없을 것이다.

그러나 1990년대 후반, 2000년대의 일본과는 유사한 면이 많다. 2000년대 이후 일본 기업의 부채비율은 100%대로 안정되었고, 생산가능인구가 해마다 줄면서 고령화가 빠르게 진행되고 있다. 2010년대 들어서는 인구 자체가 줄고 있는데 가까운 미래 한국의 모습이다. 인구가 줄면 주택 수요도 줄 텐데 부동산 가격이 오를 수 있을까? 경제가 성장하면 가능하다. 일본의 경험은 '인구가 감소하는 나라일수록 부동산 시장은 경제 상황에 민감하게 반응한다'는 것을 보여준다.

### 2019년 도쿄 집값, 호황의 전조인가

2012년부터 2018년까지 도쿄의 집값은 21.7% 상승했다. 연평균 3% 정도의 상승률이다. 같은 기간 도쿄 교외의 집값은 10% 내외로 상승고, 일본의 명목 GDP는 10.9% 상승했다. 버블이 붕괴된 후 상업지구의 땅값은 주택가 땅값보다 더 많이 떨어지고 더 오래 떨어졌지만, 2012년과 2018년 사이 일본 제2의 도시 오사카 상업지구의 지가는 11.4%가 올라 명목 GDP 상승률을 뛰어넘었다. 한편, 2000년대 중반 이후 등락을 거듭한 대도시 부동산 가격과는 달리 지방의 부동산 가격은 수년 전까지 끝없이 하락했지만, 최근 들어 하락을 멈추고 일부 상승하는 지역이 나타나기 시작했다.

이제 결론이다. 최근의 지가 상승은 일본이 불황에서 벗어났다는 것을 알리는 신호일까? 2019년 도쿄의 집값은 호황의 전조가 아니라 '호황의 결과'다. 사실 도쿄나 오사카만 본다면 미니 버블이 발생한 것이 아닌가 우려될 정도여서, 경기가 다시 나빠진다면 부동산 시장도 타격을 받을 것이다. 그러나 갭투자가 사실상 거의 불가능한 나라에서 실수요의 증가 없이 투기만으로 이 정도 호황을 보일 수는 없다. 일본에는 전세제도가 없을 뿐 아니라 실수요가 아니면 대출을 받기가 쉽지 않고 부동산세율도 한국보다 높다. 따라서 일본의 평범한 직장인들은 부동산을 투기의 대상으로 보지 않는다. 그렇다면 일본에서 부동산 실수요를 움직이는 것은 어떤 변수들인가? 일본은 어디에서, 왜, 집값이 오르는 것일까?

chapter

# 03
# 일본은 어디에서
# 왜 땅값이 오르는가

나는 1999년 일본 니가타현에 있는 국제대학에 조교수로 부임했다. 도쿄에서 200km 정도 북쪽으로 달리면 나오는 대학이다. 일본어를 한 마디도 못하면서, 영어로 가르치면 된다는 말만 믿고 덜컥 일본에 가기로 결심했다. 그때는 30대 초반이었고 젊었기 때문에 그런 용기가 났던 것 같다. 지금이라면 엄두도 나지 않는 일이다.

1999년 3월 말 김포공항에서 나리타공항으로 날아간 다음, 나리타 공항에서 나리타 익스프레스로 도쿄역까지 갔고, 거기서 니가타로 가는 신칸센을 탔다. 도쿄역을 출발한 지 한 시간 즈음 지났을까? 문득 열차가 계속 터널 안을 지나고 있다는 생각이 들었다. 몇 분이 지나도 터널이 끝나지 않다가 드디어 터널을 벗어났는데, 나는 터널 밖에 펼쳐진 풍경을 보고 내 눈을 믿을 수 없었다. 터널 전의 세상은 따뜻한 봄이었는데, 여기는 온 세상이 하얀 겨울이었다. 차창 밖은 산으로 둘러쌓여 있었고 겨울 산과 나무에는 흰 눈이 수북했다.

나중에야 나는 내가 그 유명한 '설국의 터널'을 지나쳤다는 것을 알게 되었다. 풍경이 180도 바뀐 그 역의 이름은 에치고유자와越後湯澤였는데, 일본인 최초로 노벨 문학상을 받은 가와바타 야스나리川端康成가《설국雪國》이라는 소설을 쓴 곳이자 소설의 무대가 된 곳이다. 소설은 '기차가 터널을 지나자 눈의 고장이었다'라는 유명한 구절로 시작된다.

국제대학은 에치고유자와에서 멀지 않아 나는 겨울이면 자주 스키를 타러 그곳에 갔는데, 어느 날 저녁 대학으로 돌아오는 길에 동료 교수가 한 건물을 가리키며 뭔가 이상하지 않느냐 물었다. 건물에 불빛이 거의 없다는 것이다. 그 동료는 불빛이 있는 건물은 호텔이고 불빛이 없는 건물은 아파트라고 설명해주었다. 버블기에 에치고유자와는 피서지로 인기가 높았고 신칸센도 개통되었기 때문에, 많은 아파트가 별장용으로 지어졌다고 한다. 그리고 그 많은 아파트는 결국 텅텅 빈 건물이 되었다. 한국에서도 유명한 일본 정종 '쿠보타久保田'나 '하카이산八海山'은 모두 니가타현에서 주조된다. 물이 좋고 쌀이 좋기 때문이다. 도쿄에서 은퇴한 노년층이 이주할 거라고 기대했지만, 도쿄 사람들은 물 맑고 공기 좋고, 기반시설과 유흥시설까지 잘 갖춰진 에치고유자와를 외면했다. 도쿄에서 신칸센으로 한 시간, 고속도로로 한 시간 반밖에 걸리지 않는 곳이지만, 아파트 가격이 반의 반값도 안 되게 떨어지고 나서야 별장용으로 구입하는 사람들이 조금 생긴 정도다.

한국에도 에치고유자와와 유사한 입지를 가진 곳들이 있다. 노년을 한가롭게 보내기 좋을 것 같은, 그리고 최근 기찻길과 도로가 뚫려 서울 접근성이 뛰어나게 개선된 곳들이다. 도쿄의 은퇴자들이 에치고유자와를 별장으로도 쓰지 않는데, 서울의 은퇴자들은 과연 다를까.

## 집값의 바로미터, 일자리와 어린이 인구

일본의 노인들은 물 맑고 공기 좋은 곳으로 이주하지 않았다. 일본에는 도쿄도東京都, 홋카이도, 교토부, 오사카부와 43개의 현縣으로 이루어진 47개의 광역 지자체가 있다. 47개의 광역 지자체 중, 일본에서 건강수명이 가장 긴 곳은 어디일까? 건강수명Healthy life expectancy은 의료나 요양에 의존하지 않고 일상적이고 지속적으로 자립생활이 가능한 생존기간을 의미한다. 일본인의 평균 기대수명Life expectancy은 84세, 건강수명은 72세로, 노년의 약 12년간은 누군가의 도움이 필요하다.

일본에서 건강수명이 가장 긴 곳은 야마나시현이다. 도쿄에서 서쪽으로 100km 정도 떨어진 곳이다. 야마나시현은 사람들이 건강하게 오래 사는 현으로 유명하다. 도쿄는 건강하지 못하게 오래 사는 곳, 오사카는 건강하게 살지도 오래 살지도 못하는 곳이다. 일본은 세계 최장의 장수국이면서 최고의 고령사회이기 때문에, 일본 정부는 평균 기대수명과 건강수명의 갭을 줄이기 위해 많은 노력을 쏟고 있다. 당연히 야마나시현 사람들이 건강하게 오래 사는 이유에 대해서도 다양한 연구가 이뤄지고 있다.

처음에는 식습관, 운동 등의 영향이 클 것으로 예상했지만, 야마나시 사람들의 스포츠 참가율은 전국 최하위 수준이다. 식습관이 건강하기는 하지만 다른 현에 비해 두드러지는 차이도 없다. 2018년 일본 NHK방송에 따르면 의외로 독서가 비결일지 모른다는 추론이 있다고 한다. 야마나시현은 인구당 도서관 수가 타의 추종을 불허한다. 도서관에서 독서를 즐기는 노인들은 사회에 대한 관심이 많고 타인과의 대화와 교류도 활발하기 때문에 건강을 유지하는데 도움이 된다는 것이다.

야마나시의 노인들이 건강하다는 사실은 10년 전부터 알려졌다. 야마나시에 대한 연구가 건강수명을 늘리려는 일본 정부에 도움은 되겠지만, 일본의 노인들은 굳이 야마나시로 이주하지 않는다. 2012년부터 2018년까지 일본 인구는 매년 0.14% 감소했지만 65세 이상 고령인구는 2.78% 증가했다. 같은 기간 야마나시의 인구는 전국 평균보다 더 빠르게 감소했고 고령인구는 전국 평균만큼 늘지 않았다. 그럼 일본에서 점점 비중이 높아지고 있는 고령인구는 다 어디로 갔을까?

지난 6년 동안 고령인구가 가장 많이 증가한 곳은 사이타마, 오키나와, 치바, 카나가와인데 오키나와를 제외하고는 모두 도쿄 바로 옆의 현들이다. 도쿄의 인구 증가율은 일본에서 가장 높지만, 고령인구 증가율은 전국 평균보다도 낮다. 도쿄에서 은퇴한 노인층은 고향으로 돌아가지 않고 도쿄에 머무르지도 않고, 도쿄 외곽으로 터전을 옮기는 것이다. 그렇다면 노인 인구가 가장 많이 증가한 도쿄 인근 현들의 집값이 가장 많이 올랐을까? 그렇지 않다. 지난 6년간 일본에서 주택가 지가가 가장 많이 오른 곳은 오키나와, 도쿄, 히로시마, 후쿠오카순이다. 단, 2011년 대지진 영향을 받은 미야기현과 후쿠시마현은 논의에서 제외하였다. 이 네 곳은 지난 6년간 15세 미만 인구가 가장 많이 증가한 곳

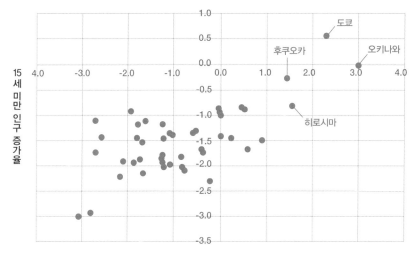

주택지 지가 상승률

출처: 일본 후생노동성(인구증가율),
일본 국토교통성(지가상승율)

이기도 하다. 일본에서 집값을 움직이는 것은 노인 인구가 아니라 어린이 인구다. 위 그래프는 2012년과 2018년 사이 15세 미만 인구와 주택가 지가의 연평균 증가율을 보여준다. 15세 미만 인구의 증가율이 높거나 감소율이 낮은 곳에서만 지가가 상승한 것을 확인할 수 있다.

그래프에서 지가가 가장 많이 상승한 곳은 오키나와와 도쿄다. 도쿄는 일본에서 유일하게 15세 미만 인구가 증가하는 곳이고, 오키나와는 15세 미만 인구가 감소하지 않는 곳이다. 오키나와는 원래부터 인구가 증가하는 곳이었지만, 최근에는 외국인 인구도 빠르게 증가하고 있다. 특수한 역사적 배경 때문에 외국인에게 우호적인 곳이기도 하지만,

최근에 일본을 찾는 관광객이 많이 늘면서 관광산업에 종사하는 외국인도 덩달아 늘고 있다. 도쿄에 어린이 인구가 많은 이유는 어린 자녀를 둔 젊은 부모들이 많기 때문이고, 젊은 부모들이 도쿄로 온 이유는 집값이 안정되고 일자리가 늘었기 때문이다. 일본의 부동산 경기는 '일자리'에 의해 좌우된다. 최근에 지가가 오른 지역은 도쿄처럼 좋은 일자리가 많거나 오키나와처럼 관광객이 몰리는 곳이다.

### 어린이 인구가 감소하는 서울, 증가하는 도쿄

2019년 초 한국 통계청 발표에 따르면, 장년층 인구가 서울을 떠나 경기도로 이주한다고 한다. 사실 서울의 인구는 이미 1990년대부터 감소하기 시작했고 지금도 여전히 감소하고 있다. 전출자가 전입자보다 많기 때문이다. 2018년 서울의 순유출 인구는 11만 명에 달했다. 젊은 부모가 서울을 떠나자 서울의 어린이 인구도 매년 감소하고 있다. 최근 한국의 15세 미만 인구는 매년 2%씩 감소 중이다. 낮은 출산율 때문인데, 서울은 그보다 높은 수치인 매년 3.5%씩 감소하는 중이다.

일본 역시 1990년대에는 살인적인 도쿄의 집값을 피해 인근 현으로 이주하는 장년층이 많았지만, 집값이 충분히 안정된 2000년대 들어 사람들이 다시 도쿄로 돌아오기 시작했다. 그래서 도쿄는 일본의 낮은 출산율에도 불구하고 어린이 인구가 증가하고 있다. 일본의 어린이 인구는 매년 1% 내외로 감소하고 있지만, 도쿄는 0.5% 내외로 증가하고 있다.

한국과 마찬가지로 고령화와 출산율 저하가 국가적 고민인 것을 감안하면 도쿄의 어린이 인구 증가는 경이롭기까지 하다. 젊은 직장인 부부가 선호하는 일부 지역에 가면 여기가 고령화 사회 일본이 맞나 싶을 정도다. 도쿄에 주재하는 한 한국인 기자는 자신이 살고 있는 동네를 '노인 대국 일본'에 빗대어 '어린이 대국'이라고 표현한다. 일본에서 보육교사와 보육원이 부족해 사회문제가 되고 있다는 것은 한국에도 여러 번 보도된 바가 있다. 그러나 실제로 보육원이 부족한 곳은 도쿄고 지방에서는 보육원이 남아도는 실정이다.

도쿄의 직장인들은 일본 대도시 지가가 버블 초 즈음인 1985～1986년 수준으로 하락하고, 경기가 회복되어 도쿄에 일자리가 많아진 뒤에야 도쿄로 돌아오기 시작했다. 2000년 대 초중반의 일이다. 그리고 그들이 도쿄로 돌아오자 '어린이 인구'가 늘었고 도쿄의 '집값'이 오르기 시작했다.

### '이것'이 오르면 '집값'도 오른다

일본의 부동산 가격은 결국 경기에 의해 좌우된다. 일자리가 많은 곳에 사람이 몰리고, 사람이 몰리면 집값이 상승한다. 오사카의 상업지 지가가 6년 동안 10% 넘게 상승한 것은 일본 기업의 실적이 향상되면서 기업들이 더 넓고 좋은 오피스로 이동하고 있기 때문이다. 도쿄에서는 꾸준히 도심 재개발이 이루어져 기업의 수요에 맞는 오피스가 원활히 공급된 편이었지만, 오사카에서는 공급이 한정적이었다. 게다가 2011년 대지진 피해지역의 복구 사업으로 자재비가 상승하고 최근의 인력난으로 건설 인건비 역시 상승하면서 새 빌딩의 건축비가 상승한 것도 오사카 상업지 부동산가 상승의 한 원인이다.

2019년 초 도쿄 오피스의 공실률은 2% 미만이다. 오사카, 후쿠오카 등 지가가 상승하고 있는 지역의 공실률은 대개 1% 혹은 2%대에 머문다. 역대 최저의 공실률이다. 반면 2018년 말 서울 오피스의 공실률은 11.4%이고 부산, 인천 등 여타 대도시의 공실률은 더 높다. 어린이 인구가 감소하고, 오피스 공실률이 10%를 넘는 도시에서 부동산 가격이 들썩였다는 것은 그만큼 부동산 시장이 경기와 '무관하게' 움직였다는 것을 말해준다. 다시 말해 2019년의 냉기가 비정상이 아니고 2018년의 열기가 비정상이었다.

한국은 교육열이 여전히 대단하고 사교육 시장이 발달한 데다, 서울에는 강남이라는 특구가 있어서 부동산 시장의 움직임에 일본과는 다른 특성이 있는 것도 사실이다. 그러나 실수요와 괴리된 거품은 반드시 꺼질 수밖에 없고, 실수요는 경기상황과 무관할 수 없다. 몇 년 전 도쿄에 주재원으로 있던 지인이 한국에 귀임하면서 대전으로 가게 되었다고 해서 의아했던 적이 있는데, 지인이 대전의 의미가 '대치동 전세'라고 설명해주었다. 강남이 지금처럼 사람들이 모이는 이유 중 하나는 아직 재개발이 안 된 아파트의 전세 매물이 있기 때문이다. 재개발이 완성되고, 낡은 아파트 전세가 사라지면 과연 지금과 같은 수요가 유지될 수 있을까? 강남의 집값을 소화할 수 있는 가구가 충분히 있어야 하는데, 결국 그 수요도 '경기'에 따라 결정될 것이다. 어린아이를 가진 부모들이 계속 서울을 떠나는 현실에서 재건축이 완성된 강남 집값을 받칠 만큼 경제가 좋아지지 않는다면 강남에서도 수요에 따라 희비가 갈릴 것이다.

2007년과 2012년 사이 한국에서 주택가가 가장 많이 오른 곳은 어디일까? 바로 경상남도 거제시다. 서울의 주택가가 겨우 7% 오르는 동안 거제시의 주택가는 74%나 올랐다. 그럼 2012년과 2018년 사이 주택가가 가장 많이 떨어진 곳은 또 어디일까? 역시 거제시다. 서울의 주택가가 17% 오르는 동안 거제시의 주택가는 21% 하락했다. 누구나 쉽게 짐작할 수 있듯, 조선 경기의 부침 때문이다. 일자리가 넘쳐날 때는 집값도 올랐지만 일자리가 없어지자 집값도 떨어진 것이다.

따라서 경제가 좋아졌는지를 판단하는 가장 좋은 기준은 부동산이나 주가보다 '일자리'의 증감이다. 여성 최초로 미국의 중앙은행을 이끌었던 옐런 의장은 일자리가 회복되어야만 양적완화를 끝낼 수 있다고 여러 번 천명한 바가 있다. 그의 소신처럼, 사실 불황을 가늠하려면 부동산을 보기 전에 먼저 일자리를 보아야 한다. 부동산 가격이 내려도 일자리가 있으면 버틸 수 있다. 아니, 탄탄한 직장만 있다면 부동산 가격 하락은 기회가 된다. 그러나 부동산 가격이 올라도 일자리가 없으면 오래 버틸 수 없다. 게다가 직장이 없는데 내 집까지 없다면 부동산 가격 상승은 더 절망적일 것이다. 일본에서 집값이 오른 지역은 일부에 불과하다. 그러나 일자리는 차고 넘친다. 그래서 일본은 정말 불황에서 벗어난 것이다.

chapter
# 04
# 넘치는 일자리로
# 구인난에 시달리는 일본

나카지마 하루키는 2012년 가을 내 '제미' 수업에 들어와 세 학기를 보내고 2014년 봄에 졸업했다. 그해 봄에 졸업한 제자는 모두 19명인데 경기가 풀리기 시작할 때라 대부분 취업 상황이 양호한 편이었다. 나카지마는 외자계 금융회사에 입사했는데, 얼마 뒤 그 회사가 일본의 한 금융그룹에 인수되어 일본 금융그룹의 자회사가 되었다. 2018년 봄, 오랜만에 그에게서 연락이 왔다.

일본에는 '제미(세미나)'라고 불리는 수업이 있다. 처음에는 그 수업의 정체를 몰라 몹시 당황했는데, 그도 그럴 것이 학교에서 지식의 전수보다는 교양과 인성 육성에 힘써 달라는데 이게 뭐지 싶었다. 나는 제미를 맡지 않는 대신에 거시금융이나 계량경제를 한 과목 더 가르쳐도 되는지 물었는데, 와세다대의 모든 전임교수는 제미를 담당하는 것이 의무라는 답이 돌아왔다.

처음에는 이 낯선 수업을 맡기 부담스러웠는데, 지금은 가장 보람 있게 임하는 수업이다. 제미에서 나는 학생들을 가르치지 않는다. 학생들이 발표하고 토의하고 그리고 그들이 나를 가르친다. 발표자료를 모아 졸업논문을 쓰는데, 논문의 주제는 일본이나 아시아 경제와 관련된 것이면 폭넓게 허용된다. 논문 성적은 독자에게 얼마나 유용한 정보를 전달하는가로 결정된다. 그리고 일 년에 한 번은 반드시 자기 자신과 자기가 목표로 하는 직장에 대해 발표해야 한다. 대부분의 학생들은 발표 준비를 위해 목표로 하는 직장의 장단점을 조사하고 그 분야에 종사하는 선배의 조언을 듣는다. 이 과정을 통해 학생들은 스스로에 대해, 목표로 하는 회사와 업계에 대해, 같은 제미의 친구에 대해 더 잘 이해하게 된다. 따라서 이 수업에서는 절대로 휴대폰이나 컴퓨터를 책상 위에 올려둘 수 없다. 수업 분위기는 유쾌하고 가볍지만 친구의 발표에 집중하고 질문과 토론을 통해 그 친구의 지식이 성장할 수 있도록 돕는 것은 선택이 아니라 의무다.

제미 학생들은 나를 '센세이(선생님)'라고 부르고 나는 그들을 내 제자로 여긴다. 한 수업에 100여 명의 수강생이 있는 경우가 드물지 않은 캠퍼스에서 내 강의를 들은 학생들을 일일이 기억하는 것은 사실 불가능하다. 그러나 제미 학생들은 한 학년당 20여 명에 불과하고 내 제미에서 세 학기를 보내면서 여러 활동을 같이 하기 때문에 나는 그들이 기억에 오래 남는다.

해마다 다른 학생들이 들어오고 여러 추억이 많지만, 2012년 가을에 들어온 학생들은 그중에서도 특별한, 내게 과분한 학생들이었다. 몇몇은 발표 내용이 알차고 발표 태도도 훌륭했을 뿐만 아니라, 늘 수업 분위기를 유쾌하게 만들어 교수의 부담을 덜어주었는데 나카지마도 그런 학생 중 하나였다.

2018년 봄에 그에게서 메일이 왔다. 내 수업에 와서 자기 부서의 업무를 설명하고 관심을 갖는 4학년 학생이 있으면 면접을 보고 싶다는 내용이었다. 일종의 소규모 취업설명회인 셈이다. 그가 다니는 회사는 일본 유수 금융그룹의 계열사이다. 나는 그 연락이 반가웠고, 당연히 제안을 수락했다. 그가 속한 부서는 리스크 매니지먼트Risk management를 담당하고 있었는데, 부서의 상사 둘 그리고 인사부 직원 한 사람과 함께 와서 후배들을 만났다. 나는 회사도 업무도 매력적이라고 생각했는데, 후일담이지만 일본 학생은 단 한 명도 이 회사에 지원하지 않았다. 나카지마가 그나마 체면을 세울 수 있었던 것은 한국 유학생 한 명이 지원한 덕분이다.

나카지마의 방문은 현재 일본의 구인난이 얼마나 심각한지를 보여주는 한 예이다. 나카지마의 메일은 시작에 불과했다. 2018년 가을에는 제미에서 취업설명회를 가질 수 있냐는 제자들의 메일을 거의 예닐곱 통 가까이 받은 것 같다. 제미는 일주일에 한 번 90분간이고, 한 학기에 15회의 제미가 있다. 학생들의 발표 스케줄이 있기 때문에 취업설명회나 선배와의 만남을 위해 쓸 수 있는 수업은 많아야 서너 번이다. 제미 시간에 모든 취업설명회를 소화할 수 없었기 때문에, 제미가 끝난 후에 보강 수업을 여는 형식으로 서너 군데 취업설명회를 수용했다. 보강이기 때문에 관심 있는 학생들만 오게 했는데 제미의 대다수를 차지하는 일본인 학생들은 출석률이 저조했고 관심을 가지는 학생들은 대개 중국인이나 한국인 유학생이었다. 결국 인원을 모으기 위해 제미 외의 강의 과목, 금융 경제나 한국 경제의 수강생들에게도 이메일을 보냈는데, 참석 인원이 늘기는 했지만 여전히 대다수는 외국인 유학생이었다.

구인난이 있다는 것은 동전의 양면과도 같다. 경기가 좋고 일자리가 많아져서 그럴 수도 있지만, 경기는 별로인데 노동인구가 감소한 것이 원인일 수도 있다. 일본의 구인난은 어느 쪽일까? 경기가 좋아졌기 때문이다.

### 청년 인구 감소로는 절대 해결되지 않는 실업률

최근 일본이 구인난에 시달린다는 보도가 자주 나오면서 일본 경제가 정말로 좋아진 것이냐는 질문을 종종 받는다. 나는 인구가 감소하고 고령화가 진전되고 있는 나라에서 지금 이 정도 경기라면 좋아진 것이 사실이라고 답한다. 마치 현업에 복귀한 60대 퇴직자에게서 40대의 활력을 보는 느낌이다.

2018년 일본의 15세 이상 인구 실업률은 2.4%, 20대 실업률은 3.7%로 완전고용을 달성했다. 한국에 있다 보면 일본은 인구가 감소하고 있기 때문에 실업률이 떨어진다는 말을 종종 듣는다. 특히 청년 인구의 감소로 청년 노동자가 귀한 대접을 받는다고 생각하는 사람이 적지 않다. 그리고 한국도 청년 인구가 감소할 것이기 때문에 청년실업 문제는 머지않아 자연스럽게 해결될 거라고 기대한다. 그러나 일본의 경험이나 OECD 국가를 대상으로 한 연구를 보면 청년 인구가 감소한다고 무조건 청년실업률이 하락하는 것은 아니라는 걸 알 수 있다.

일본에서 20대 인구가 감소하기 시작한 시기는 1997년경의 일이다. 그러나 1990년 버블의 붕괴 후 악화되기 시작한 청년실업은 인구가 줄어들어도 개선되지 않았다. 20대 실업률은 1990년 3.2%에서 1997년 5.5%로, 2003년에는 8.2%까지 치솟았다. 청년 인구가 감소하기 시작한 지 6년 만에 청년실업률은 오히려 정점을 찍은 것이다. 2010년의 20대 실업률도 7.9%로 여전히 취업 빙하기였다.

청년실업률이 1997년 수준인 5%대로 떨어진 것은 2015년의 일이다. 청년 인구가 감소하기 시작한지 18년 만이다. 이때부터 내 제미 학생들의 표정이 확 밝아졌던 걸 기억한다. 신규 취업시장에서 기업이 아니라 구직자가 갑이 되는 기현상이 발생했다. 취업설명회를 열고 싶다는 졸업생 제자들의 메일이 일 년에 서너 통 오기 시작하더니 2018년에는 근 열 통은 받은 것 같다.

## 경기를 판단하는 바로미터 일자리

한국도 이제 청년 인구가 감소하기 시작한다. 청년 인구의 감소 속도가 일본보다 훨씬 빠르니, 지금부터 한 10년이 지나면, 지금 중학생들이 대학을 졸업할 때쯤이면 한국에서도 구직자가 갑이 되는 세상을 볼 수 있을까? 안타깝지만 일본의 구인난은 단순히 인구 구조의 변화에 기인한 것이 아니다. 그렇다면 일본은 왜 구인난에 시달리는 것일까?

일자리가 늘었기 때문이다. 일본의 취업자 수는 1997년 6,557만 명으로 정점을 찍은 후 다소의 등락은 있었지만 비교적 꾸준히 감소했다. 경기가 좋지 않았고 그해부터 생산가능인구가 감소하기 시작했으니 별로 이상한 일도 아니다. 2013년부터는 인구 자체가 감소하기 시작했는데, 오히려 그해부터 취업자 수가 늘기 시작하여 2018년에는 6,664만 명으로 이전 최고 기록을 갈아치웠다. 2018년에만 취업자가 100만 명 늘었다. 인구가 감소하는 나라에서 취업자가 증가하는 이유는 당연히 일자리가 늘었기 때문이다.

한국의 지인들은 내 말을 믿지 못한다. 겨우 수긍한다 하더라도 늘어난 일자리는 대부분 비정규직에 불과하지 않은가 반문한다. 비정규직 직원이 는 것은 사실이지만 정규직 직원도 그에 못지않게 늘었다. 비정규직만 는 게 아니라는 말이다. 2013년부터 2018년까지 5년 동안 정규직은 183만 명, 비정규직은 214만 명이 늘었다. 다시 말하지만 이 기간 동안 인구는 조금씩 줄고 있었다. 15~64세의 생산가능인구는 367만 명이나 줄었다. 그런데도 비정규직은 물론 정규직 취업자도 200만 명 가까이 증가한 것이다.

일본의 후생노동성*은 매월 '유효구인배율'이라는 지표를 발표한다. 한국의 언론에 가끔 소개되어 일본 경제에 관심 있는 사람에게는 낯설지 않은 용어일 것이다. 구인 수를 구직자 수로 나눈 수치로, 이 수치가 1보다 크면 일자리에 비해 사람이 모자라다는 뜻이다. 1996년부터 작성된 통계에서 2014년 이전 유효구인배율이 1.0을 초과한 적은 2006년

---

*한국의 고용노동부와 보건복지부에 해당하는 일본의 행정기관이다. 2001년 후생성과 노동성을 통합하여 신설되었다.

과 2007년뿐이었다. 그러나 당시에도 정규직 유효구인배율은 0.6 정도에 불과했다. 그러나 2018년의 정규직 유효구인배율은 1.1로, 정규직을 원하는 사람이 100명이라면 정규직 자리는 110개가 있다. 도쿄 거리를 걷다 보면 레스토랑 체인점 입구에 정규직 사원을 뽑는다는 광고를 가끔 볼 수 있다. 직원을 구하기 힘들다 보니 레스토랑 체인점에서도 정규직을 내세워 구직자들의 관심을 끌려는 것이다.

정규직 일자리는 노동시장에 처음 진입하는 젊은이들에게 특히 중요하다. 정규직과 비정규직의 결혼율, 출산율이 현저히 차이나는 것은 일본도 한국과 마찬가지다. 퇴직 후 새 직장을 찾거나 자녀가 성장한 후 새롭게 노동시장에 진입하는 사람에 비해 20대 젊은이에게는 정규직 일자리가 더욱 간절하다. 2013년과 2018년 사이 일본의 20대 인구는 60만 명이 감소했다. 같은 기간 20대 정규직 취업자는 33만 명 증가한 반면 비정규직 취업자는 8만 명 감소했다.

경제학자들은 단답형의 단순한 답을 싫어한다. 누군가 나에게 일본이 정말 불황에서 벗어났냐고 물으면, 나는 구구절절 일본 경제의 명과 암에 대해 늘어놓기 시작할 것이다. 그래서 가끔 청문회에서 질문하듯 한마디로 답해달라고 하는 사람도 만나게 되는데, 그러면 나는 불황에서 벗어난 것이 사실이라고 답한다. 20대 인구가 60만 명 감소하는 동안 20대의 정규직 취업자는 오히려 33만 명 증가했는데, 이런 경제를 두고 어찌 여전히 불황에서 벗어나지 못했다 할 수 있겠는가?

불황의 가장 큰 특징은 일자리가 없다는 것이다. 일자리를 찾지 못한 구직자 중 일부는 아예 구직을 포기하기도 한다. 10여 년 전 일본에서 근무하다가 최근 다시 일본에 부임한 한국인 주재원들은 입을 모아 일본이 달라졌다고 한다. 과거에 없던 활기가 있다는 것이다. 가장 눈에 띄는 변화는 일본 직장인들이 자주 찾는 '아카사카赤坂'의 밤 풍경이다.

## 호황의 단면, 도쿄 아카사카의 밤

아카사카는 도쿄의 강남이라 부르는 미나토구에 위치해 있다. 아카사카도 호주머니 사정이 좋지 않으면 찾을 수 없는 나름 고급스러운 곳이지만, 긴자나 롯폰기보다 선택의 폭이 넓어서 근처 직장인들에게 꽤 인기가 있는 장소다. 대형 상사나 금융기관의 본사가 모여 있는 오오테마치나 마루노우치에서 가까운 것도 큰 장점이다.

와세다대는 신주쿠에 있고 와세다역에서 아카사카역까지는 지하철로 30여 분 걸린다. 때문에 나는 아카사카에서 모이는 회식 자리가 원래부터 별로 반갑지 않았는데, 최근에는 사람이 미어터지는 느낌이라 더욱 달갑지 않다. 7~8년 전에는 식당이 밀집해 있는 좁은 골목에서 큰길로 나오면 취객을 기다리는 택시들이 늘어서 있었다. 택시는 요즘도 많이 있지만, 분주히 오고 간다는 게 과거와 달라진 모습이다.

취객이 미어터지는 골목을 빠져나와 연달아 손님을 실어 나르는 택시를 보다 보면 경기가 좋아진 걸 실감하지 않을 수 없다. 택시 기사에게 경기가 좋아졌냐 물으면, 잘 모르겠다는 대답이 대부분이다. 그러나 경기가 나쁘냐고 물으면 그건 또 아니라고 한다. 2013년 이전에는 최악이라는 말을 자주 들었다. 택시 기사들이 경기가 나쁘지는 않다고 하는 사회라면 불황일 리가 없다. 일본은 정말 불황에서 벗어났다.

# 05

# 일본은 왜 지금도
# 불황을 두려워하는가

호황이 찾아왔는데도 일본 사회는 여전히 긴장하고 있다. 불황이 끝났다고 자신 있게 말하지 못한다. 기업도 소비자도 여전히 조심스럽다. 기업 투자도 가계의 소비도 기대만큼 늘지 않는 것 역시 사실이다. 언제 다시 또 경기가 후퇴할지 두렵기 때문이다.

나는 전작인《불황터널: 진입하는 한국 탈출하는 일본》의 프롤로그를 '오쿠타마미奥又見'의 터널에서 겪은 경험으로 시작했다. 원래 내가 생각한 그 책의 제목은 전혀 다른 것이었는데, 프롤로그의 터널 이야기가 마음에 든 편집자가 불황터널이라는 제목을 제안했고 나는 그 제목이 마음에 들었다. 오쿠타마미는 도쿄에서 북쪽으로 250km쯤 가면 나오는 산 중턱에 있는 댐이다. 나름 그 지역에서는 관광지로 유명한 곳이지만 댐까지 가려면 수없이 이어지는 터널을 지나야 한다. 처음에는 그저 터널을 지나고 있구나 하지만 터널에 터널이 끝도 없이 이어지는 기분이라 나중에는 터널을 지나 밝은 하늘이 눈에 들어와도 이 다음에는 얼마나 긴 터널이 또 있을까 하는 두려운 마음이 든다. 일본의 불황도 마찬가지였다. 저성장은 20년 이상 이어졌지만 그 안에서도 경기는 상승과 하강을 반복했고, 터널에서 나왔나 싶으면 다시 터널에 들어가 있곤 했다.

### 고이즈미 개혁과 양적완화: 불황에서 벗어난 일본

처음 버블이 붕괴되었을 때, 일본인들은 그것을 일시적인 현상으로, 경기가 잠시 후퇴하는 것으로 이해했다. 그래서 1990년대 중반에 잠시 경기가 회복되는 듯하자 일본은행은 정책금리를 인상했는데 이제 와서 보면 어처구니없는 정책 실패였다. 1997년에는 소비세를 3%에서 5%로 올리고 재정건전화를 위해 정부지출을 억제했는데, 정부부채 증가의 근본적인 원인을 도외시한 무모한 정책이었다.

10년의 불황을 겪은 후, 2000년이 되어서야 근본적인 변화가 필요하다는 목소리가 힘을 얻게 되었고 2001년 '성역 없는 개혁'이라는 슬로건을 내건 고이즈미가 총리로 선출되었다. 그리고 동시에 일본은행에 의해 세계 최초의 양적완화 정책이 시행되었다. 처음 2년 동안은 청년실업률이 8%를 넘는 등 오히려 상황이 악화되어 일본 사회에 충격을 주었지만, 2003년부터 양적완화의 효과가 엔저를 통해 나타나기 시작했다. 부실채권 처리로 금융이 안정되고, 기업 부채비율이 감소하는 등 상황이 호전되기 시작했다. 전 세계 경기의 호조로 수출 실적까지 덩달아 개선되자 2000년대 중반에는 드디어 일본이 길고 긴 불황의 터널에서 벗어났다는 낙관론이 터널 끝의 햇살처럼 일본 사회에 퍼지기 시작했다. 덕분에 2006년 퇴임 시 고이즈미 내각의 지지율은 51%를 기록했다. 지난 20년간 퇴임 시 50% 이상의 지지율을 얻은 수상은 고이즈미가 유일하다.

> 우리나라는 경제, 사회 전반에 걸친 구조개혁과, 국민의 자조노력의 상승효과에 의해, 긴 정체의 터널을 벗어나, 디플레이션으로부터의 탈출이 시야에 들어오는 등, 개혁의 성과가 나타나, 미래에의 밝은 전망이 열리고 있습니다.

마침표가 없이 쉼표를 연속적으로 사용하며 이어지는 이 긴 일본식 문장은, 고이즈미의 뒤를 이은 아베 수상이 2006년 9월 29일 일본 국회에서 가진 '소신 표명 연설'의 앞부분이다. 그러나 '미래에의 밝은 전망'이 열려 있던 시간은 2년에 불과했다.

### 2008년, 리먼 쇼크

내가 교편을 잡고 있는 와세다대의 국제교양학부는 한국 여러 대학에 설치되어 있는 국제학부와 비슷한 곳이다. 아마 규모 면에서는 한국의 국제학부보다 훨씬 큰 편일 것이다. 모든 커리큘럼을 영어로 가르치고, 인문·사회·자연과학을 폭넓게 공부하도록 지도한다. 매년 600여 명의 학생이 입학하고, 그중 30~40%가 외국인 유학생이다. 일본인 학생

은 반드시 두 학기는 해외에서 교환학생으로 학점을 취득해야 졸업할
수 있다. 외국인 유학생에게는 교환학생 과정이 선택이다. 교환학생으
로 나가는 수만큼 외국 대학의 교환학생이 들어오기 때문에, 보통 한 교
실에는 일본인과 외국인의 비율이 5:5 정도인 경우가 많다.

　2004년 4월에 신설되었기 때문에 첫 제자들은 2008년 3월에 졸업
했다. 와세다대가 미국의 유명 리브럴 아트 스쿨Liberal Art School을 모델
로 야심차게 준비한 학부였지만 첫 졸업생을 낼 때는 내심 걱정이 많았
다. 한 가지 전공에 집중하기보다는 여러 분야에 걸친 폭넓은 교양을 쌓
고, 영어로 공부하고, 일 년간의 해외 유학이 필수인 새로운 시도가 일
본 기업에 먹힐지, 졸업생들의 취업 성적이 괜찮을지가 염려되었기 때
문이다. 결과는 대성공이었다. 와세다대는 이전부터 취업에 강한 대학
으로 유명하지만, 국제학부 첫 졸업생들의 취업 성적은 와세다대 내에
서도 화제가 될 만큼 좋은 편이었다. 국제교양학부의 설립자들은 가슴
을 쓸어내렸고 더 나아가 이제는 일본의 대학 교육에 변화가 필요하다
고 목소리를 높였다. 그러나 나는 솔직히 운도 좋았다고 생각한다.

　당시 일본에서는 4학년 초에 취업이 결정되었다. 외자계 회사들처
럼 3학년 말에 취업이 결정되는 경우도 있었다. 따라서 제1기, 그러니까
2004년에 입학한 학생들의 취업이 결정된 것은 2006년 말과 2007년 초
의 일이다. 아베 수상의 말을 빌리면 '미래에의 밝은 전망'이 열리고 있
던 시대였다. 당연히 취업환경이 좋았다. 게다가 미국 금융시장의 호황
혹은 버블로 외자계 금융회사가 밀려오고 있을 때라 대형 투자은행들이
적지 않은 수의 신규 직원을 채용하고 있었다. 영어로 공부했고 해외 경

험이 있고 다양한 문화에 대한 이해가 있는 학생들에 대한 수요가 높을 수밖에 없던 시기였다. 그때 첫 졸업생들을 배출한 것이 천만다행이었다. 불과 2년 뒤에 리먼 사태가 터진 것을 생각하면 더욱 그렇다.

내 제미의 첫 제자들 역시 2008년 봄에 졸업했다. 모두 19명이었는데 일본인이 17명, 중국인과 한국인이 각각 한 명 있었다. 그중 일본인 2명은 마지막까지 취업에 애를 먹어 걱정했던 기억이 있지만, 나머지 학생들은 모두 졸업 일 년 전인 2006년 말과 2007년 봄 사이에 만족할 만한 직장에 내정을 받았다. 와세다 학생들이 전통적으로 선호하는 주요 상사나 일본에서 '메가뱅크'라고 불리는 대형 은행은 물론이고 골드만삭스, 리먼브라더스, JP모건 같은 유명 투자은행에도 취업하여 나를 놀라게 했다. 지금은 '모기지 파생 상품'이라면 미국 금융버블의 원흉으로 악명이 높지만 당시는 졸업 논문의 인기 주제였다.

제미의 2기생은 모두 20명이었는데, 그들 역시 졸업 일 년 전인 2007년 말이나 2008년 봄에 대부분 내정을 받았다. 미국이 서브프라임 모기지 문제로 시끄러울 때였지만 일본은 별로 큰 타격을 받지 않고 있던 덕분이었다. 그해 취업 시즌에 내 제미에서만 3명이 리먼브라더스에 내정을 받아 꽤 화제가 되었다. 그 이전 기수에서 한 명이 내정을 받은 것을 포함하면 모두 4명이나 세계 최대 투자은행에 내정을 받은 셈이다. 내 제미는 단박에 학생들 사이에 화제가 되었고, 2008년 9월, 3기생을 인터뷰할 때는 40여 명의 학생들이 내 제미에 원서를 냈다. 한 학년이 600명, 교수가 60명인 학부에서 한 교수의 제미에 40명이나 지원하는 일은 극히 드물다.

그러나 인생만사 새옹지마라고 2008년 9월 리먼브라더스가 파산했다. 흉흉한 소문은 몇 달 전부터 돌고 있었지만 설마 리먼브라더스가 파산할진 몰랐다. 소문은 현실이 되었다. 리먼브라더스의 파산이 강타한 것은 전 세계 금융시장만이 아니었다. 이미 리먼브라더스의 도쿄 오피스에서 일하고 있던 1기 졸업생 나가타 요스케는 직장을 잃을 처지에 놓였다. 리먼브라더스 오피스는 임대료가 비싼 도쿄에서도 가장 임대료가 비싸다는 '롯폰기 힐스Roppongi Hills'라는 빌딩에 있었다. 롯폰기의 상징으로 관광객들에게도 인기가 높은 이 빌딩에서 일하는 사람들을 도쿄의 젊은이들은 '롯폰기 힐스'에 사는 족속이라는 뜻으로 '히르족Hills.族'이라 부른다. 나가타는 선망의 대상이던 히르족에서 졸지에 무직자가 될 처지에 놓였다. 리먼브라더스에 내정을 받고 6개월 뒤 히르족이 되리라는 부푼 꿈을 안고 있던 제자 3명의 처지는 더욱 딱했다. 일본 기업들은 이미 취업 시즌이 끝난 상태였다. 친구들의 부러움을 한 몸에 받다가 이제는 졸업을 일 년 미뤄야 할 처지가 된 것이다. 나가타는 일 년의 경력이라도 있으니 어딘가로 전직할 수 있을 것이다. 그러나 이 셋은 내정을 받았을 뿐, 경력이 있는 것도 아니었다.

리먼 사태는 한국 경제에도 큰 타격을 입혔지만, 일본 경제가 받은 내상은 그 이상이었다. 한국 원화는 급속히 절하되어 한국은행이 부랴부랴 미국의 연방준비위원회와 통화스왑을 체결하고 나서야 겨우 안정되기 시작했다. 그러나 원화의 절하는 결과적으로 해외 매출 위주의 한국 대기업들이 영업이익을 올리는 데 도움이 되었다. 더욱이 엔화의 급격한 절상 덕에 일본 기업 제품과의 가격 경쟁에서 우위에 설 수 있어

시장점유율을 높이는 데도 도움이 되었다. 반면 일본은 '미래에의 밝은 전망'이 꺼지고 다시 터널로 진입했다.

2007년 2사분기에 달러당 120엔이던 엔화 환율은 2008년 4사분기에 96엔까지 떨어졌다. 1달러를 사려면 120엔이 필요했는데 이제 96엔만 있으면 되니, 엔화의 가치가 20% 이상 상승한 것이다. 엔화는 절상을 멈추지 않았고, 일본 TV에서는 연신 한국에 가면 루이비통을 훨씬 싸게 살 수 있다는 식의 연예인 체험담이 쏟아지고 있었다. 100엔으로 1,600원까지 살 수 있던 때라 나도 한국에 오면 꼭 백화점에 들렀다. 환율이 정상이라면 100엔이 1,000원의 가치가 있어야 했을 때라, 60% 세일을 받는 기분이었다. 하루는 명동에 있는 한 백화점의 명품점에 긴 줄이 늘어서 있어서 웬일인가 했더니, 온통 일본어로 말하는 이들뿐이었던 기억이 난다. 같은 시기 일본 제조업 대기업의 매출액 대비 영업이익률은 3분기 연속 마이너스를 기록하고 있었다. 중소기업의 영업이익률도 최악이었지만 대기업의 영업이익률이 더 낮은 기현상이 발생했다. 버블이 붕괴된 직후에도 없던 일이다.

### 2011년, 동일본 대지진

2010년 경기가 조금 회복되는가 했는데, 2011년 3월 11일 동일본 대지진이 터졌다. 나는 당시 미국 미시간대학에서 일 년간 한국 경제학을 강의하고 있을 때였는데, CNN 뉴스를 보고 어안이 벙벙했다. 전혀 현실로 느껴지지 않아서다. 주변의 일본인 친구들은 희생자에 대한 보도가 나올 때마다 눈물을 흘렸고 나도 괴롭기가 이루 말할 수 없었다.

지진은 2만 명 이상의 생명을 앗아간 것 외에도 생산시설을 파괴했고, 원전 가동을 전면 중지하는 원인이 되었다. 일본은 막대한 규모의 석유와 가스를 수입해야 했고, 기업은 서플라이 체인을 새로 구축해야 했다.

게다가 엔화의 가치는 더욱 폭등하여 2011년 말에는 달러당 77엔이 되었다. 2010년 겨우 3% 수준을 회복했던 제조업 대기업의 매출액 대비 영업이익률은 2011~2012년 연속 2%대로 주저앉았다. 반면 같은 시기 원화의 절하로 유리한 입장에 선 한국 제조업 대기업은 6~7% 대의 매출액 대비 영업이익률을 거두었다.

일본은 예전부터 무역 강국이었다. 수출에서 수입을 차감한 무역수지는 예외없이 흑자를 기록하는 나라였다. 그러나 2011년부터 2015년까지 5년 동안은 무역수지가 적자를 기록했다.

2016년부터 일본의 무역수지는 다시 흑자를 기록했다. 영업이익률도 5%대로 올라갔다. 기업의 투자가 활발해지고, 구직자보다 일자리가 더 많은 나라가 되었다. 그러나 터널에서 나왔다 싶으면 다시 터널로 들어가는 경험을 한 탓에 지금의 호황을 두려운 마음으로 즐긴다. 경제학자로서 나는 일본이 불황에서 벗어났다고 판단한다. 하지만 일본인들은 '불황의 심리'에서 완전히 벗어나지 못했다. 게다가 감소하는 인구와 막대한 정부부채는 마치 원죄처럼 일본을 괴롭히고 있다. 미국과 중국의 무역마찰도 새로 등장한 불안 요소다. 2019년 10월에는 소비세 인상도 예정되어 있다. 이런 불안 요인이 있는 와중에 아베 정권은 한국에 무역전쟁을 도발했다. 경제의 불확실성을 최대한 줄여야 할 정치가들이 오히려 불확실성을 증폭시킨 셈이다. 불확실성으로 인한 두려움을 극복하는 것이 일본 경제의 새로운 과제가 되었다.

## 2020년 이후의 일본

도쿄역 바로 옆의 마루노우치에는 일본의 대형 상사나 금융기관들이 터를 잡고 있다. 2019년 마루노우치의 임대료는 1㎡당 4만 엔 정도라고 한다. 서울의 명동이나 강남보다 확실히 높다. 아직 버블기의 5~6만 엔 수준보다는 낮지만 지난 몇 년간 계속 올랐다. 마루노우치에 입성해 있는 한국 기업들에게 가장 괴로운 소식은 입주해 있는 빌딩의 재건축이나 리모델링이다. 빌딩이 리모델링을 하게 되면 오피스를 다른 빌딩으로 옮겨야 하고, 거기서는 지금보다 높은 임대료를 내야 하기 때문이다. 일본의 임대인은 장기간 입주해 있는 임차인에게는 임대료를 잘 올리지 않는다. '조심스럽게' 올린다는 표현이 적절할지도 모르겠다. '장기적인 관계의 안정성'을 중시하는 관행 때문이다. 그러나 신규 계약자에게는 시장 수급에 따라 정해진 임대료를 요구한다.

일본의 임대계약 기간은 보통 2년이다. 그런데 2019년 마루노우치나 그 근처 금싸라기 땅에 있는 빌딩에서 재미있는 일이 벌어지고 있는데, 임대계약이 만료되어 재계약을 하는 경우 임대인이 임대료를 올리지 않는 대신 3년 계약을 요구한다는 것이다. 임대료가 오를까 걱정이던 한국 기업 입장에서는 반가운 일이지만, 왜 관행과 달리 2년이 아니라 3년 계약을 추진하는 것일까? 아마도 2020년 도쿄 올림픽 이후를 걱정하기 때문일 것이다. 지금은 일자리도 늘고 있고, 부동산 가격도 오르고 있지만, 도쿄 올림픽이 끝난 뒤에도 호황이 지속될 수 있을지 모두들

내심 두려워하고 있다.

일본은 인구가 감소하는 나라다. 인구 감소는 노동력 감소이자 구매력의 축소를 의미한다. 공급과 수요 두 측면 모두에서 시장의 크기가 줄어들 위험이 있는 것이다. 인구 감소가 끝없이 지속된다면 일본은 지구상에서 사라지든가 아니면 이민자의 나라가 된다. 출산율이 어느 정도 회복되고 외국인 이민자에 대한 문호도 좀 더 개방된다면 인구 감소가 멈출 수도 있다. 그러나 최대한 긍정적인 전망을 하더라도, 적어도 앞으로 20여 년 동안은 인구 감소와 고령화가 멈추지 않을 것이다.

도쿄 올림픽 이후 일본 경제는 향후 10년 혹은 20년간 노동력과 구매력을 어떻게 유지하느냐에 운명이 달려 있다. 따라서 일본 정부는 최대한 노동력을 늘리기 위해 정년을 늘리고 여성의 사회진출을 독려한다. 앞에서 본대로 지금까지는 성공적으로 노동력을 증가시켜 왔다. 그러나 노동력을 유지하거나 증가시키기 위해서는 기업에서 제공하는 일자리가 충분해야 한다. 그래서 기업의 실적이 중요하다.

한편, 지금 이 상태라면 고령자와 여성의 취업을 장려한다 하더라도 노동력 부족이 심화될 위험이 있다. 그래서 로봇의 활용에도 적극적이다. 경제학은 오래전부터 수요가 있는 곳에 기술의 진보가 있다고 가르친다. 현재 일본에서는 산업용 로봇과 가정용 로봇에 대한 수요가 폭발적으로 늘고 있고 대기업, 중소기업 할 것 없이 이 시장에 뛰어들고 있다. 당연히 세계 첨단의 기술이 속속 개발되고 있다. 일본은 살아남기 위해 다시 무섭게 달리고 있는데, 한때 일본을 추월하는가 싶던 한국은 이제 오히려 일본에 다시 뒤처지고 있다.

# 더 알아보기: 일본에는 왜 갭투자가 없는가?

일본에서는 갭투자를 하기가 쉽지 않다. 2006년 도쿄 집값이 오르기 시작했을 때, 한 은행의 도쿄지점에 파견 나와 있던 지인으로부터 집을 한 채 더 사라는 권유를 받은 적이 있다. 한국을 비롯한 외국에서도 도쿄의 부동산 시장으로 자금이 유입되고 있으니, 부동산 가격이 반드시 오를 거라는 이유에서였다. 한국 같으면 불가능한 얘기도 아니다. 전세 제도를 이용하면 되기 때문이다. 매매가 5억 원 아파트의 전세가가 4억 원이면, 1억 원만 가지고도 집을 한 채 살 수 있다. 만일 일 년 뒤 그 아파트를 6억 원에 팔면 차익 1억 원에 대해 2주택 가산세율을 적용해도 양도소득세 5,000만 원을 내면 된다. 1억 원을 투자해서 1년 만에 5,000만 원을 벌게 되는 것이다. 50%의 투자수익률이다.

2018년에는 집이 없는 청년들까지 갭투자에 나섰다는 뉴스를 들을 수 있었다. 무주택자가 위에 예로 든 아파트를 사서 2년을 보유하면 양도소득세 면제 대상이 된다. 2년 뒤 6억 원에 팔 수 있다면, 1억 원 투자로 1억 원을 번 셈이다. 100%의 투자수익률이다.

일본에는 우선 전세 제도가 없다. 5억 원의 아파트를 사기 위해서는 5억 원을 매수자가 마련해야 한다. 양도소득세율에 혜택을 받기 위해서는 5년간 그 집을 보유해야 한다. 5년 후에 팔면 양도소득세율이 20% 정도지만 5년 안에 팔면 집값 차액의 40% 정도를 양도소득세로 내야 한다. 2년 후에 6억 원에 팔 수 있으면 세후 투자 수익금은 6,000만 원이 된다. 5억을 투자해서 6,000만 원을 벌었으니 2년간 투자수익률은

12%에 불과하다.

　게다가 일본은 10년 넘게 집을 가지고 있어도 양도소득세가 완전히 감면되지 않는다. 양도소득이 6,000만 엔 이하면 세율이 20%에서 14% 정도로 내려갈 뿐이다. 양도소득이 6,000만 엔을 초과하면 그나마 그 정도의 감면 혜택도 받을 수 없다. 반면 집을 사면서 은행 대출을 받는 경우, 대출금에 대해 10년 동안 세제 혜택이 있다. 집을 사는 것은 장려하지만, 매매 차익을 얻기 위해 집을 사고 파는 것은 장려하지 않는 제도인 셈이다.

**3장**

# 不況脫出

# 불황터널 안에 갇힌 한국

# 01

# 달아나는 일본
# 뒤처지는 한국

1992년 미국 위스콘신대학으로 유학을 갔다. 한국의 하이마트나 전자랜드처럼 가전제품을 모아 파는 매장 중에 '베스트 바이Best Buy'라는 곳에서 텔레비전이며 오디오며 전부 샤프 제품을 샀다. 다른 브랜드에 비해 값이 쌌기 때문이다. 샤프는 일본 브랜드였지만 내가 산 제품은 전부 동남아에서 생산된 것이었다. 베스트 바이의 가장 좋은 위치에는 소니 제품이 진열되어 있었다. 가난한 유학생이던 나는 소니는 아예 쳐다보지도 않았다. 값이 가장 비싸서 엄두가 나지 않았기 때문이다. 한국의 삼성전자나 LG전자 제품이 있었으면 좋았으련만 1992년 미국의 가전제품 매장에서는 한국 기업의 제품을 볼 수 없었고, 아무도 기대하지 않았다.

1999년에는 일본 니가타현에 있는 '국제대학International University of

Japan'에 부임했다. 자동차는 학교 직원의 도움을 받아 샀지만, 가전제품은 나 혼자 사러 갔다. '야마다 덴키ヤマダ電機'라는 매장이었는데, 미국의 베스트 바이와 비슷한 곳으로 일본 전역에 체인점이 있다. 나는 일본어를 전혀 하지 못했고 영어가 잘 통하는 직원도 없었지만 물건을 사는 데 아무 문제가 없었다. 웬만하면 무조건 소니를 샀기 때문이다. 가난한 유학생의 한이 풀리는 순간이었다. 그리고 전혀 기대하지 않았는데, 뜻밖에 LG전자의 세탁기를 발견하고 세탁기는 그걸로 정했다. 같은 용량의 일본 제품에 비해 반값도 안 됐기 때문에 이게 웬 횡재냐 싶었다. 나는 다른 전자제품 중에도 LG 마크가 찍혀 있는 것이 있을까 하고 매장을 샅샅이 뒤졌는데 안타깝게도 딱 한 기종의 세탁기뿐이었다. 일본인 직원은 서툰 영어로 연신 LG가 값은 싸지만 성능을 안심할 수 없다는 식으로 말하는 것 같았는데, 나는 개의치 않았다. 당시 한국에서는 가장 좋은 브랜드 중 하나였기 때문이다. 2005년 도쿄로 직장을 옮기면서 한국인 유학생에게 넘겨주었는데, 그때까지 6년 동안 단 한 번의 잔고장도 없었다. 2005년 도쿄에서도 삼성이나 LG 제품이 있는지 살폈는데, 찾을 수 없었다. 나중에 LG 관계자에게 들은 얘기지만 1999년경 LG전자가 일본 진출을 시도한 적이 있었는데 판매 실적이 부진해서 얼마 뒤 사업계획을 접었다고 한다.

## 일본을 넘어 세계를 재패했던 한국

2010년 안식년을 맞아 미국 미시간대에서 일 년간 한국 경제를 가르친 적이 있다. 미시간주 바로 옆에 위스콘신주가 있기 때문에 시간을 내서 위스콘신대를 방문하여 은사님들을 만났다. 부지도교수 한 분은 프랑스 사람이었는데 언제나 따뜻하고 친절한 분이었다. 어쩌다 자동차 얘기가 나왔는지는 기억나지 않지만, 그는 자기가 현대차를 몰고 있다고 농담처럼 말했다. 예전 제자에 대한 인사이자, 한국 기업의 도약에 대한 찬사로 이해했다. 그 선생님 덕분에 잊고 있던 현대차의 예전 광고가 떠올랐다.

1990년대 초 평범한 유학생이 대개 그랬듯이 나는 미국에 도착하자마자 중고차를 구입했다. 그런데 일 년 동안 차가 너무 속을 썩여 무리를 해서 혼다 '시빅'이라는 신차를 샀는데 당시 미국 시장에서 소형차로 최고의 인기를 구가하던 브랜드였다. 내가 공부하던 위스콘신주 매디슨시는 겨울에 굉장히 추운 곳이었다. 드물게는 텔레비전에서 5분 이상 야외에 있지 말라는 경고 방송이 나올 때도 있었다.

기혼 학생들의 기숙사에는 실내 주차장이 없었다. 겨울이면 차에 쌓인 눈을 닦아 내는 일이 고역이었다. 앞면 유리창에 쌓인 눈은 그대로 얼어붙었기 때문에 먼저 차에 시동을 걸고 더운 바람으로 유리창을 데운 다음 녹기 시작하면 옆으로 쓸어내렸다. 그런데 날씨가 너무 추울 때는 시동이 걸리지 않아 눈을 치우는 것은 고사하고 아예 차를 쓸 수가 없었다. 매디슨 겨울의 기온은 주차장 풍경으로 알 수 있었다. 중고 소형차가 움직이지 않으면 대단히 추운 겨울날이다. 중고 대형차나 소형 신차가 얼어붙어 있으면 외출을 삼가야 한다.

나의 혼다 시빅은 한 번도 시동이 걸리지 않은 적이 없었다. 나와 거의 같은 시기에 현대 소나타를 산 친구의 차는 꽤 춥다 싶으면 시동이 걸리지 않았다. 시빅은 소나타보다 한 등급 낮은 차였지만 우리는 거의 같은 값을 지불했다. 사람들은 역시 일본차가 제값을 한다고 말했다.

당시 현대차의 텔레비전 광고가 꽤 기발했다. 30대 남성이 연단에 서서 입을 여는데 마치 커밍아웃을 하려는 것처럼 망설인다. 힘겹게 입을 연 그는 자기 차가 현대 소나타라고 고백한다. 일순 정적이 흐른 뒤 누군가가 박수를 치기 시작하자 청중은 모두 박수로 호응한다. 당신 말고도 소나타를 타는 사람은 많으며, 소나타는 당신이 부끄러워하지 않아도 될 만큼 충분히 좋은 차라는 메시지였다. 누가 만들었는지 참 기발하고 재치 있는 광고였다.

그러나 다시 찾은 2010년 미국의 도로에는 현대차가 넘쳐났다. 그리고 더 이상 싼 맛에 사는 비지떡이 아니었다. 현대차를 몰고 있다는 부지도교수는 자신의 분야에서 일가를 이룬 경제학자다. 그는 경제학자다운 합리적 판단으로 현대차를 선택했다. 그를 만나고 18년 전 광고가 떠올라 감격했다.

2011년에 도쿄로 돌아왔다. 신주쿠 야마다 덴키 매장에 들어섰더니 LG전자와 삼성전자의 텔레비전이 일본 브랜드와 나란히 놓여 있었다. 2018년 미국 캘리포니아 남부의 꽤 부유한 도시에 두 달간 체류할 일이 있었는데 베스트 바이 매장에 들렀더니, 예전 같으면 소니가 있어야 할 자리에 LG와 삼성이 있었다. 두 브랜드가 '투탑'이었고 소니는 들러리를 서는 분위기였다. 히타치 등은 아예 사라지고 없었다. 1992년 미국에서 그리고 1999년 일본에서, 나도 그랬지만 누가 LG와 삼성이 가전 매장에서 일본 브랜드를 누를 거라고 상상이나 했겠는가? 2011년 대지진 이전 몇 년간 도쿄의 대형 서점 가판대에는 왜 한국 기업이 강한지를 분석한 책들이 있었는데, 대지진 이후 한일관계가 악화되면서 혐한 서적으로 교체되었다. 지한 서적과 혐한 서적이라는 양가적 입장의 배경에는 한국의 발전을 향한 찬탄 그리고 시기와 경계가 있다. 그러나 다시 10년이 지나 상황은 또 다시 반전됐다. 한때 한국과 중국의 추격에 고전하던 일본 기업들이 최근 몇 년 놀라운 변신으로 과거의 영광을 되찾고 있다.

## 2019년, 달아나는 일본 뒤처지는 한국

1980~1990년대의 워크맨, 2000년대의 플레이스테이션 등으로 유명한 일본의 대표적 전자기업 소니는 휴대폰, TV, 컴퓨터 등 주력 사업에서 삼성전자 등에게 쫓기면서 추락을 거듭하여, 2009년에는 2,000억 엔의 적자를 보았다. 일본이 망해가는 분위기였던 1998년에도 5,200억 엔이라는 영업이익을 달성했던 회사였기 때문에 충격은 더 컸다. 그러나 소니는 2018년 3월 결산에서 7,300억 엔이라는 역사상 최고의 실적을 보고함으로써 화려한 부활을 알렸다. 최근 몇 년, 사상 최고의 영업이익을 달성한 것은 히타치나 토요타도 마찬가지다. 모두 일본 최대의 상장기업이고 한때 마이너스 영업이익으로 충격을 준 기업이기도 하다. 소니는 게임기, 영상매체, 로봇 등에서 두각을 나타내고 있고, 히타치는 빌딩과 기차, 도시의 시스템 분야에서 상당한 실적을 내고 있다. 토요타 역시 미래형 자동차 시장에서 여타 첨단기업들에 밀리지 않는 싸움을 하고 있다.

반면 한국의 경쟁 기업들은 미래의 청사진이 불분명하다. 기업이 충분한 일자리를 제공하지 못하는 처지다 보니 한국의 청년들 역시 직장 경험을 통해 실력을 배양할 기회를 제대로 얻지 못하고 있다. 일본 청년들이 대학 졸업 후 곧바로 기업에 취직하여 2~3년간 훈련을 받고 있는 동안 한국의 청년들은 휴학과 구직을 반복한다. 2019년, 한국에게 밀렸던 일본은 다시 달아나고 있고 한국은 다시 뒤처지고 있다.

일본이 불황에서 벗어날 수 있던 배경에는 일본 기업의 부활이 있다. 일본 기업은 어떻게 다시 살아났을까? 그보다 먼저, 한국에서는 정말 일본식 불황이 이미 시작된 것일까? 한국은 왜 청년실업이 그렇게 높은 것일까? 한국은 일본과 달리 정부부채 문제가 심각하지 않다는데 정말일까? 다음 장에서 우선 한국의 현황을 보고, 그 뒤에 불황에서 벗어난 일본의 경험이 오늘의 한국에 무엇을 말하고 있는지를 살펴보도록 하자.

# 02

## 한국이 이미
## 불황이라는 증거

배트맨: 적이 쳐들어 오고 있어.

원더우먼: 오는 게 아냐. 브루스. 이미 여기에 있어.

영화 〈저스티스 리그〉에 등장하는 배트맨과 원더우먼의 대화다. 오랜 옛날 인간과 신들이 지구에서 공존하던 시절, 스테판울프는 지구를 정복하러 왔다가 실패한다. 악의 화신인 이 초인이 다시 지구를 침공하려는 낌새를 알아 챈 배트맨은 지구의 초인들을 모아 스테판울프에 대항하려 한다. 적이 쳐들어올 것 같다는 배트맨에게 원더우먼은 다음과 같이 말한다. "오는 게 아니야. 이미 여기에 있어." 그들은 적이 이미 와 있다는 것을 알았기 때문에 동지를 모으기 위해 더 분주히 움직이기 시작한다.

전작인《불황터널》에서 한국이 불황에 진입하는가라는 질문에, 나는 여러 지표를 들어 불황터널의 초입에 서 있다고 주장했다. 그로부터 3년이 지난 지금, 한국은 더 이상 불황으로 진입하는 중이 아니다. 불황은 '이미' 여기 대한민국에 있다. 그럼에도 정치인들은 불황에 맞서 싸우기 위해 힘을 모으지 않고, 국민들은 어떤 경제 문제든 정치 문제로 돌린다. 모든 불행은 반대편 정치세력의 무능과 부정 때문이고, 내 편이 능력을 발휘하지 못하는 것은 적들이 발목을 잡고 있기 때문이다. 야당이 되면 자신들이 여당 시절에 추진하던 정책을 손바닥 뒤집듯 뒤집어 맹렬히 반대한다. 경제 상황이 심각하다는 것은 누구나 느끼지만 불황은 한국에서 언제나 미래의 일이다.

2006년 미스미그룹의 CEO에 취임한 사에구사는 직원이 300명에 불과하던 중소기업을 10년 만에 종업원 1만 명이 넘는 글로벌 기업으로 성장시켰다. 그가 기업 재생 컨설턴트로 이름을 날리던 2006년 출판한 세 권의 책은 모두 통산 80만 부가 넘게 팔렸는데, 그는 그 책에서 망해가는 기업의 특징으로 다음 두 가지를 들었다. 첫째, 두려움은 있지만 긴장감이 없다. 회사 실적이 저조해서 장래가 걱정되기는 하지만 그래도 내 자리는 어찌어찌 보전되겠지 하는 안이한 생각이 전 사원에게 퍼져 있다. 둘째, 실적 저조의 원인은 늘 타부서에 있다. 개발팀은 영업팀에 문제가 있다고 하고 영업팀은 개발팀에서 시장의 변화를 따라가지 못한다고 한탄한다. 개발팀과 영업팀이 함께 고민하고 문제를 타개할 수 있도록 해주는 장치가 없다. 바로 지금 한국 사회의 모습이다.

인터넷에 떠도는 괴담처럼 일본의 잃어버린 20년이 그대로 재현되지는 않을 것이다. 1990년의 일본처럼 어느 날 갑자기 주식이 폭락하는 형태의 불황도 아니다. 일본의 과거는 우리의 현재가 아니고, 일본의 현재 역시 우리의 미래가 아니다. 베네수엘라처럼 식료품마저 부족해지는 그런 상황과는 더더욱 거리가 멀다. 그러나 한국의 불황은 미래 세대의 기회를 박탈하는 형태로 전개되고 있다.

## 실업자의 증가

〈자전거 도둑〉은 이탈리아의 명감독 비토리오 데 시카Vittorio De Sica가 1948년에 제작한 작품이다. 가난한 가정의 가장인 안토니오는 생계를 위해 꼭 필요한 자전거를 도둑 맞는다. 자전거 도둑을 잡았지만, 자전거는 이미 사라진 뒤였다. 홧김에 남의 자전거를 훔쳤다가 이번에는 그 자신이 자전거 도둑이 된다. 개봉 후 몇 년간 권위 있는 영화제에서 다수의 상을 석권한 걸작으로, 가난으로 인한 절망과 멸시에 대한 사실적 묘사로 지금도 영화사 수업의 주요 교재로 사용되는 고전이다. 〈자전거 도둑〉이 아니더라도 1930년대의 미국이나, 1990년대의 일본, IMF 사태 때의 한국 등 불황을 배경으로 하는 영화와 소설은 곧잘 가난한 실직자의 일상을 통해 그 시대를 묘사한다. 불황의 가장 큰 특징은 실업의 증가고, 그래서 불황은 그 그림자조차도 우리를 두렵게 만든다.

한국은 사실 '실업률'이 엄청나게 심각한 나라는 아니다. 2017년 OECD 평균 실업률이 5.9%인데 비해 같은 해 한국의 실업률은 3.7%에 불과하다. 한국보다 실업률이 낮은 OECD 국가는 3.6%의 멕시코와 3.0%의 일본 정도이다. 하지만 '추이'가 심상치 않은 것이 문제다.

2011~2012년 이후 세계 경기가 회복되면서 최근 몇 년 실업률이 하락하는 것이 전반적인 추세이다. 앞서 예를 든 멕시코도 2009~2014년에는 실업률이 줄곧 5%대에 머물고 있었다. OECD 평균 역시 2009~2013년에는 줄곧 8%대였는데, 이후 지속적으로 하락하여 최근 들어 5%대까지 떨어졌다. 같은 경향은 일본과 미국 등 대부분의 OECD 국가에서도 볼 수 있다. 반면 한국은 2013년의 3.1%에서 2018년 3.8%로 오히려 상승하였다. IMF 사태가 일단락된 2002년 이후 가장 높은 실업률이다.

실업률이 높아지는 만큼 실업자도 증가했다. 실업자 수는 2016년 처음으로 100만 명을 넘어섰고 2018년 실업자 수는 107만 명으로 집계되었다. 2018년 인구 대비 실업자 비율도 2.4%로 2002년 이후 가장 높은 수준이다. 실업자의 증가는 소비성향을 떨어뜨릴 것이고 이는 국내 수요의 감소로 이어져 기업의 매출과 투자를 위축시키는 원인이 된다. 출산율까지 급감하고 있으니 부동산 경기도 좋을 리가 없다. 더 많은 문제가 도사리고 있지만 실업자의 증가만으로도 불황을 실감하게 된다.

### 청년실업자의 증가

더욱이 20대 청년실업률이 특히 가파르게 상승했다. 많은 국내외 연구는 20대의 소득이 평생에 걸쳐 영향을 미친다는 것을 보여준다. 취업에 뛰어들 때 경기가 좋았던 세대와 나빴던 세대의 평생에 걸친 소득을 비교하면 경기가 좋았던 세대의 소득이 뚜렷이 높게 추정된다. 경기가 좋아야 좋은 직장을 잡을 확률이 높을 뿐만 아니라 처음부터 좋은 직장을 잡아야 전직할 때도 유리하기 때문이다. 게다가 경기가 나쁠 때는 좋은 직장을 잡아도 연봉이 예년에 비해 낮기 마련이고, 이후 경기가 좋아져 연봉이 증가하더라도 첫 연봉이 베이스가 되기 때문에 불리하다. 리먼브라더스가 파산했을 때, 그 회사의 직원이었던 제자보다 내정만 받고 졸업 전이었던 제자의 처지가 더 딱했던 것도 그런 이유에서였다. 젊은 날의 직장이 이렇게 중요한데, 20대 실업자는 늘고만 있다.

2002년 이후 줄곧 7%대에 있던 20대 실업률은 2014년에 9.0%로 증가한 뒤 최근까지 계속 9% 밑으로 내려가지 않고 있다. 일본은 2013년부터, OECD 평균은 2014년부터 20대 실업률이 하락한 것과 반대다. 한국은 지난 3년간 20대 인구의 6% 이상이 실업자였다. 금세기 들어 처음 있는 일이다. 2018년 20대 인구 640만 명 중 실업자는 39만 명이다.

다른 연령에 비해 20대 실업률이 높은 것은 어느 나라나 마찬가지지만 한국은 특히 더 높다. 2017년 한국의 20대 초반 실업률은 15∼64세 실업률의 2.8배인데, 일본은 1.6배 OECD 평균은 1.8배에 불과하다. 20대 후반 실업률은 2011년까지만 해도 15∼64세 실업률의 2배가 넘지 않았는데, 2017년에는 2.5배나 되었다. 일본과 OECD는 겨우 1.4배, 1.3배인 것과 비교하면 한국의 20대 후반 청년들이 상대적으로 얼마나 딱한 처지에 있는지 이해할 수 있다.

그런데 실업률이 3.8%라거나 청년실업률이 10%에 가깝다고 하면 고개를 갸우뚱하는 사람도 있을 것이다. 주위를 보면 실업자가 그보다 더 많아 보이기 때문이다.

chapter
# 03
# 내 주위의 실업자가
# 통계보다 많아 보이는 이유

당초에 민족적 요구로부터 나온 것이 아니었던 두 나라의 합방이었
으므로 그 결과가 마침내 억누름으로 유지하려는 일시적인 방편과,
민족 차별의 불평등과, 거짓으로 꾸민 통계 숫자에 의하여 서로 이
해가 다른 두 민족 사이에 영원히 함께 화합할 수 없는 원한의 구덩
이를 더욱 깊게 만드는 오늘의 실정을 보라.

-《3·1 독립 선언서》일부 발췌

3·1 독립 선언서에 언급된 '거짓으로 꾸민 통계 숫자'가 구체적으로
무엇을 뜻하는지 궁금할 때가 있다. 통계는 언제라도 조작될 수 있고 때
로는 거짓으로 악용되기도 하는데, 100년 전 일제 강점기 시대에는 아
마도 그런 일이 비일비재했을 것이다. 최근에는 한국에서도 일본에서도

정부 통계, 특히 일자리나 실업에 관한 통계에 대한 조작 논란이 있어 불신감이 높다. 인터넷 댓글을 보면 실업자 수가 의도적으로 과소 집계되었다는 비난을 드물지 않게 접할 수 있다. 그러나 20세기 초의 일본이라면 모를까 21세기 문명국에서 숫자를 조작하는 것은 어렵기도 하거니와 위험한 일이어서 그런 일은 상당히 드문 편이다. 그보다는 표본추출에 문제가 있거나, 통계로부터 얻을 수 있는 정보 중 일부에만 조명을 비춤으로써 발표자가 원하는 이미지를 연출하는 경우가 많다.

## 일본 후생노동성의 부정 통계 파문

2019년 2월 후생노동성은 2018년 근로자 실질임금이 2017년에 비해 0.2% 증가했다고 발표했다. 일본 야당은 즉각 반발했다. 500인 미만 사업체에 대한 표본추출 방식이 2018년에 변경됐기 때문이다. 500인 미만 사업체에 대해서는 표본추출이 원칙이고 2017년까지는 2~3년에 한 번 조사 대상 기업을 전면 교체하였다. 조사 대상 기업을 전면 교체하면 통계의 연속성에 문제가 발생할 수 있다. 그래서 2018년부터는 전면 교체 대신 전년도 표본의 일부만을 교체하는 방식을 택하였다. 문제는 아베노믹스 3년차인 2015년, 당시의 총리비서관이 후생노동성에 표본추출 방식에 대한 문제의식을 전달한 적이 있다는 보도가 나오면서 터졌다. 정권에 유리한 통계결과가 나오도록 압력을 가한 것이 아니냐는 의심이 쏟아졌다. 후생노동성은 표본추출 방식을 개선한 것일 뿐 정권에 유리한 통계를 만들기 위해서가 아니라고 해명했지만, 민간 전문가 대부분은 2017년 표본을 2018년에도 그대로 사용하면

2018년 실질임금 상승률이 정부 발표치보다 낮을 것으로 예상한다. 표본추출에 대한 신뢰를 상실한 전형적인 예다.

한편, 실질임금이 오르지 않거나 오히려 내리면 일본의 경기회복은 허구인 것일까? 그렇지는 않은 것이, 실질임금은 취업자 1인당 임금의 추이를 보여준다. 실질임금이 오르지 않더라도 취업자 수가 늘면 가계가 가져가는 소득은 증가한다. 만일 이전부터 직장을 가지고 있는 1인 가구라면 실질임금이 오르지 않았기 때문에 경기회복을 체감할 수 없을 것이다. 그러나 취업자가 한 명이던 4인 가구에서 취업자가 두 사람이 되면 가계소득이 증가한다. 그리고 연금 생활을 하던 독신 노인에게 일자리가 생기면 역시 소득이 증가한다. 따라서 일본의 여당은 근로자 총소득이 증가했다는 것을 실적으로 내세우지만, 야당은 실질임금이 증가하지 못한 것을 여당의 실정으로 내세운다. 양쪽 다 자신에게 유리한 통계에 조명을 비추려고 하는 것이다.

### 한국 통계청의 가계동향조사

2018년 5월 24일 한국 통계청이 발표한 2018년 1사분기 가계동향조사 결과는 집권 여당을 일희일비하게 만들었다. 우선 2분기 연속 가계의 실질소득이 전년 동기 대비 증가한 것으로 나타나 경기가 회복되는 것이 아니냐는 기대감을 주었다. 반면 소득 하위 20%계층, 즉 1분위 계층의 실질소득은 오히려 8%나 감소한 것으로 나타나 소득분배가 악화되었음을 시사하였다. 소득이 가장 많이 오른 것은 상위 20%로 9.3% 증가했다.

소득분배 개선을 주요 정책 목표 중 하나로 표방한 정권이기에 더욱 뼈아픈 결과였다. 진보 언론은 저소득계층을 위한 복지의 확대가 미흡하다고 지적한 반면 보수 언론은 급격한 최저임금 인상의 부작용으로 해석하였다.

소득분배 악화의 원인을 두고 공방이 오가는 가운데, 2017년과 2018년 사이 표본이 달라진 것이 원인이라는 설이 대두되었다. 통계청은 2018년 분기별 소득조사의 표본을 5,500가구에서 8,000가구로 확대했는데 이 과정에서 고령층 혹은 저소득층이 상대적으로 많이 포함된 것이 원인이라는 설명이다.

이 말이 사실이라면 적절한 과학적 보정이 없이는 2017년과 2018년 데이터를 비교하는 것 자체가 무리다. 표본의 추출 방식에 변화가 생기면 표본은 연속성을 상실한다. 아마 예산제약이 문제였겠지만, 2018년 조사에서는 2017년부터 연속된 표본과 새로 확충된 표본 두 가지 모두 조사했어야 했다. 2019년 들어서는 통계 추출 방식에 변화가 없기 때문에 2018년 통계와의 과학적 비교가 가능할 것이다.

일련의 혼란 끝에 통계청장이 경질되자 통계에 대한 불신의 목소리가 높아졌다. 인터넷에서는 실업자 통계가 실제보다 너무 낮은 것 같다며 통계가 조작되고 있는 게 아닌지 의심하는 소리까지 들린다. 그러나 실제로는 아무런 통계조작 없이도 정부 통계상의 실업자는 내 주위에서 보이는 실업자보다 더 적어 보이는 것이 정상이다.

## 통계의 함정과 한국 청년실업의 현실

다음 3명은 오늘 통계청에서 전화를 받고, 실업에 관한 설문에 답하였다. 경제활동인구조사의 대상이 되었기 때문이다. 이 셋 중 누가 실업자일까?

A. 김지영은 육아를 위해 직장을 그만둔 30대 여성이다. 두 달 전부터 아이가 유아원을 다니기 시작했다. 아이가 유아원에 가 있는 동안 할 수 있는 일자리가 없는지 아파트 주변 상가에 붙어있는 구인광고를 유심히 보며 다닌다. 아직은 적당한 자리가 없어 초조하다.

B. 박상준은 아이돌 지망생이다. 어디가 부족한지 오디션은 보는 족족 떨어졌지만 아직도 미련을 버리지 못했다. 정신 차리라고 야단인 부모님 성화에 못이겨 2주 전부터 하루 3시간 아버지가 운영하는 회사에서 잡일을 돕고 있다. 회사 사정이 여의치 않아 최저시급은 고사하고 한푼도 받지 못하고 있다. 매일 8시간 이상 일하면 정식으로 월급을 준다지만 그건 불가능하다. 스튜디오에 나가 연습을 해야 하기 때문이다. 언젠가는 스타가 되리라는 꿈을 포기할 수 없다.

C. 김지영의 배우자인 정대호는 대기업 사원이었다. 말이 명예퇴직이지 거의 쫓겨나다시피 회사를 나왔다. 차마 가족에게 말은 못하고 구인광고를 보며 이력서를 제출하고 있다. 매일 아침 출근하는 척 집을 나서지만, 갈 곳이 없다. 점심값은 벌어야 하겠기에 지난 주 화

요일 전단지 돌리는 아르바이트를 시작했다가 도저히 안 되겠어서 한 시간 만에 그만두었다. 그래도 그날 점심값은 벌었다.

김지영은 실업자도 아니고 취업자도 아니다. 만일 김지영이 지난 4주 동안 보다 적극적으로 구직활동을 했다면 실업자로 분류되었을 것이다. 구인광고를 낸 업체에 전화를 하거나 방문만 해도 적극적 구직활동을 한 것으로 본다. 그러나 단순히 구인광고를 보고 다니는 것은 적극적 구직활동에 포함되지 않는다. 김지영은 취업자도 실업자도 아니기 때문에 비경제활동인구에 포함된다. 경제활동인구는 취업자와 실업자로 구성되고, 실업률은 실업자 수를 경제활동인구 수로 나눈 것이다. 김지영의 존재는 실업률에 아무 영향이 없다.

박상준도 실업자가 아니다. 박상준은 취업자다. 지난주 일주일간 아버지 회사에서 모두 21시간을 일하였기 때문이다. 가족이 경영하는 사업체나 농장에서 조사대상기간(조사가 실시된 날의 전주 일요일에서 토요일까지) 18시간 이상 일하였으면 보수가 전혀 없었어도 취업자로 분류된다. 만일 박상준이 18시간 미만 일하였고 적극적으로 구직활동을 했다면 실업자로 분류되었을 것이다. 한편 18시간 미만 일하였고 적극적 구직활동이 없었다면 비경제활동인구에 포함된다.

정대호도 실업자가 아니라 취업자다. 조사대상기간에 수입을 목적으로 1시간 이상 일했기 때문이다. 만일 정대호가 전단지 돌리는 일마저 하지 않았다면 실업자로 분류될 것이다. 적극적 구직활동은 하였기 때문이다.

실업자는 "조사대상기간에 수입 있는 일을 하지 않았고, 지난 4주간 일자리를 찾아 적극적으로 구직활동을 하였던 사람으로서 일자리가 주어지면 즉시 취업이 가능한 사람"을 말한다. 실업자가 되는 조건이 여간 까다로운 것이 아니다. 그래서 주위에 보이는 실업자에 비해 정부 통계상의 실업률이 낮아 보이는 것이다.

한국 통계청은 이러한 괴리를 고려하여 2015년부터 세 가지 종류의 고용보조지표라는 것을 발표하고 있다. 실업자를 보다 광범위하게 정의한 것이라고 보아도 무방하다. 그중 가장 광범위한 고용보조지표3을 보면 2018년 광의의 실업률은 11.6%로 통상 실업률 3.8%의 약 3배가 된다. 15~29세 인구의 고용보조지표3은 22.8%로 20대 실업률의 2배 이상이다. 노동시장에 나온 100명 중 20명 이상이 실제적 의미의 실업자인 것이다. 아직 불황이 아니라고 하기에는 청년에게 너무 가혹한 현실이다.

실업률은 실업자 수를 경제활동인구 수(실업자+취업자)로 나눈 값이다. 즉, 분자는 실업자 수, 분모는 경제활동인구 수가 된다. 고용보조지표3의 분모에는 경제활동인구에 잠재경제활동인구가 더해진다. 적극적 구직활동이 없었더라도 취업을 원하는 사람은 잠재경제활동인구에 포함된다. 고용보조지표3의 분자에는 시간관련추가취업가능자와 잠재경제활동인구가 실업자에 더해진다. 시간관련추가취업가능자는 실제 취업 시간이 36시간 미만인 사람 중에서 추가 취업을 원하는 사람이다. 앞의 예에서 김지영은 경제활동인구가 아니므로 실업률의 분자에도 분모에도 포함되지 않았다. 그러나 잠재경제활동인구이므로 고용보조지

표3에서는 분모와 분자 모두에 포함된다. 정대호는 실업자가 아니라 취업자이기 때문에 실업률의 분모에만 포함되고 분자에는 포함되지 않았지만, 시간 관련 추가 취업 가능자이므로 고용보조지표3에서는 분모와 분자 모두에 포함된다. 즉, 실업률에서는 실업자가 아니었던 김지영과 정대호가 고용보조지표3에서는 광의의 실업자로 분류된다.

## chapter
# 04

# 심각한 수준에 다다른
# 청년실업

2016년 봄 프랑스에서 대규모 청년 시위가 발발했다. 프랑스 정부가 추진 중이던 노동법 개정에서 '신규고용계약Contrat première embauche, first employment contract' 부분이 청년층의 반발을 샀기 때문이다. 프랑스는 실업률, 특히 청년실업률이 높기로 악명이 높다. 2005년 20대 초반과 후반 실업률은 각각 18.8%, 10.6%였다. 정부는 25세 이하 신규취업자의 해고를 쉽게 함으로써 기업에 청년고용을 늘릴 유인을 주고자 하였지만, 직업 안정성에 불안을 느낀 청년들이 대규모 시위로 불만을 표출했다. 청년들의 반대에도 불구하고 이 개정안은 3월 초 의회를 통과했고, 시위는 더욱 격렬해졌다. 100만 명 이상이 시위에 참가하고 38개 대학이 휴교하는 등의 대혼란을 겪은 끝에, 결국 4월 10일 시라크 대통령이 개정안 자체를 폐기한 뒤에야 프랑스 사회는 평정을 되찾았다. 정부는 청년을 고용하는 기업에 재정지원을 하는 식으로 정책 방향을 선회했지만 프랑스는 여전히 청년실업률이 높다. 2017년 20대 초반 실업률은 20.2%였다.

2018년 한국 20대 초반과 후반 실업률은 각각 10.7%, 8.8%로 프랑스보다 낮다. 그러나 취업률을 보면 사정이 달라진다. 2017년 프랑스 20대 초반 청년은 100명 중 50명이 취업자다. 반면 한국은 45명에 불과하다. OECD 평균은 58명, 일본은 68명이다. 한국 청년의 취업률이 낮은 것은 20대 후반도 마찬가지다. 한국 20대 후반 청년은 100명 중 69명이 취업자인 데 반해, 프랑스는 75명, 일본은 84명, OECD 평균은 75명이 취업자다. 실업률이 프랑스보다 낮은데 취업률도 프랑스보다 낮은 것은 실업자도 취업자도 아닌 '비경제활동인구'가 많기 때문이다. 학생이나 군인, 자발적 실업자, 구직 단념자는 비경제활동인구에 포함된다. 취업률이 낮다는 것은 돈을 버는 인구가 적다는 것을 의미한다. 한국의 20대 청년은 그래서 경제적으로 궁핍하다.

2017년 한국 20대 초반 인구가 전체 인구에서 차지하는 비중은 6.9%, 20대 초반 실업자가 전체 실업자에서 차지하는 비중은 15.9%다. OECD 평균은 각각 7.7%, 15.8%다. 20대 초반의 인구 비중은 OECD 평균보다 낮지만, 실업자 비중은 OECD 평균과 비슷한 것을 알 수 있다.

20대 후반은 상황이 더 심각하다. 인구 비중은 7.6%지만 실업자 비중은 23.4%나 된다. OECD 평균은 각각 8.1%, 14.4%다. 전체 실업자에서 20대 후반 실업자가 차지하는 비중에 있어서는 OECD에서 단연 탑이다. 멕시코가 18.1% 벨기에가 17.4%로 한국의 뒤를 잇고 있다. 청년 실업자 비중이 청년 인구 비중보다 높은 것은 어느 나라나 마찬가지다. 처음 노동시장에 진입하는 세대이기 때문이다. 그러나 한국은 전체 실업률에 비해 유독 청년실업률이 높다.

### 적은 일자리, 더 적은 대기업 일자리

20대의 직장 경력이 전 생애에 걸친 소득과 밀접한 관련이 있다는 것은 국내외 많은 연구에서 입증된 바가 있다. 연구자들이 데이터를 분석하여 얻은 결론이지만 아마 청년들은 마치 물고기가 옆줄을 통해 주변의 온도와 수압을 느끼는 것처럼 본능적으로 이 사실을 알고 있을 것이다. 그래서 처음부터 좋은 직장을 잡아야 한다는 강박에 시달린다. 문제는 한국에는 좋은 직장이 많지 않다는 것이다.

한국은 임금 근로자 비중이 낮은 나라다. 학업을 마치고 처음부터 자기 사업을 하려는 사람은 많지 않다. 대부분 번듯한 직장에 들어가 월급 받는 것을 선호한다. 임금 근로자가 되기 원하는 것이다. 그런데 2017년 한국의 임금 근로자 비중은 74.6%에 불과하다. 100명 중 약 25명은 자영업자라는 얘기다. 임금 근로자 비중이 한국보다 낮은 OECD 국가는 그리스, 터키, 멕시코뿐이다. 그리스와 터키는 한국보다 청년실업률이 높다. 선진국으로 분류되는 나라 중에서는 이탈리아의 임금 근로자 비중이 76.8%로 한국과 비슷한데, 이탈리아의 청년실업률 역시 한국보다 높을 뿐만 아니라 서유럽에서 가장 높은 편에 속한다. 그리스, 터키, 이탈리아의 예는 임금 근로자 비중이 낮으면 청년실업이 높다는 것을 보여준다.

게다가 한국은 대기업 일자리가 적다. 2017년 사업체 규모별 종사자 비중을 보면 일본은 1,000명 이상 직원이 있는 사업체에 일하는 사람의 비중이 전체 취업자의 22.3%인데 비해 한국은 7.0%에 불과하다. 500인 이상으로 낮추면 일본 29.3%, 한국 11.0%다. 이 통계에서 한국은 관공서에 대한 언급이 없는 반면, 일본은 관공서 직원은 제외하고 있다. 일본의 관공서 직원 비중은 8.7%다. 즉, 일본은 취업자 100명 중 8.7명은 관공서에서 일하고 92.3명은 민간에서 일한다. 민간에서 일하는 92.3명 중 22.3명은 종사자가 1,000명 이상인 대규모 사업체에서 근무한다. 한국은 취업자 100명 중 7명만이 종사자 1,000명 이상의 대규모 사업체에서 근무한다. 청년들이 일반적으로 대기업을 선호하는 것을 생각하면 대기업 취업 경쟁이 한국에서 훨씬 심할 거라는 걸 알 수 있다.

## 중소기업과 대기업의 임금 격차

한국 중소기업 연구원에서 2017년 9월에 발표한 '기업 규모별 임금 격차'라는 보고서를 보면 한국에서 종업원 100~499인 기업의 임금은 종업원 500인 이상 기업 임금의 65.9%에 불과하다. 미국의 84.9%나 일본의 86.2%에 비해 확연히 낮다. 10~99인 기업이면 차이가 더 벌어져, 한국 54.6%, 미국 73.2%, 일본 79.4%이다.

대기업 일자리가 부족하고 대기업과 중소기업의 임금 격차가 점점 더 벌어지고 있는 반면, 지난 20년간 한국 청년의 교육 수준은 꾸준히 상승했다. 다음 그래프는 25~34세 인구에서 2년제 대학 이상 대졸자

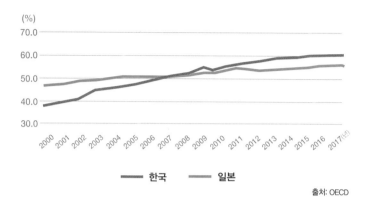

(%)

한국　　　일본

출처: OECD

비중을 보여준다. 2000년에는 일본이 47.8%, 한국이 36.8%로 한국의 대졸자 비중이 낮지만, 2007년 이후 역전된 것을 볼 수 있다. 2017년 한국의 대졸자 비중은 69.8%로 관련 통계를 발표하고 있는 OECD 국가 중 가장 높은 수준이다. 높은 교육수준과 교육에 투자된 돈과 시간을 고려하면, 노동시장 신규 진입자의 눈높이가 높을 수밖에 없다.

　일본 학생들도 웬만해서는 대기업을 선호한다. 임금뿐만 아니라 사회적 평판, 복리후생 등도 대기업이 더 나은 것은 한국이나 일본이나 마찬가지이기 때문이다. 그러나 일본에서는 중소기업에 가더라도 대기업 임금의 80%는 받기 때문에, 중소기업에 가는 청년들의 박탈감이 상대적으로 훨씬 덜하다. 게다가 대졸 초임의 경우 중소기업과 대기업 임금의 차이는 10% 정도에 불과하다. 중소기업이 대기업의 80~90% 수준의 임금을 줄 수 있다는 말은 그만큼 탄탄한 사업실적을 낸다는 말이기도 하다. 물론 일본에도 문제 있는 중소기업이 많다. 일본에서 '블랙 기업'이라고 하면 대개 종업원을 착취하는 전근대적 중소기업을 뜻한다. 그런 데서 일한 경험이 있는 사람의 말을 들어보면 참 황당할 따름이다. 그러나 신규 구직자의 이목을 끄는 전도유명한 중소기업도 적지 않다. 그래서인지 나름 명문대학을 졸업하고도 중소기업을 선택하는 청년도 있다.

2017년 말에 와세다대 산업경영연구소가 주최하는 '중소기업 발전 전략'이라는 세미나에 참석했다가, 도쿄 쿠로다구에 있는 한 중소기업 대표를 알게 되었다. 종업원이 40명 정도인 판금가공회사였다. 2018년 봄에 제미 학생들과 함께 그 기업을 방문했는데, 안내를 맡은 카와타는 와세다대 국제교양학부 출신이었다. 그에게 중소기업에 온 것을 후회하지 않는지 물어보았다. 그는 성장가능성이 높은 회사이고 회사가 성장하면 자기에게도 이익이기 때문에 회사의 성장에 기여하는 데서 보람을 찾고 있다고 했다. 나중에 나이가 들면 버려지지 않겠느냐고 하자, 회사 대표에 대한 믿음이 있다고 했다.

중소기업을 선택한 그리고 중소기업에서 보람을 찾는 일본 청년들의 인터뷰를 보면 경영진에 대한 신뢰가 직장 만족도에 절대적으로 중요한 요소인 것을 볼 수 있다. 지금은 대기업보다 낮은 보수를 받지만 회사가 성장하면 내게도 이익이 돌아온다는 믿음이다. 그리고 대기업에 간 친구는 부장 정도에서 경력을 마칠 확률이 높지만 나는 성실히 하면 이사나 혹은 대표까지도 될 수 있다는 희망이 있다.

대기업보다 보수는 낮지만 그래도 대기업 임금의 80% 정도는 줄 수 있는 회사, 회사 대표가 신입사원의 존경과 신뢰를 받을 수 있는 회사, 그런 중소기업이 늘어야 한국의 청년들도 숨통이 트일 것이다.

## 한국과 일본의 청년실업대책

일본에도 취업빙하기가 있었고, 일본 정부도 청년실업대책에 골머리를 썩곤 했다. 특히 2000년대 초반과 글로벌 금융위기 기간에는 일본 역시 청년실업이 심각한 문제였다. 지금은 노동시장이 구직자 중심으로 형성되어 있고 청년실업률도 금세기 들어 가장 낮지만, 청년 구직자에 대한 지원은 여전히 중요한 정부 정책 중 하나다. 청년 시절 취업의 실패는 개인에게도 일생에 걸친 불행이고, 국가 차원에서도 인력 낭비이자 경제발전을 저해하는 요소다. 뿐만 아니라, 장기 실업자는 정부 재정에도 큰 부담이다. 세금을 내지 못할 뿐만 아니라 정부로부터 보조를 받아야 생활을 영위할 수 있기 때문이다. 따라서 청년실업대책을 위한 정부재정지출은 지금 당장은 손해처럼 보여도 장기적으로는 오히려 재정에 도움이 될 수 있다. 그러나 정부재정 자체가 위험해지면 재정지출의 여력이 상실될 뿐만 아니라, 경제 전체가 혼란에 빠질 수 있다. 따라서 복지정책이든 실업대책이든, 재정건전성을 해치지 않는 선에서 추진해야 한다.

앞에서 보았듯이 한국은 자영업자 비중이나 대기업 일자리 비중, 대기업과 중소기업의 임금 격차 등에서 일본보다 노동시장 환경이 열악하다. 따라서 안타깝게도 청년실업대책에 일본보다 더 많은 예산이 필요하다. 일본의 청년실업대책은 직접적인 금전적 보상보다 교육이나 구직에 대한 지원, 구직자와 구인기업의 매치 등에 중점을 두고 있다. 일본의 청년실업대책 방향을 잘 보여주는 '청소년 고용 촉진 등에 관한 법률'은 직장정보를 적극적으로 제공할 의무를 기업에 부여한다. 노동관계법령을 위반한 사업주는 정부의 구인정보 서비스에서 배제되는 등 제재대상이 되지만, 청년의 채용과 육성에 적극적이고 우량한 중소기업에는 인증제도(Youth-Yell 인증제도)를 통해 각종 혜택을 준다. 그리고 '청년고용촉진 종합사이트'와 'Hello Work'라는 일종의 직업소개소를 운영하며, 온·오프라인에서 구직자에 대한 각종 지원을 제공하고 있다.

많은 이들이 잘 모르지만 일본의 청년실업대책 거의 대부분은 지난 몇 년간 이미 한국이 도입해 시행하고 있다. '청년고용촉진 종합사이트'는 '청년 워크넷'이 되었고, 'Youth-Yell 인증제도'는 '청년친화강소기업'이 되었다. 사실 한국 정부의 청년실업대책은 노무현 정부에서 여섯 번, 이명박 정부에서 일곱 번, 박근혜 정부에서 여덟 번 발표되었고, 문재인 정부에서는 이전 정책보다 더욱 강력한 정책이 '청년 일자리 대책'이라는 이름으로 2018년 3월 발표되었다. 일본보다 문제가 심각하다 보니 정책의 내용도 더 광범위하고 강력하다. 이 발표문을 만들기까지 세종시 공무원들이 얼마나 많은 날 가족의 얼굴을 보지 못했을까 생각하면 안쓰러운 마음이 들 정도이다. 정부는 주 52시간 이상 근무를 위법으로 정했지만, 막상 세종청사에서는 그 법이 적용되지 않는다.

국회 청년 일자리 대책을 포함한 2019년 일자리 예산은 총 23조 원으로 정부 예산의 5% 정도 규모다. 2019년 정부 예산안의 증가율 9.5%도 이례적으로 높은 수준이지만, 일자리 예산은 2018년 대비 19.3%나 증가했다. 예산안만 봐도 실업과 청년실업에 대한 정부의 고민과 의지를 충분히 읽을 수 있다.

'청년 일자리 대책' 중 하나인 '중소기업 청년 추가고용장려금'은 중소기업이 청년을 정규직으로 채용하면 1인당 연 900만 원 한도로 3년간 총 2,700만 원을 사업주에게 지원해주는 제도이다. 일본에도 청년을 고용하는 사업주에 대한 금전적 지원 제도가 있지만, 길어야 3개월 정도에 불과하다. 추가고용장려금 정도의 파격적인 예산지원은 들어본 적이 없다. 게다가 1인당 3년간 지원하는 제도이므로 처음 3년간은 해마다 지원자 수가 늘 수밖에 없다.

추가고용장려금은 2018년에는 9만 명이 지원대상이었지만 2019년에는 기존의 9만 명에 신규 지원자 9만 8,000명을 더해 모두 18만 8,000명을 지원할 수 있도록 예산을 편성했다. 그런데 2019년 5월 10일에 관련 예산이 모두 소진될 정도로 인기가 있어서 추가경정예산에 의한 추가지원이 필요하게 되었다.

이 파격적인 예산지원이 낭비라고는 생각하지 않는다. 이런 제도를 통해 강소기업과 구직자의 매치가 원활해진다면 장기적으로 국가경제에 도움이 될 수 있을 것이기 때문이다. 그리고 일본보다 훨씬 더 많은 금전적 지원도, 일자리 자체가 턱없이 부족한 한국의 실정을 고려하면 충분히 이해할 만하다. 그러나 다음 두 가지만큼은 꼭 지적하고 싶다. 첫째, 정책 효과의 검증을 통한 정책 수단의 개선이 미흡하고, 둘째, 주로 단기대책 위주의 정책이 되면서 재정건전성을 해칠 우려가 있다는 것이다.

## 한국 정부의 정책 단절

한국 정부를 보면서 늘 안타까운 것은 정권이 바뀔 때마다 주요 정책이 단절된다는 것이다. 앞에서도 말했지만, 지금껏 지나온 정권들은 누구라 할 것 없이 모두 각종 청년고용대책을 쉴 새 없이 발표하고 홍보했다. 그러나 일단 정권이 바뀌고 나면 지난 정부의 모든 정책은 실패가 되고, 모든 것을 제로에서 새로 출발해야 한다. 그래서 지난 정권의 정책의 효과를 검증할 기회가 주어지지 않는다. 사정이 이렇다 보니 정책 수단을 개선할 때도 장애가 생긴다. 내가 가장 이해할 수 없는 것은 대통령이 바뀔 때마다 정부부처의 기능과 이름이 바뀌는 것이다. 어떨 때는 내 지인이 일하는 곳이 '산업통상부'인지 '통상산업부'인지 '행정안전부'인지 '안전행정부'인지가 헷갈린다. 통상 기능이 '외교통상부'에 가 있는가 했더니 언제는 '통상산업부'에 가 있다. 5년마다 명함과 명패를 바꾸는 데 드는 돈만 해도 만만치 않을 것이다.

조직이 쪼개지고 갈라지면서 관료들은 어느 날 갑자기 하던 일에서 손을 떼고 전혀 새로운 정책을 수립하는 팀에 배치된다. 청년실업대책 역시 새로운 팀에 의해 제로에서 다시 출발해야 한다. 슬픈 코미디는 사실 새 정부의 청년실업대책은 지난 정부의 대책에 적당히 조미료를 친 것에 불과하다는 것이다. 정권은 바뀌지만 세종시 관료는 그대로이기 때문이다. 대한민국에서 둘째라면 서러울 좋은 머리를 가진 사람들이 일본과 기타 선진국의 사례를 짧은 기간 맹렬히 공부한 다음 전임자가 남긴 파일을 첨삭하여 새 정책을 내놓는다. 옛말 그대로 '해 아래 새것이 없지만' 모든 정책은 일단 한 번 완전한 탈색을 거친 후 새 옷을 입고 새 이름으로 등장한다.

　조직이 쪼개지고 갈라지기 일쑤이니 청년실업대책의 주관 부서도 불분명하다. 일본에서 '후생노동성'이 일관되게 이 일을 담당하고 있는 것과 대비된다. 일본 후생노동성 홈페이지에 들어가서 '청년고용'이라는 키워드로 검색하면 지난 자료가 일목요연하게 정리되어 있지만, 한국의 기획재정부나 고용노동부에 들어가서 같은 검색을 하면 자료가 중구난방이다. 일본 수상관저 홈페이지에 들어가서 같은 검색을 하면 지난 정권의 회의자료까지 뜨지만, 한국 청와대 홈페이지에서는 지난 정권의 자료는 고사하고 지금 정권의 청년실업대책 자료조차 흔적을 찾기 어렵다.

　정부의 경제 정책이 효과를 보기 위해서는 적어도 3~4년을 기다려야 하는 경우가 적지 않다. 그러나 대통령 선거나 국회의원 선거에 대비하기 위해서는 늦어도 2~3년 안에, 빠르면 1~2년 안에 실적을 입증해야만 한다. 정권에도 정부에도 무리한 일이고, 그러니 어느 정권이든 초조할 수밖에 없다. 보수나 진보의 문제가 아니고, 박근혜 정부나 문재인 정부의 문제가 아니라 한국 정치 시스템의 문제다. 미국과 일본 외 다른 외국에서는 살아본 적이 없어서 솔직히 많은 나라의 정치 환경에 대해 잘 알지는 못한다. 그러나 미국이나 일본과 비교해보면, 한국 사회는 너무나 정치에 경도되어 있다는 느낌을 지울 수 없다.

　한국의 청년실업은 고학력 청년 인구의 증가에 비해 양질의 일자리가 충분히 늘어나지 않은 것이 원인이다. 양질의 일자리가 부족한 이유 중 하나는 중견기업을 제대로 육성하지 못했기 때문이다. 이는 한두 정권에서 해결될 문제가 아니고 한국 경제가 장기적으로 고민하고 해결해야 할 문제다. 청년실업 해소가 워낙 급박한 문제다 보니 정권마다 단기대책을 쏟아내는 것은 충분히 이해할 만하고, 또 필요해 보인다. 그러나 근본적인 대책을 차근차근 수립해나가지 않으면 또다시 단기대책이 필요하게 되고, 문제의 근원은 해결되지 않은 채 정부재정만 축날 뿐이다.

# 한국의 정부부채는
# 안전한가

다행히 한국은 OECD 국가 중에서 재정건전성이 가장 높은 축에 속한다. GDP 대비 국가부채비율이 40% 수준에 불과하다. 이 비율이 100%를 넘는 나라도 드물지 않을뿐더러, 대부분 OECD 국가는 60% 이상이다. 잘 알려져 있다시피 일본은 200%를 훌쩍 넘은 지 이미 오래다. 그러나 버블이 붕괴되던 시기, 즉 잃어버린 20년이 시작되던 시기에는 일본 역시 국가부채비율이 50% 정도에 불과했다. 한국도 안심하고 있을 수만은 없다는 얘기다. 일본에서 한 번 200%를 넘어선 국가부채비율은 좀처럼 낮아지지 않고 있다. 그나마 일본에 다행인 것은, 최근 호황에 따른 세수 증가로 그 비율이 더 이상 높아지지 않는다는 점이다.

2019년 한국 정부의 예산은 2018년보다 9.5% 증가한 470조 원 규모다. 경기가 좋지 않고 실업자가 증가하고 있으니 적극적이고 과감한 재정정책이 절실한 상황이고, 따라서 지출을 늘리겠다는 정부의 결정은 너무나 당연하다. 그래서 향후 몇 년간은 국가채무비율이 어느 정도 상승하는 것을 피할 수 없을 것이다. 지금의 한국 경제는 중병에 걸린 환자와 같아서, 장기적으로 체질을 개선하는 데에도 단기적으로 기력을 회복하는 데에도 어쩔 수 없이 적지 않은 돈이 필요한 상황이다. 다만, 정부가 쓸 수 있는 돈도 한계가 있기 때문에 한계에 도달하기 전에 효과를 봐야 한다. 그러기 위해서는 돈이 병을 치료하고 기력을 회복하는 데 제대로 쓰이고 있는지 늘 살피고 챙겨야 한다. 정부뿐 아니라 정치권도 이 문제에서는 당리당략을 떠나 함께 고민해야 한다. 지금 한국 경제가 앓고 있는 병은 생각보다 뿌리가 깊고, 병을 치료하기 위해 동원할 수 있는 돈은 생각보다 적을지도 모르기 때문이다.

현재 한국의 정부 부채는 약 700조 원, GDP 대비 40% 규모다. 버블이 붕괴한 1991년 일본의 정부 부채는 GDP 대비 약 50%였다. 그러나 불과 9년 후인 2000년에 100%를 넘었고 100%에서 200%가 되기까지 걸린 시간도 11년에 불과하다. 재정건전성을 회복하기 위한 시도가 여러 번 있었지만 번번이 실패로 끝난 것은 경기가 나쁠 때는 어떤 수단을 써도 정부지출을 초과하는 조세수입을 얻는 것이 불가능했기 때문이다. 일본 정부의 조세수입은 2014년까지 1997년 수준을 회복하지 못했다. 아마 유례를 찾아볼 수 없는 독특한 경험일 것이다. 재정건전성을 회복하고자 1997년에 소비세를 3%에서 5%로 인상했는데, 소비세가 증가하는 대신 법인세와 소득세가 감소했다. 경기가 악화되었기 때문이다. 그러나 2014년 소비세율을 5%에서 8%로 인상한 후에는 소비세가 증가했을 뿐만 아니라 법인세와 소득세 역시 증가하거나 최소한 감소하지는 않았다. 경기가 좋았기 때문이다. 일본의 경험은 재정건전성도 경기가 회복되어야 좋아질 수 있다는 것을 말해준다. 한국도 당분간은 재정건전성에 집착할 필요가 없다.

그렇다면 일본의 정부 부채는 지난 20년간 왜 걷잡을 수 없이 증가했던 걸까? 일본 재무성은 사회보장지출의 증가를 가장 큰 원인으로 꼽는다. 경제성장은 예상보다 저조했지만 고령화는 예상보다 빠르게 진행됐기 때문에 사회보장지출이 기하급수적으로 증가했다. 사회보장기금의 적자를 정부 예산으로 메우다 보니 부채가 늘 수밖에 없었던 것이다. 저성장과 고령화는 지금 한국이 당면한 문제이기도 하다. 노인의 거의 절반이 빈곤에 시달리고 젊은 여성들이 출산을 극도로 꺼리며 청년의 20%가 자신을 실업자로 생각하는 사회에서 복지예산을 줄일 수는 없다. 다만 같은 예산으로도 최대의 효과를 얻을 방안을 강구해야 한다. 한국 정부가 동원할 수 있는 자금이 일본보다 훨씬 제약적이기 때문이다.

일본 정부가 그동안 GDP 대비 200%가 넘는 부채에도 버틸 수 있었던 것은 정부 부채 대부분을 일본 국내 금융기관이 매입하였기 때문이다. 그리고 정부채 매입에 동원된 금융기관 자금의 원천은 평범한 일본인들의 예금이다. 일본 가계의 순금융자산은 일본 GDP의 250%를 훌쩍 뛰어넘는 규모이다. 일본은행이 개입하면서 사정이 조금 복잡해지기는 했지만, 가계의 순금융자산이야말로 정부 부채를 지탱하는 주춧돌이었다. 즉, 일본 정부는 가계가 금융기관에 묻어둔 저금을 빌려 쓰고 있었던 셈이다. 반면 한국 가계의 순금융자산은 GDP 대비 100%를 겨우 넘는 정도다. 만일 정부 부채가 GDP 대비 70%만 되어도 한국 정부 채권의 안전성에는 빨간불이 켜질 것이다. 한국은 일본처럼 20년을 허송할 여유가 없다. 20년은 고사하고 10년도 버티기 힘들 것이다. 그렇기 때문에 지금 최대한 지혜를 모아서 가장 효율적으로 정부 예산을 집행해야 한다.

# chapter
# 06
# 이 불황은
# 누구의 책임인가

　지금의 불황은 누구의 책임도 아니고, 한국 경제의 발전과정에서 축적된 부작용으로 인한 불황이다. 1997년 IMF 사태로 많은 기업이 쓰러졌고, 실업률이 일거에 3배로 뛰었다. 유튜브에는 지금도 제일은행이 희망퇴직이란 이름으로 1,000명이 넘는 직원들을 내보내던 날의 고통을 증언하는 비디오가 남아 있다. 1998년 예비군 훈련에서 〈한겨레신문〉 기자와 제일은행 행원을 만나, 제일은행의 앞날에 대해 이런저런 얘기를 나누었던 기억이 난다. 나는 IMF 사태를 계기로 한국을 떠났다. 5년 정도 외국에서 경험을 쌓고 다시 한국으로 돌아가야지, 했던 것이 어느새 20년이 지났다.

　IMF 사태는 태국에서 시작된 해외자금의 아시아 이탈로 촉발되었지만, 한국이 입은 타격은 주로 한국 기업과 경제의 허약한 체질 때문이었다. 대외채무에서 만기가 1년 미만인 단기채무 비중이 50%에 육박했고, 대외단기채무의 총합은 한국 외환보유고의 3배에 달했다. 기업의 평균 부채비율 400%에, 부채비율이 1,000%를 넘는 대기업도 드물지 않았고, 영업이익률 역시 선진국에 비해 턱없이 낮던 때였다.

해외투자자들이 단기채무 연장을 거절하자 한국은 파산했다. 부채비율이 높은 기업 역시 대부분 그 시절을 버티지 못했다. 살아남은 기업은 부채비율을 낮추고, 만약을 대비해 사내유보금을 쌓아 두기 시작했다. 기업의 효율을 높이는, 즉 이익률을 높이는 것이 최대의 과제가 되었고, 대기업은 원가를 절감하기 위해 협력업체를 압박했다. 대기업과 중소기업 간의 격차가 점점 더 벌어졌고, 중소기업의 임금상승은 대기업 임금상승을 따라가지 못했다. 대규모 해고 이후, 기업은 비정규직으로 인원을 대체했고, 정규직과 비정규직 사이에는 소득뿐만 아니라 결혼, 출산에도 갭이 발생했다.

젊은이들이 결혼과 출산을 꺼리고, 고령화가 세계에서 가장 빠른 속도로 진행되고, 자산·소득 격차가 심해지고, 10명 중 2명의 청년이 실업자가 되고, 연금이 곧 적자가 될 것이라는 소문이 들리자, 우리는 뭔가 잘못되었다는 것을 깨달았다. 그리고 이 모든 문제가 누구 때문인지 묻고 있다.

이 일련의 과정은 IMF 사태 이후 정권에 상관없이 꾸준히 진행되었다. 그사이 일부 대기업은 말 그대로 글로벌 기업으로 도약했다. 대우와 기아가 추풍낙엽처럼 쓰러진 뒤, 삼성, 현대, LG는 살아남기 위해 최선을 다했고, 그래서 살아남았고 성장했다. 그러나 그사이 한국 경제는 다시 병들었고, 일본과 중국 기업 사이에 낀 한국 기업에는 암운이 드리우고 있다. 마치 당뇨병 환자가 병을 이겨 내기 위해 식사를 조절하고 열심히 운동했더니, 혈당은 조절이 되었지만 지나친 식이조절과 운동의 후유증으로 무릎 관절에 이상이 생긴 격이다. 이 환자의 무릎이 상한 것은 의사의 잘못도 아니고 환자의 잘못도 아니다. 당뇨병을 이겨 내기 위한 노력의 부작용일 뿐이다. 이제는 당뇨와 무릎에 모두 주의를 기울여야 한다.

노무현 대통령 시절 한국을 방문하면, 경기침체를 걱정하면서 정권을 탓하는 사람들을 자주 만날 수 있었다. 당시 한국 경제를 긍정적으로 보고 있던 나로서는 이해가 되지 않았다. 경제성장률이 상당히 높았을 뿐만 아니라, 한국 기업이 해외시장에서 점점 두각을 나타내고 있던 때였다. 당시는 일본 경제 역시 회복 국면에 있었지만, 해외 주재원으로 있던 일본인들을 만나면 일본 기업은 쇠락하고 있는데 한국 기업에는 활력이 넘친다는 한탄을 듣곤 했다. 한국이 일본의 영역을 조금씩 잠식하고 있던 때이기도 했다.

이명박 대통령 시절에는 글로벌 금융위기로 전 세계 경제가 침체되어 있었지만, 한국 경제는 상당히 빠르게 침체에서 벗어났다. 당시 한국 기업은 수출과 투자에서 중국의 비중을 높이고 있었고, 중국 경제가 글로벌 금융위기로 큰 타격을 받지 않은 것이 한국에 다행이었다. OECD는 연례 보고서에서 회원국 중 한국 경제가 가장 빠르게 좋아지고 있다고 치켜세웠다. 그러나 노무현 정권이 공격받던 대로 이명박 정권도 공격받았다.

박근혜 정부에서도 문재인 정부에서도 나는 같은 현상을 보고, 늘 의아스러웠다. 왜 한국에서는 모든 문제의 원흉이 대통령이 되는 것일까? 박근혜 시대의 청문회가 문재인 시대에 그대로 반복되는 것처럼, 비난과 호통의 내용이 대동소이한 것처럼, 한국에서 경제의 모든 모순이 대통령 때문인 것은 어느 정권에서도 변하지 않는다. 내가 싫어하는 사람이 대통령이 되는 그 순간, 그를 공격할 꼬투리를 찾기 시작하는 것은 아닌가 싶다. 20년 해묵은 문제도 지금 현재 대통령을 공격하는 빌미가 된다.

그래서인지 최근 청와대의 브리핑을 보면 상당히 억울해하는 듯한 분위기가 느껴진다. 우리 잘못이 아닌데, 하는 뉘앙스이다. 지금 정권의 잘못인 것도 아닌 것도 있을 것이다. 그러나 지금 여당 역시 야당 시절에는 모든 문제를 대통령 탓으로 돌렸다. 한국에서 가짜 뉴스의 역사는 얕지 않다.

2장에서 소개한 미국 금융위기조사위원회의 보고서는 그래서 한국에 시사하는 바가 크다. 공화당 부시 정권에서 터진 금융위기지만, 그 연원을 민주당과 공화당 역대 정부의 실책과 외부의 충격, 내부의 도덕적 해이 등 여러 방면에서 찾고 있다. 당시 연준 의장이던 버냉키나 후임인 옐런의 자기 반성적 인터뷰도 포함되어 있지만, 조사의 주목적은 누군가를 비난하거나 벌주기 위해서가 아니라 왜 이런 일이 발생했는지를 이해함으로써 같은 일의 재발을 막기 위해서는 어떤 조치가 필요한지를 강구하는 데 있다. 1929년 대불황 이후 가장 큰 불황으로 평가받는 2009년의 위기지만, 정책 실패를 이유로 정치적 혹은 사법적 처벌의 대상이 된 사람은 아무도 없다. 2009년의 위기는 미국 경제의 발전과정에서 쌓인 다양한 모순이 그 원인이기 때문이다.

한국도 이제는 이 불황이 누구의 책임인가를 묻기보다는 이 불황을 극복하기 위해서는 어떤 노력을 기울여야 하는가를 물을 때다. 이념이 아니라 실제 상황에 근거해서, 데이터의 일부만 조명하는 것이 아니라 전체를 들여다보면서, 장기적 관점에서 접근할 필요가 있다.

현재 한국은 효율성의 추구로 인한 부작용으로 빈부격차가 확대되고 복지지출을 늘려야 하는데 세금을 낼 젊은이가 줄어드는 등 이전에 없던 도전에 직면해 있다. 설상가상으로 그동안 잘나가던 대기업에서 미래의 비전이 보이지 않는다. 당뇨병에 관절염이 겹친 격이다. 불황기 일본이 겪은 일을 이제는 한국이 겪고 있다.

# 더 알아보기: 일본은 왜 공무원 시험 경쟁률이 낮을까?

카와가미 이치로는 2015년 4월 와세다대 경제학과 석사과정에 입학했고, 9월부터 내 지도학생이 되었다. 그는 학부 4학년 때 공무원 필기시험에 합격했으나 면접에서 떨어졌다. 필기시험에 합격한 사람에게는 세 번의 면접 기회가 주어진다. 대학원 1학년 때 두 번째 면접에서도 결과가 좋지 않았다. 2학년 초에 파나소닉 계열사에서 내정을 받자 그는 세 번째 면접은 보지 않을 작정이라 했다. 공직을 포기하고 민간 회사에 가기로 결정한 것이다. 한국인 마인드를 가진 나는 그게 너무 아까워서 떨어지더라도 면접을 보는 것이 낫지 않느냐 물었다. 그는 공직에 흥미를 잃었고 지금 내정 받은 회사에서 일하는 것이 더 재미있을 것 같다며 별로 개의치 않는다는 표정이었다.

나는 2005년 와세다대에 부임한 이래, 공무원 시험을 준비하는 학생을 그야말로 가뭄에 콩 나듯이 보았다. 평범한 일본 학생들은 공무원에 큰 관심이 없다. 가장 어려운 시험이라는 국가종합직에는 정치국제, 법률, 경제의 세 분야가 있는데 2018년 경쟁률은 각각 16.6:1, 18.1:1, 8.5:1이었다. 국가종합직에 비해 쉬운 편인 국가일반직 경쟁률은 3.8:1이었다. 38:1의 오타가 아니라 정말로 3.8:1이다. 사정이 이렇다 보니 일본 학생들은 한국 공무원 시험 경쟁률을 들으면 "정말? 설마…"라는 반응이다. 2018년 한국 공무원 시험 경쟁률은 5급 36.4:1, 7급 47.6:1, 9급 41:1로, 일본의 국가일반직과 한국의 9급을 비교하면 한국의 경쟁률이 10배 이상 높은 것을 알 수 있다.

한국은 공무원이 안정된 직업이라 인기가 있다는 말을 들으면 더욱 의아해한다. 한국 학생들은 의아해 하는 일본 학생들의 반응에 의아해한다. 한번은 내 제미에서 한 일본인 학생이 목표로 하는 직장으로 '도쿄미쓰비시UFJ東京三菱UFJ'라는 메가뱅크를 택해 발표한 일이 있다. 복잡한 이름에서 알 수 있듯이 여러 번에 걸친 인수합병의 결과물로, 따라서 일본에서 가장 큰 은행이기도 하다. 질의응답 시간에 한 한국인 학생이 은행은 보수도 좋고 복리후생도 좋지만 직업의 안정성이라는 면에서는 위험한 직장 아니냐는 질문을 했다. 발표자인 일본 학생이 질문의 요지를 이해 못해 어리둥절하는 바람에 내가 나서서 상황을 설명해야 했다.

"한국의 시중은행은 가끔 명예퇴직이란 걸 한다. 정년퇴직 전에 나가도록 종용하면서 퇴직금 등에 혜택을 준다. 일본은 어떤가?" 그 일본인 학생은 "아리에나이有り得ない", 우리말로 "있을 수 없는 일"이라고 대답했다. 회사가 망하기 일보직전이면 인력을 구조조정하겠지만 그리고 그건 어쩔 수 없는 일이지만, 그 정도가 아니라면 내 스스로 다른 곳으로 전직하면 모를까 회사에서 나를 내보내는 일은 상상하지 않는다고 했다. 최근 일본에서도 노동유연성이 화제가 되고 있고 직업안정성에 대한 불안감이 높아지고는 있지만, 그래도 대다수 일본인 학생들은 아직도 같은 생각을 가지고 있다.

그런데 2017년 '도쿄미쓰비시UFJ'가 인력감축 계획을 발표했다. 그리고 얼마 뒤, 그 은행에 근무하던 제자가 오랜만에 찾아왔다. 2013년 봄에 그 은행에 입사한 제자였는데, 대학원 진학을 위해 조언을 듣고자 했다. 장래 국제기구에서 일하고 싶어 관련 대학원에 진학할까 고민 중이라 한다. 남편이 적극 돕겠다 했다며 밝게 웃는데 행복해 보여서 나도 기분이 좋았다. 1~2년 전쯤 결혼한 소식은 나도 들어 알고 있었다.

나는 인력감축 계획이 그에게도 영향을 미치는지 물었는데, 그는 웃으면서 그럴 일은 없다 했다. 그럼 어떻게 인력을 감축하느냐 했더니, 신규사원 모집정원을 축소함으로써 인력을 감축한다고 한다. 내가 웃으며 직장이 안정적이라 좋지 않으냐 했더니, "내가 행장이면 벌써 내쫓았을 무능한 사람들도 적지 않다"며 "내보낼 사람은 내보내는 것이 더 낫다고 생각한다" 하였다. 여전히 상냥하고 부드러운 말투였지만 젊은이다운 패기가 있었다. '하… 이래서 노동유연성이 중요한가…' 속으로 생각했다.

사람 자르는 것을 겁내는 일본 기업문화의 장단점에 대해서는 5장과 6장에서 다시 얘기하겠지만, 어느 정도 수준의 대기업이라면 안정된 직장이라고 믿는 것이 일반적인 일본 젊은이의 마음이다. 따라서 직업 안정성이 공무원의 매력이라고까지는 생각하지 못하는 것이다. 물론 일본 역시 공직이 민간직에 비해 안정적이다. 그러나 그 점이 크게 부각되지 않는다. 그래서 굳이 시험을 치면서까지 국가일반직에 도전하지 않고, 그래서 국가일반직 경쟁률이 한국의 십분의 일도 되지 않는 것이다. 공무원 시험 준비 학원의 사이트에 들어가 보면 공무원의 매력으로 '사회에 대한 공헌, 보람, 복리후생'을 내세운다. 안정성에 대한 언급은 없다. 다만, 여성에게 더 매력적인 직업이라는 인식은 일본에서도 마찬가지다.

**4장**

# 不況脫出

# 일본은
# 어떻게
# 불황에서
# 벗어났는가

# 01

## 일본 기업의 해외진출

일본이 불황에서 벗어날 수 있었던 것은 아이러니하게도 일본 기업이 불황에 빠진 일본을 떠나 해외에서 성공했기 때문이다. 즉, 해외 시장에서 경쟁력을 잃지 않은 덕분이다. 그리고 그 이면에는 경쟁력을 잃지 않기 위한 일본 기업의 부단한 노력이 있었다. 경쟁력을 상실한 기업은 도태되고, 경쟁력을 유지하거나 회복한 기업이 살아남았다.

### 대외순자산 1위의 일본

세계은행의 통계에 따르면 최근 수년간 해외에서 발생한 일본인의 순소득은 일본 GDP 대비 3~4% 정도로 선진국 중에 가장 높은 수치를 자랑한다. 개발도상국 중에는 필리핀 같은 나라가 GDP 대비 해외 순소득이 높다. 많은 필리핀 노동자가 해외에서 일하기 때문이다. 필리핀의

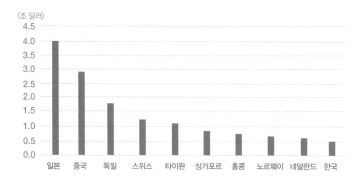

(조 달러)

출처: Oxford Economics

경우 해외에서 발생하는 순소득은 필리핀 GDP 대비 약 20%나 되는 것으로 추정된다. 한국은 0.3%, 미국은 1.2% 정도이다. 나는 일본에서 월급을 받는 한국인 노동자이므로 한국의 해외소득에 일정 부분 기여하고 있다.

　일본인들은 해외에 많이 나가 있지도 않은데, 어떻게 해외에서 그렇게 많은 소득이 발생하는 것일까? 해외에 재산을 많이 가지고 있고, 그 재산에서 소득이 발생하기 때문이다. 해외에 가지고 있는 부동산, 주식, 채권, 예금도 물론 적지 않겠지만, 일본은 해외에 수많은 생산시설을 가지고 있다. 그리고 거기서 만든 제품을 인근 국가에 판매하여 수익을 올린다. 전 세계에서 대외순자산*이 가장 많은 나라가 일본이다. 옥스퍼드 이코노믹스Oxford Economics에 따르면 2017년 일본의 대외순자산

---

*어느 나라가 외국에 보유하고 있는 자산에서, 외국인들이 그 나라에 보유하고 있는 자산을 차감한 값이다.

은 4조 달러로 추정된다. 2위인 중국의 2조 8,000억 달러, 3위인 독일의 1조 8,000억 달러를 합한 것과 거의 맞먹는 수준이다. 한국은 2000년대 초반까지 대외순자산이 마이너스였지만 2000년대 중반부터 플러스가 되었고, 2017년 한국의 대외순자산은 5,200억 달러로 추정된다. GDP에서는 일본이 한국의 3배 정도지만, 대외순자산은 한국의 8배가 된다.

대외자산을 많이 가지기 위해서는 외국과의 거래에서 흑자를 보아야 한다. 그 흑자의 일부가 해외에 투자되면 대외자산이 늘어난다. 대외거래의 흑자와 적자를 기록한 것이 그 나라의 경상수지이다. 지난 수십 년간 미국은 경상수지가 적자인 반면 중국은 흑자를 기록하고 있다. 미국은 과거에 쌓아 놓은 해외 자산이 많아 여전히 대외순자산이 플러스지만, 최근 대외 채무가 눈덩이처럼 불어나고 있고 그 채무의 상당 부분은 중국에서 빌렸다. 중국이 미국에 돈을 빌려줄 수 있는 것은 중국 경상수지가 흑자이기 때문이다. 그리고 그 흑자의 상당 부분이 미국과의 무역에서 발생한다. 미국에 파는 수출액이 미국에서 사오는 수입액보다 월등히 많기 때문이다. 미국은 중국이 외환시장에 개입하여 중국 통화 가치를 적정 수준보다 낮게 유지하고 있기 때문에 이런 일이 발생하고 있다고 믿는다. 그래서 중국 통화가치를 적정 수준까지 올리면 중국 제품은 비싸지고 미국 제품은 상대적으로 싸지기 때문에 무역 불균형이 해소될 수 있다고 주장한다. 최근에는 중국 제품에 고율의 관세를 부과함으로써 중국 제품의 가격을 올리려는 트럼프 정부의 정책 때문에 중국과 미국의 무역마찰이 전 세계 경제환경을 불안하게 흔들고 있다.

지금은 미국의 불만이 중국을 향하지만, 1980년대와 1990년대에는 그 대상이 일본이었다. 1985년 플라자합의로 엔화는 달러당 240엔에서 일 년 만에 150엔으로 급격히 절상됐다. 1990년대 초에도 미국의 압력으로 엔화 가치가 일 년 만에 125엔에서 105엔으로 급격히 절상된 적이 있다. 나는 1992년 미국에 유학했고, 처음에는 중고차를 샀다가 그 중고차가 문제가 많아, 일 년 뒤에 신차를 샀다. 나는 나중을 생각해서 일본차를 사고 싶었는데 하필 그때 엔화가 절상되어 일본차 가격이 오르고 있었다. 일본과의 무역마찰로 미국 자동차 시장에는 애국심 마케팅이 시작되어 자동차 딜러샵 앞에 성조기를 내거는 회사가 있을 정도였다. 내 미국인 친구들은 일본차 가격이 너무 높다면서 지금 같으면 미국차를 사는 것도 좋지 않겠느냐고 조언했지만, 나는 고민 끝에 혼다 시빅이라는 일제 소형차를 샀다. 엔화가 절상되고 미국 내 일본 제품의 시장 가격이 인상되었지만, 혼다와 토요타 등 주요 일본 자동차 메이커들의 매출은 나 같은 사람 덕에 별 타격을 받지 않았다. 중고차 시장에서 가장 선호되는 것이 일본차였기 때문이다. 신차 가격이 높다 하더라도 나중에 중고차 시장에 내놓았을 때도 높은 가격을 받을 수 있다는 믿음 때문에, 미국 소비자들은 여전히 일본차를 구매했고 나 역시 혼다 시빅을 선택했다. 나는 1993년 1만 4,000달러에 그 차를 샀고, 1997년 9,000달러에 차를 되팔았다. 타이완 유학생이던 구매자는 내 차를 보자마자 구매를 결정했고, 나 역시 그 거래에 만족했다.

　그러나 엔이 절상되는 경우 일본 자동차 회사의 미국 내 매출이 큰 타격을 받지 않는다고 해서, 영업이익에도 타격이 없는 것은 아니다. 달러당 100엔의 환율에서 1만 달러 가격의 자동차를 팔면, 일본 엔으로 환산한 매출액은 100만 엔이 된다. 엔이 10% 절상되어 달러당 90엔이 된다고 해서 자동차 가격을 10%까지 올리지는 않는다. 잘못하면 정말 시장점유율을 잃을 수 있기 때문이다. 5% 올린 1만 500달러에 자동차를 팔면, 엔으로 환산한 매출액은 94만 5,000엔이 된다. 이전보다 5% 가량 매출액이 감소했고, 당연히 영업이익도 타격을 입을 것이다.

이런 종류의 난관을 일본 기업은 해외 생산을 늘리는 전략으로 타개했다. 1980년대 중반 이후, 일본 기업은 무서운 속도로 해외로 진출했다. 특히 엔화가 절상될 때마다 일본의 해외직접투자 규모가 증가했다. 게다가 버블이 붕괴된 이후 일본 국내시장은 오랜 침체를 겪었다. 환율 변동성에 더해, 일본 기업이 해외로 나가지 않을 수 없는 또 하나의 이유였다.

## 일본 기업의 해외직접투자

한국에서 기업의 해외투자는 "임금이 비싼 한국을 떠나 임금이 싼 곳에 공장을 짓는다"는 이미지를 가지고 있다. 그러나 일본 기업이 일본을 떠난 주된 이유는 임금 문제가 아니었다. 일본 기업은 시장을 찾아 해외로 떠난 경우가 많다. 즉, 북미에서 팔 물건은 북미에서 생산하고, 유럽에서 팔 물건은 유럽에서 생산한다는 식이다. 다음 페이지 그래프는 1996년부터 2018년까지 한국과 일본의 해외직접투자에서 북미와 유럽이 차지하는 비중을 5년 단위로 보여주고 있다. 일본의 경우 거의 대부분의 기간 선진국인 북미와 유럽을 향한 투자가 전체 직접투자의 60%에 육박하는 것을 볼 수 있다. 반면, 한국은 40% 남짓이다. 1996

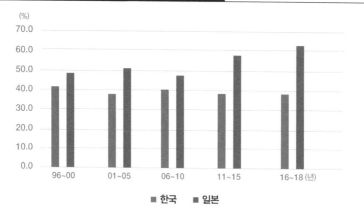

**해외직접투자에서 차지하는 북미와 유럽 비중**

(%)

■ 한국  ■ 일본

출처: 한국 수출입은행, 일본 JETRO

년 이전에는 대륙별 데이터가 완전하지 않아 한일 간 비교가 어렵지만, 플라자합의 직후인 1986년 일본 해외직접투자의 60%가 미국과 영국에 투자되었던 점으로 미루어 보아, 아시아 시장이 커지기 전인 1980~1995년에는 아마도 선진국 비중이 더욱 높았을 것이다.

### 토요타와 현대, 아지노모토와 CJ

현대자동차는 현재 7개 나라에 공장을 가지고 있지만 토요타자동차는 20개 나라에 공장을 가지고 있다. 현대자동차와 토요타자동차뿐만 아니라 사업 영역이 유사한 한국과 일본 기업을 비교해보면, 일본 기업이 더 많은 나라에 더 깊이 침투되어 있는 것을 알 수 있다. 그리고 이는 우리가 일반적으로 상상하는 것처럼 전자나 기계 산업에 국한된 얘기가 아니다.

아지노모토味の素는 세계 최초로 MSG 조미료를 생산·판매한 일본 기업이다. 한국 조미료 시장에서 라이벌을 형성했던 대상그룹의 미원味元이나 제일제당의 미풍味豊은 아마 이름을 지을 때 아지노모토를 참고했을 것이다. 한국 최초로 MSG 조미료를 생산·판매한 미원의 일본어 발음은 아지모토이다. 제일제당이 CJ로 이름을 바꾸면서 사업 영역을 식품에서 엔터테인먼트 등으로 확장했지만, 아마 2019년 현재 아지노모토와 가장 유사한 한국 기업을 꼽자면 CJ가 아닐까 싶다.

지난 10여 년간 CJ는 무섭게 성장해서 매출액 규모나 자산 규모에서 이미 아지노모토를 넘어섰다. 2008년 CJ의 매출액은 8조 원 정도로 아지노모토 매출액의 3분의 2에 불과했지만, 2017년에는 27조 원 정도로 급성장하여 아지노모토 매출액의 2배 이상이 되었다. 하지만, 해외 시장의 개척이라는 면에서 보면 아직 아지노모토를 따라가지 못한다. 아지노모토는 2011년과 2012년에 이집트와 서아프리카에 현지법인을 설립하고, 이미 아프리카 시장 공략을 시작했다. 아시아 다음이 아프리카라고 믿기 때문이다. 2017년 아지노모토 전체 매출액에서 일본시장이 차지하는 비중은 44%에 불과하다. 30%의 매출은 북남미와 유럽에서 발생했다. 해외시장 매출이 많은 것은 수출을 많이 하기 때문이 아니다. 아지노모토의 유형고정자산에서 해외가 차지하는 비중 역시 이미 2012년에 50%를 넘어섰다. 해외에서 생산하고, 해외에서 판매하는 글로벌 기업이 된 것이다.

한편 2017년 CJ의 해외 매출은 전체 매출액의 27%에 불과하다. 유형고정자산의 해외 비중도 35% 수준에 머물러 있다. 인구가 감소하는 나라에서 식품시장은 성장에 한계가 있을 수밖에 없다. 아지노모토가 글로벌 기업이라는 비전을 선포하고, 국내 우량 브랜드 일부를 매각하면서까지 해외 기업을 매수하고, 첨단 바이오 사업에 대한 투자를 확대하는 것은 그 나름의 생존을 위한 몸부림이다. 일본은 이미 인구가 감소한지 오래고, 한국도 이제 곧 인구가 감소하기 시작할 것이다. 이제 CJ의 미래 역시 첨단 바이오 사업과 해외시장 개척의 성패 여부에 달려있다.

### 일본으로 돌아온 시세이도

한편, 아지노모토 등 대부분의 일본 대기업과 반대로, 해외의 생산시설을 축소하고 일본 내 생산을 늘리는 회사도 있다. 화장품 브랜드로 한국에도 유명한 시세이도는 최근 중국 공장을 닫고 일본 현지 생산을 확대하고 있다.

기업의 해외진출은 달갑지 않은 일로 치부되는 것이 보통이다. 해외진출이 국내 일자리 감소로 직결된다고 믿기 때문이다. 그래서 시세이도처럼 국내로 돌아오는 기업이 있으면 언론이나 정치가가 호들갑으로 반기는 경우가 있다. 최근 일본으로 돌아오는 기업이 있다는 보도에, 일본 정부의 어떤 친기업 정책이 일본 기업을 다시 돌아오게 하는지 궁금해하는 한국인 지인들의 질문을 받곤 했다. 그러나 시세이도가 돌아온 이유는 단 하나, 시장이 'made in China'보다 'made in Japan'을 선호하기 때문이다. 지난 수년간 일본을 찾는 외국인 관광객 수가 급증했다. 이 점에 있어서는 일본 정부의 정책 성과를 인정하지 않을 수 없다. 그리고 잘 알려져 있다시피 그 관광객의 태반이 중국인과 한국인이다. 한국에서도 그렇지만, 중국인 관광객들은 화장품을 대량으로 사 가는 경우가 많은데 그들이 'made in China' 시세이도를 외면하고 'made in Japan' 시세이도만 찾다 보니, 시세이도 입장에서는 일본 생산이 매출 증가에 유리하다는 판단을 한 것이다. 애국심이나 국내 일자리에 대한 기업의 사명감 때문이 아니라 더 높은 수익을 올리기 위한 경영적 판단에서 국내 회귀를 결정했다는 말이다.

## 기업이 살아야 일자리도 지켜진다

기업의 해외진출은 결코 매국적 행위가 아니다. 기업이 살아남아야 일자리도 지킬 수 있다. 삼성전자가 해외로 적극 진출하지 않았다면 갤럭시가 아이폰과 대등한 경쟁을 벌일 수 없었을 것이다. 만일 애플이 해외에 생산시설을 두지 않았다면, 아이폰은 갤럭시의 상대가 되지 못했을 것이다. 따라서 해외로 떠나는 기업을 못마땅한 눈으로 볼 일이 아니다. 어디 가든 살아남아야 국내 일자리도 지킬 수 있다. 일본 기업의 해외진출로 국내 일자리가 감소했다는 과학적 근거를 나는 어느 자료에서도 본 적이 없다.

반면 기업이 살아남고 기업의 실적이 개선되면 일자리도 증가한다. 현재 일본은 '고령자 고용안정법'에 따라 60세 정년이 보장되고, 더 일하기 원하는 고령자에 대해서는 65세까지 고용을 유지하는 것이 기업의 의무로 되어 있다. 일본 정부는 현재 이 법을 개정하여 기업의 고용 의무를 65세가 아니라 70세까지 연장하는 방안을 추진 중이다. 일자리가 있기 때문에 가능한 발상이다.

한국과 중국의 대외거래기록, 즉 경상수지를 보면 흑자의 대부분이 상품 무역에서 발생한다. 상품 수출이 수입보다 많아서 흑자가 발생한다. 일본은 2011년부터 2015년 사이 상품 무역에서 적자를 보았다. 엔고 문제도 있었지만, 2011년 동일본 대지진 이후 원전가동이 중단되면서 석유 등 에너지 자원의 수입이 급증한 탓이 크다. 그런데도 경상수지가 흑자였다. 과거에 투자해 놓은 해외 자산에서 막대한 소득이 발생하고 있기 때문이다. 그리고 그렇게 발생한 소득의 태반은 다시 해외에 투자된다.

한국 기업도 적극적으로 해외에 진출해야 한다. 해외 지사와 법인에 한국인 인재들을 데려가야 하고, 더 크고 더 강해져서 국내 일자리도 늘려야 한다. 그런데 당연한 말이지만 해외시장 개척에 성공하기 위해서는 해외 기업과의 경쟁에서 밀리면 안 된다. 1980~1990년대에 해외로 나간 일본 기업에 다행이었던 점은, 당시에는 한국과 중국이 아직 경쟁상대가 안 됐다는 것이다. 미국에서는 미국 기업과 유럽에서는 유럽 기업과 경쟁하면 됐다. 그러나 지금의 한국 기업은, 현지 기업은 물론 일본, 중국 기업과도 경쟁해야 한다. 더 어려운 처지에 놓인 것이다. 그런데도 연구개발투자비를 보면 아직도 일본 기업에 한참 못 미치는 수준이다. 한국 기업이 지금의 상황을 얼마나 엄중하게 보고 있는지 우려하지 않을 수 없다.

chapter
# 02

# 한국을 넘어서는
# 높은 연구개발비

2018년 평창 동계 올림픽 개막식을 TV 중계로 보면서 감개가 무량했다. 한국의 3D 그래픽과 드론 기술이 이렇게나 발전했나 싶어 뿌듯했기 때문이다. 당시는 갑작스런 정권 교체로 온 나라가 뒤숭숭할 때여서인지 평창 올림픽 준비 상황에 대한 보도가 별로 없었다. 망신만 당하는 게 아닌가 걱정이 많았는데 막상 뚜껑을 열고 보니 기대 이상이었다. 다음 날 친한 일본인 동료를 교수실에서 만났는데, 그는 한국의 기술을 극찬하면서 일본은 2020년 도쿄 올림픽을 제대로 준비하는지 걱정이라고 했다. 그는 BTS와 트와이스의 열렬한 팬인 딸이 있어서 한국에 대해 관심과 애정을 갖고 있는 사람이다. 그러나 한국의 발전을 보고 일본을 염려하는 것이, 그래도 일본인은 일본인이구나 싶었다.

나는 그 반대다. 일본인 친구와 제자를 좋아하고 한일관계가 개선되기를 희망하지만 일본의 발전을 보면 한국이 염려된다.

나는 도쿄 올림픽이 성공적으로 개최되기를 바라지만, 도쿄 올림픽을 통해 일본의 첨단기술을 전 세계에 알리겠다는 야심을 보면서 한국을 걱정한다. 한국 기업의 연구개발투자가 일본 기업에 뒤처져 있는 것을 알기 때문이다.

OECD 발표를 보면 2016년 한국의 GDP 대비 연구개발비는 4.2%로 세계 최고 수준이다. 일본이나 독일은 3% 내외로 한국을 따라오지 못하고 있다. 일견 연구개발에 사활을 건 나라인 듯 보인다. 한국 언론에도 여러 번 보도되어, 연구개발에 대한 노력만큼은 한국이 세계 최고라고 알고 있는 사람이 많다. 그리고 일본 정부의 보고서나 언론에서도 주목하고 경계하는 부분이다.

그러나 OECD 데이터는 정부 지원금과 극히 일부 대기업의 막대한 연구개발비로 인한 착시에 불과하다. 연구개발에 대한 투자에서 한국은 여전히 일본을 따라잡지 못하고 있는데, 일본 정부와 언론은 오히려 일본이 한국에 뒤처지고 있다고 걱정한다. 정작 걱정해야 하는 사람들은 착시를 현실로 알고 있는데 말이다.

우선 한국의 GDP 대비 정부 부담 연구개발비는 1%로 이 역시 독일의 0.8%나 일본의 0.5%를 넘어서 세계 최고 수준이다. 그러나 기업의 연구개발비만 보면 사정이 확연히 달라진다.

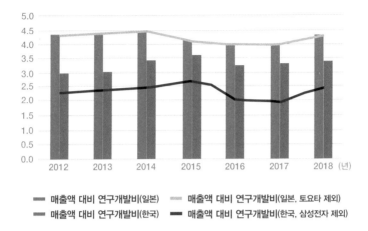

출처: The Global Innovation 1000 study

세계적 컨설팅 기업인 PwC가 발표한 '연구개발비에 따른 기업 순위'를 보면 상위 1,000개 기업 중 34사만이 한국 기업인 데 반해 일본 기업은 161사가 포함되어 있다. 한국 34사의 데이터로 매출액 대비 연구개발비를 계산하면 3.4%인데 비해, 같은 계산에서 일본 161사의 수치는 4.3%로 더 높게 나온다. 그런데 PwC 순위에서 세계 4위를 기록한 삼성전자를 제외하고 계산하면 한국 기업의 연구개발비 비중은 2.4%에 불과하다. 삼성전자를 포함한 상위 3사를 제외하면 2.1%로 조금 더 떨어진다. 그러나 일본은 일본 기업 중 가장 순위가 높은 토요타자동차를 제외하거나 상위 3사를 제외해도 매출액 대비 연구개발비가 4.3% 수준에서 별 변화가 없다. 즉, 삼성전자를 제외하면 매출액 대비 연구개발비가 일본의 절반밖에 되지 않는다는 얘기다. 자동차 업종만을 비교해보면, 현대자동차의 경우 매출액은 닛산이나 혼다와 거의 차이가 없는데도 연구개발비는 경쟁 기업의 절반도 안 된다.

최근 한국의 경기가 둔화하면서 지나치게 정부 정책에만 초점이 맞춰지고 기업가 정신은 등한시되는 것 같아 걱정스럽다. 정부는 정부대로 어떻게 기업을 도울 수 있을지 고민해야 하겠지만, 기업은 기업대로 경쟁력 제고를 위해 최선의 노력을 기울여야 한다. 일본은 다시 달아나고 있고, 중국은 무섭게 추격하는 상황에서 진화하지 않는 기업이 설 자리가 보이지 않기 때문이다. 그런데도 한국 기업의 연구개발비 수치를 보면 과연 지금의 상황을 제대로 인식하고 있는지 의아해하지 않을 수 없다.

chapter
# 03
## 일본 경제 회생에서
## 아베노믹스의 역할

일본 기업의 재생 노력이 한국에 제대로 알려지지 않은 데에는 아베노믹스의 탓도 있는 것 같다. 처음 아베노믹스를 시작할 때만 해도 아베노믹스로 일본은 망조가 들 것이라던 한국 언론이, 최근에는 반대로 일본 경제 회복의 일등공신으로 아베노믹스를 꼽고 있다. 그리고 아베노믹스에서 베낄 만한 정책은 없는지를 살피고 있다.

아베노믹스가 기업에 유리한 환경을 조성해준 것은 사실이지만, 일본 경제 회복을 가능하게 한 기본 동력은 일본 기업의 경쟁력이고 이는 기업들의 끈질긴 노력 덕분이다. 그리고 한국과 일본이 당면하고 있는 경제 문제에는 차이가 있기 때문에 아베노믹스에서 참고할 만한 점은 있어도 베낄 점은 별로 없다.

우선, 아베노믹스의 핵심은 '양적완화'에 있지만, 양적완화는 디플레이션에 빠진 경제, 그리고 국민이 자국 통화에 대해 강한 신뢰를 갖고 있는 경제에서 가능한 정책이다. 일본에는 해당되는 조건이지만 한국의 현실과는 거리가 있다.

다만 일본은행이 디플레이션에서 탈출할 때까지 양적완화를 멈추지 않겠다는 강한 의지를 여러 번 그리고 일관적으로 밝힘으로써, 디플레이션 기대를 약화시킨 점과(혹은 인플레이션 기대를 일으킨 점과) 균형값보다 과대평가되어 있던 엔화의 가치를 정상 수준으로 낮추는 데 성공한 점은 높이 평가할 만하다.

일본은행이 양적완화를 시작하기도 전에, 양적완화가 곧 시작된다는 뉴스만으로도 일본 엔화는 절하되기 시작했다. 양적완화는 2013년 4월부터 시작되었지만, 엔화는 2012년 가을부터 절하되기 시작했다. 시장에 통화가 많이 풀리면 인플레이션이 발생하기 쉽고, 인플레이션이 발생한 국가의 통화는 외환시장에서 가치가 떨어지기 쉽다. 일본의 양적완화가 벼르고 벼른 끝에 나온 정책임을 아는 외국인 투자가들은 2012년 가을부터 외환시장에서 엔화를 팔기 시작했고, 엔화의 가치는 양적완화가 시작되기도 전에 떨어지기 시작했다.

엔화의 절하는 한국 기업에 나쁜 소식이다. 엔화 절하는 일본 상품의 해외 가격 하락을 불러오고, 따라서 한국 기업의 가격 경쟁력에 해가 되기 때문이다. 실제로 데이터를 분석해보면, 한국 상품의 해외 시장 가격은 엔화 환율에 영향을 받는다. 엔화가 싸지면 일본 제품뿐만 아니라 한국 제품의 달러 가격도 내려간다. 일본 제품의 가격 하락에 대항하기 위해 한국 기업도 해외 판매 가격을 내리기 때문이다. 한국 기업의 영업이익에 당연히 해가 될 것이다.

일본이 곧 양적완화를 시작하리라는 것을 안 한국 정부는 공식적인 채널을 통해 일본은행의 양적완화 정책을 비난했다. 그러나 일본과의 무역에서 적자를 보고 있던 미국이나 유럽에서는 일본의 양적완화를 우려하거나 비난하는 목소리가 없었다. 2009년부터 2011년까지 글로벌 금융위기 동안, 양적완화를 하지 않은 국제 통화는 엔화밖에 없었을 뿐만 아니라 여러 이유로 해서 엔화 가치가 균형에 비해 너무 높다는 것이 대부분 경제학자들의 공통된 의견이었기 때문이다. 실제로 적정 환율을 계산해보면, 양적완화로 인해 엔화 가치가 적정 수준보다 내려간 것이 아니라, 양적완화 이후 비로소 엔화 가치가 적정 수준을 찾아가고 있다는 것을 알 수 있다. 엔화 가치의 하락은, 엔고로 고통 받던 일본 기업, 특히 제조업 중심 대기업의 영업이익에 도움이 된 것이 분명하다. 그리고 이는 소니, 히타치 등 일본 기업의 재생 노력에도 도움이 됐다.

그리고 일본 정부가 미래 일본 사회의 청사진을 적극적으로 제시하고, 정부의 정책 방침을 일관되게 밝힌 것도 기업에 도움이 되었을 것이다. 아베노믹스 제3의 화살이라고 불리는 '장기성장전략'은 2013년만 해도 허접한 내용으로 시장의 비웃음을 샀다. 그러나 매년 진화를 거듭하더니 최근에는 일본의 미래투자전략을 일목요연하게 제시하고 있다. 일본은 바이오 산업, 빅데이터, 자율주행차, 친환경 에너지, 로봇 산업에 미래의 사활을 걸고 있다. 주요 일본 대기업의 미래 전략과 일치할 뿐만 아니라 중소기업도 이 방향으로 활로를 틀고 있다. 최근에는 '도로교통법'이나 '도로운송차량법' 등을 자율주행차가 달리는 미래의 도로에 맞춰 개정하고 있다. 한국에 비해 확실히 한발 빠른 조치다. 그래서 아베노믹스가 일본 경제에 도움이 된 것은 사실이라고 인정하지 않을 수 없다.

그러나 아베노믹스가 지금의 호황을 이끈 기본 동력이라고 말하는 일본인은 거의 본 적이 없다. 경제경영학자도, 언론도, 기업인들 자신도 일본 경제의 회복은 '기업의 노력' 덕분이라고 믿는다. 글로벌 경쟁에서 도태되지 않고 살아남은 기업들은 거듭된 진화를 통해 더 강인한 생명력을 얻었다. 그들은 일본 애니메이션 '포켓몬'의 몬스터가 전투와 전투를 거듭한 끝에 새로운 몬스터로 환골탈태하는 것처럼 진화했다. 가전이 무너진 히타치는 건물과 철도와 도시의 시스템을 수출하는 회사가 되었고, 휴대폰 분야에서 삼류로 전락한 소니는 게임과 로봇과 영상매체에서 다시 세계 선두를 달리고 있다. 일본 정부의 적극적 지원 덕분이 아니라 스스로 새로운 비즈니스 영역에 도전하고 개척한 덕분이다.

정부 정책은 사업에 유리한 환경을 조성해줄 수 있을 뿐 기업 활동을 대신해줄 수 없다. 시장에서 팔리지 않는 제품을 내놓는 기업은 죽은 제갈량이 기재부 장관으로 부활한다 하더라도 구제할 수 없다. 잘못된 정책이 공정하고 자유로운 시장경쟁을 훼손해서 기업에 해를 끼칠 수는 있지만 그리고 그런 일이 일어나지 않도록 조심하고 경계해야 하겠지만, 제아무리 좋은 정책적 지원을 받는다 하더라도 전투에서 깨지고 피를 흘리더라도 한번 도전해보겠다는 근성이 결핍된 기업은 세상의 변화에 적응하여 진화할 수 없다.

# 더 알아보기: 한국의 불황은 일본의 불황과 무엇이 다른가?

버블이 붕괴된 일본에서 가장 큰 골칫거리는 기업의 부채와 은행의 부실채권이었다. IMF 시절의 한국 기업처럼 1990년의 일본 기업은 평균 부채비율이 300%를 넘었다. 현재 대부분 서구 선진국과 한국, 일본의 대기업 부채비율은 150%를 넘지 않는다. 버블이 꺼지자 망하는 기업이 속출했고, 위기를 느낀 일본 기업들은 부채비율을 줄이는 것을 최우선 과제로 삼았다. 이익이 나면 우선 빚부터 갚아야 했기 때문에 당연히 새로운 투자에 나설 여력이 없었다. 한편 망하는 기업이 속출하자 부실채권이 급증했고 은행이 타격을 받았다. 기업도 투자 여력이 없었지만 은행도 적극적으로 대출에 나설 형편이 되지 못했다. 당연히 경제활동이 전반적으로 위축될 수밖에 없었다. 2019년 한국은 기업의 부채비율이나 은행의 부실채권비율이 상당히 건전한 편이다.

버블의 붕괴로 자산가치가 하락한 개인은 임금이 동결되고 인력 구조조정까지 진행되자 지갑을 닫고 소비를 줄였다. 기업은 투자를 줄이고 개인은 소비를 줄이자 물가가 하락하는 디플레이션이 발생했다. 근대 경제에서 장기간 디플레이션을 경험한 것은 일본이 유일하다. 내일의 가격이 오늘보다 낮을 것이라는 기대는 투자와 소비를 더욱 위축시켰고, 디플레이션을 끝내기 위해 일본은행은 2001~2006년 세계 최초로 양적완화를 시도했다. 글로벌 금융위기 이후 디플레이션이 다시 심해지자 2013년 과거보다 더 강력한 양적완화를 시도한다.

한국은행 역시 디플레이션을 경계하고 있지만, 아직 디플레이션이 발생하는 조짐은 보이지 않는다. 기업의 부채비율, 은행의 부실채권, 디플레이션 등에서 현재 한국의 상황은 1990년대 일본보다는 확실히 낫다. 따라서 한국의 불황은 경제성장률이 0%를 넘나들던 일본의 불황과 다르다. 양적완화는 디플레이션을 해소하기 위한 처방이므로 한국의 현상황에 고려할 만한 정책이 아니다. 게다가 양적완화는 통화의 양을 늘림으로써 통화의 가치를 떨어뜨리는 정책이다. 한국은 외부 충격이 있을 때마다 원화가치가 하락한다. 외부 충격이 오면 불안을 느낀 기업과 개인, 외환 투자가들이 원화를 팔고 달러를 보유하려 하기 때문이다. 따라서 만일 한국은행이 양적완화를 시작하면 원화가치가 급속도로 하락할 위험이 있다. 지금까지 양적완화는 미국, 영국, 일본 등 국제통화를 보유한, 즉 자국 통화에 대한 신뢰가 높은 나라에서만 실시되었다.

한편, 일본은 불황기에도 청년실업률이 지금의 한국만큼 높지 않았다. 기업이 효율성을 높이기 위해 인력을 조정하고 비정규직을 늘리는 현상은 일본에서도 한국에서도 1990년대 말부터 본격적으로 진행되었다. 일본의 청년실업은 그때부터 10년간 최악을 경험했고 경기가 호전되자 실업률도 낮아졌다. 반면 한국은 최근까지 꾸준히 청년실업이 악화되었고, 청년실업이 최악인 상태에서 경기침체를 맞았다. 한국은 청년실업과 관련해서는 더 큰 부담을 안고 있다.

기업이 당면한 문제에 있어서는 유사한 면이 많다. 버블이 꺼진 1990년대 초중반, 미국에서는 IT 혁명이 불고 있었지만, 일본 기업은 여전히 기존의 제조업에 머물고 있었다. 마이크로소프트, 애플, 페이스

북 등과 같은 기업이 일본에서는 탄생하지 않았고, 기존 제조업에서는 한국의 추격을 받았다. 2019년, 일본은 4차 산업혁명에서 미국, 독일 등과 치열한 경쟁을 하고 있다. 로봇, 친환경 에너지, 빅데이터, 사물인터넷, 바이오, 자율주행차 등에서 일본 기업은 계속 진화하고 있고, 한국이나 중국 기업의 추격을 따돌리고 있다. 반도체, 휴대폰, 가전, 조선, 자동차 등에서 일본과 대등한 경쟁을 벌였거나 일본을 넘어선 한국 기업들은 중국에 추격당하면서 미래의 성장동력에 관한 한 아직 뚜렷한 비전을 보이지 못하고 있다. 한국 기업에 추격당하던 2000년대 초반의 일본이 연상된다.

# 5장
# 不況脫出

# 일본 기업의 진화

# 소니, 몰락한 전자왕국에서
# 차세대 기업으로

와타나베 신지는 1980년 도쿄의 T사에서 영업사원으로 직장생활을 시작했다. 상장기업으로 나름 잘나가는 오디오 기기 제조업체였기 때문에 업황이 나쁘지는 않았지만, T사가 대박을 터뜨린 것은 입사 5년차인 1985년경의 일이다. 오디오 기기 제조에서 한발 더 나아가 음악 테이프의 드라이버를 제작했고 거기서 플로피 디스크 드라이버 제작까지 이어졌는데 이 사업이 대박을 터뜨린 것이다. 1980년대 후반이나 1990년대 초반에 한국에서 대학을 다닌 사람이라면 당시 퍼스널 컴퓨터를 사는 것이 대학생 사이에 붐이었던 것을 기억할 것이다. 삼보컴퓨터 등의 신생 컴퓨터 제조업체가 곧 재벌이 될 것 같은 분위기였다. 당시 퍼스널 컴퓨터에는 플로피 디스크 드라이버가 기본으로 장착되어 있었는데, T사는 일본 전자업계는 물론 IBM, Dell, Compaq 등 당시 최고를 달리던 컴퓨터 제조사에 드라이버를 납품하면서 사세가 하루가 다르게 확장했다. 플로피 디스크가 CD로, CD가 DVD로 진화했지만 여전히 데이터를 읽을 드라이버가 필요한 장치들이었다. 일본의 버블이 붕괴된 1990년대에도 T사의 영업실적은 조금도 위축되지 않았다. 1999년 미국 지점을 개설했고, 와타나베는 초대 지점장으로 부임했다.

T사에 암운이 드리우기 시작한 것은 2000년대 초반의 일이다. 일본 전자제품 시장이 침체되기 시작한 데다 퍼스널 컴퓨터의 인기가 하락하고 있었다. T사 내부에서도 이제 디스크 드라이버를 대체할 새로운 상품을 개발해야 하는 것이 아니냐는 우려가 제기되었지만, T사의 경영진은 여전히 디스크나 디스크 드라이버를 응용한 제품의 개발에만 몰두했다. 하버드대의 크리스텐슨Clayton Christensen 교수의 말을 빌리면, '파괴적 혁신Disruptive innovation'이 필요한 시기에 '지속적 혁신Sustaining innovation'에만 힘을 쏟은 것이다. 소니도 히타치도 '혁신기업의 딜레마*Innovator's dilemma'에 빠져 있던 시기였다.

와타나베는 2005년 독일로 발령받았는데 그때 이미 T사의 사세는 회복이 어려울 정도로 기울고 있었다. T사의 최대 고객 중 하나였던 Compaq은 이미 파산했고, 일본 기업들은 하나둘씩 컴퓨터 사업에서 손을 떼고 있었다. 유럽에도 T사를 위한 시장은 없었다. 1985년부터 20년

---

*하버드대 교수인 크리스텐슨은 '혁신기업의 딜레마'라는 이론으로 잘나가던 기업이 망하는 이유를 설명하였다. 어떤 기업이 '파괴적 혁신'을 통해 새로운 제품을 시장에 내놓기 위해서는 대규모 투자와 많은 노력이 필요하다. 투자가 성공하여 신제품이 이익을 창출하기 시작하면 그 제품의 수요자 요구에 맞춰 제품을 개선하고 단가를 낮추는 '지속적 혁신'에 힘을 쏟게 된다. 그러나 이때 이미 어디에선가 후발 기업의 파괴적 혁신이 진행되고 있고, 새 제품이 출시되어 소비자의 눈길을 사로잡아버리면 기존 기업의 제품은 시장의 외면을 받게 된다.

간은 T사의 전성기이자 와타나베 개인에게도 가장 행복한 시기였다. 그러나 2008년 도쿄로 돌아온 와타나베에게 주어진 임무는 부하 직원을 내보내는 일이었다. 결국 그는 자괴감을 이기지 못하고 퇴사를 택했다.

T사의 예는 버블 붕괴 후 1990년대의 내수 불황을 이겨낸 일본의 대기업들이 오히려 2000년대에 들어서야 몰락한 원인을 잘 보여준다. 1990년대에도 중소기업은 수없이 도산했지만, 대기업으로서 도산한 것은 대부분 금융기관이었다. 일본 4대 증권사 중 하나였던 야마이치증권이나 도쿄대 졸업생에게도 선망의 직장이었던 장기신용은행이 파산하여 일본 사회에 큰 충격을 주었다. 부실채권이 급증한 데다 금융회사가 보유하거나 담보로 잡고 있던 부동산과 주식의 가치가 폭락하면서 자기자본이 완전히 잠식된 결과다.

그러나 2000년대에 파산한 산요나 샤프, 파산은 면했지만 일시적으로 위기를 겪은 소니나 히타치의 문제는 시장의 수요에 부응하는 제품을 만들지 못했다는 것이다. T사가 디스크 드라이버에 집착하는 사이, 시장은 이미 드라이버가 필요 없는 휴대폰이나 태블릿의 세상이 되었다. 클라우드에 데이터를 저장하고, 스트리밍과 블루투스로 영화와 음악을 즐기는 시대에 디스크 드라이버가 팔리는 시장은 어느 대륙, 어느 나라에도 없다.

T사는 여전히 영업 중이지만 전성기에 비할 수 없는 초라한 모습으로 음악 관련 기자재만 생산하고 있다. 그러나 T사와 달리 화려하게 부활한 일본 기업도 있다. 현재 제2의 전성기를 구가하고 있는 소니와 히타치도 그런 기업들 중 하나다.

2000년대 중반까지만 해도 소니의 퍼스널 컴퓨터 브랜드인 '바이오 Vaio'는 신주쿠나 아키하바라의 전자제품 매장에서 특별한 취급을 받았었다. 지금은 애플의 아이맥이 놓인 자리에 당시에는 바이오가 놓여 있었다. 그러나 소니의 전자부문은 2000년대 중반부터 2010년대 초반까지 누계 적자만 1조 엔을 기록하고 있었다. 부진을 견디지 못한 소니는 2014년 바이오를 매각했다.

한국인 대부분이 그랬듯이, 나도 샤프나 산요처럼 소니도 결국 파산하는 게 아닌가 싶었다. 소니는 2014년도 결산에서 주주에게 배당금을 주지 못했다. 소니 역사상 처음 있는 일이었다. 그런데도 당시 히라이 카즈오平井 一夫 사장은 2015년 2월에 가진 '경영계획설명회'에서 2018년 3월 결산기의 목표로 자기자본이익률ROE, Return on Equity* 10% 이상, 영업이익 5,000억 엔 이상을 내세웠다. 2018년 3월 결산에서 소니의 ROE는 18%, 영업이익은 7,300억 엔이었다. 그는 약속했던 것보다 더 좋은 실적을 내고, 6년간 지켰던 사장 자리를 요시다 켄이치로吉田 憲一郎에게 물려주고 뒤로 물러났다.

일본인들에게 소니에 대한 긍지를 돌려주고, 대학생들이 가장 존경하는 CEO 중 하나가 된 히라이의 비결을, 나는 그가 소니 창업자 이부카 마사루井深大의 정신으로 돌아갔기 때문이라고 생각한다.

---

*자기자본이익률은 당기순이익을 자기자본으로 나눈 값이다. 기업이 자기자본을 활용해 일 년간 얼마의 수익을 냈는지를 보여주는 지표이다.

### 기술이 사라진 TV 명가

나는 1999년 일본에 교수로 부임할 때까지 한 번도 소니 제품을 써본 적이 없다. 소니의 워크맨도 오디오도 텔레비전도 생활비가 늘 빠듯한 학생에게는 사치품에 지나지 않았다. 1999년 처음으로 소니 텔레비전, '베가Wega' 32인치를 샀다. 베가는 공전의 히트를 기록한 소니 브라운관 TV의 브랜드명이다. 2006년에 새 TV를 사면서 한국인 친구에게 주었는데, 그때까지 한 번의 잔고장도 없었다. 그 친구는 한국에 돌아가서도 TV를 잘 쓰고 있다 했다. 2006년에 새 아파트에 입주하는 기념으로 도쿄 최대 가전매장인 '요도바시카메라'에서 당시 소니 평면 TV 중 가장 고가였던 HD 화질의 46인치 '브라비아Bravia'를 샀다. 일 년은 무상보증이고, 정가의 5%를 지불하면 보증기간을 5년으로 연장해준다고 했지만 소니가 5년 안에 고장날 리 없다는 굳은 믿음으로 귓등으로 흘렸다. 35만 엔이란 거금을 주고 산 TV는 일 년이 조금 지나자 스피커에서 알 수 없는 소음이 났다. 평면 TV가 브라운관 TV보다 잔고장이 더 많다고는 하지만, 나는 몹시 실망했고 다시는 소니 제품을 사지 않았다.

2006년은 내 친구인 소에다 히로시가 소니에서 희망퇴직한 지 일 년이 지난 해다. 소에다가 퇴직하던 해, 소니의 엘리트 사원이었던 다케우치 신지는 《소니 본사 6층ソニー本社六階》이란 책에서 1990년대 소니 경영진의 무능을 질타했다. 나는 브라비아를 사기 전에 그 책을 읽든지 아니면 친구 소에다에게서 소니의 속사정을 제대로 들었어야 했다.

나중에 안 일이지만 2000년대 초중반은 소니 내부에서조차 경영진에 대한 불만이 폭발하던 시기였다. 2000년대 중반부터 적자를 내기 시작한 소니의 텔레비전 사업부는 10년이 다 되도록 적자행진을 이어갔다. 2013년 어느 날, 나는 소에다에게 소니가 왜 저 지경이 되었는지 물었다. 그는 일 초의 망설임도 없이 '기술'의 소니가 '관리'의 소니가 되었기 때문이라고 했다. 2013년 전자사업부의 매출액은 3조 2,000억 엔으로 전성기의 60% 수준이었지만, 도쿄 본사의 고정비는 1,450억 엔으로 전성기 때보다 오히려 더 많았다. 소에다는 소니가 창업자 이부카 마사루의 정신을 잃었다고 개탄했다.

소에다는 이부카 마사루의 열렬한 팬이다. 1977년 와세다대 상학부를 졸업한 소에다는 오키전기공업에 첫 직장을 잡았다가 1991년 소니 반도체 부문으로 이직했다. 창업자 이부카가 명예회장으로 물러난 지 일 년 뒤의 일이다. 그 이듬해 그의 아들이 초등학교에 입학했고, 소니 전통에 따라 이부카 회장으로부터 직접 란도셀ランドセル이라고 불리는 초등학생용 책가방을 받았다. 이부카 회장의 와세다대 후배이기도 한 소에다는 몹시 감격했고 이부카 회장을 더욱 존경하게 되었다. 그가 소니에 합류했던 1990년대 초만 해도 회장이 직접 직원 자녀에게 선물을 전달하던 것이 소니의 분위기였다.

### 이부카 마사루, 1990년 2000년이 아니라 2010년 2020년

1908년에 태어난 이부카 마사루는 와세다대 공대 시절부터 기발한 발명가로 유명했다. 아마 와세다대가 배출한 가장 존경받는 기업가일 것이다. 와세다대 중앙도서관 1층은 이부카홀로 불린다. 외국 정상이나 해외 석학의 강연은 반드시 이부카홀에서 열리기 때문에, 와세다 학생이라면 적어도 한 번은 이부카홀에 들어갈 일이 있고, 그래서 그 유명한 소니의 창업자가 와세다 출신이라는 것을 모를 수가 없다.

이부카는 1946년 모리타 아키오盛田昭夫와 함께 훗날의 소니인 '도쿄통신공업주식회사'를 창업했다. 이부카가 기술을 맡고, 모리타는 영업을 맡았다. 태생이 기술자였던 그는 "새로운 독자 기술의 개발에 도전하여, 일반 소비자의 생활을 풍부하고 편리하게 하는 신상품을 제공한다"는 경영방침을 세우고 평생 자신이 세운 경영방침에 충실했다. 그는 기술자를 우대했고, 사원들의 의견을 경청했다. 상사에게 "안 돼"라는 말을 들어도 기죽지 말라는 것이 그의 지론이었다고 한다. 안 된다는 말을 듣더라도 끝없이 도전하라는 것이다.

1980년대 전반, 소니에서 신소재 개발을 담당하고 있던 책임자가 "현재는 이렇고 미래 동향은 이러저러할 것이기 때문에"라며 신소재의 가능성에 대해 보고하자 이부카 회장은 다음과 같이 충고했다고 전해진다. "몇 년 뒤가 아니라, 1990년이나 2000년도 아니고, 2010년 그리고 2020년에는 어떻게 될 것이며, 또 어떻게 되어야 하므로, 라는 식으로 사고하지 않으면 안 되네." 10년, 20년이 아니라 30년, 40년 뒤를 보라는 것이다.

1973년 노벨 물리학상을 받은 에사키 레오나江崎玲於奈는, 1997년 이부카의 장례식 조사에서 다음과 같은 말로 고인을 추모하였다. "온고지신이라는 말이 있지만, 이부카 씨는 달랐다. 미래를 생각하고 미래를 봄으로써, 오늘과 내일을 이해하는 사람이었다." 10년 20년이 아니라, 30년, 40년 뒤를 보라는 이부카의 조언은 곧 오늘의 성공에 안주하지 말고 언제든 '파괴적 혁신'을 준비하라는 말과 다르지 않다.

소니는 베가라는 브라운관 TV 모델에서 타의 추종을 불허하는 성공을 거두었고, 그로 인해 평면 TV 개발의 시기를 놓쳤다. 소니의 평면 TV 브라비아는 삼성·LG 제품과의 경쟁에서 밀렸고 시장점유율을 뺏기기 시작했다. 한국 기업에 밀린다는 것은 TV 명가의 자존심에 참을 수 없는 모욕이었을 것이다. 현실을 받아들이지 못한 소니의 경영진은 시장점유율을 잃지 않기 위해 이익을 따지기보다는 생산량과 판매량을 유지하는데 안간힘을 썼다.

그 결과가 10년 연속 적자라는 참담한 성적표다. 소니는 30년 뒤는 고사하고 5~6년 뒤도 내다보지 못하는 기업이 되었다. 2000년 18만 9,700명이던 직원수는 2005년 15만 1,400명으로 줄었다. 그때 소니를 퇴직한 직원들은 이부카가 일군 기술의 소니에서 기술이 사라지고 있다고 한탄했다.

그래도 그때까지는 소니 6세대 게임기인 플레이스테이션2(PS2)가 소니를 먹여 살리고 있었지만, 2006년 말에 출시된 7세대 게임기인 PS3는 마이크로소프트의 Xbox, 닌텐도의 Wii 등에 밀려 과거의 명성을 잇지 못했다. 소니가 거의 모든 사업 분야에서 고전을 면치 못하고 있을 때, 소니를 개혁할 인재는 미국에서 착실히 실력을 키우고 있었다.

### 히라이 카즈오, 소니를 구원한 CEO

내가 소니 8세대 게임기인 PS4의 성공을 처음 들은 것은 2016년 겨울의 일이다. 도쿄의 작은 모임에 나갔는데, 예전에 알던 한국 대기업

사원이 와 있었다. 2000년대 중반 그가 도쿄 주재원으로 있을 때 알게 된 사람이다. 오래전 본사에 귀임한 사람이 웬일인가 했는데 출장을 왔다고 했다. 그런데 출장의 목적이 PS4의 성공을 포함해서 '소니의 변신'에 대해 알아보는 것이라는 얘기였다. 나도 소니의 영업실적이 회복되고 있다고는 들었지만 크게 관심두지 않고 있었는데, 그 말을 들으니 다시 소니에 관심이 생겼다.

2017년 초에 아들이 병역을 마쳤다. 군대에서 알게 된 선임이 PS4 중고를 싼값에 넘기기로 했다며 사도 되냐고 물었다. 나는 내 아들이 그 사악한 게임기를 사려 한다는 것에 경악했다. 아들은 '몇 개의 게임 소프트웨어만 추가로 사면 될 뿐 그 이상 돈도 들지 않고 학업에 지장을 주지 않을 정도로 게임을 하겠다. 게다가 지금 PS4가 엄청 인기인데 선임이 특별히 싸게 주는 것'이라며 나를 설득했다. 나는 PS4에 대해 조사해보았고, 2013년 겨울에 발매된 그 게임기가 공전의 히트를 기록했던 PS2보다 더 빠른 속도로 1,000만 대 판매를 돌파했다는 것을 알게 됐다. 내 선입견과 달리 그리 사악해 보이지도 않아서 사도 좋다고 허락했다.

소니의 2016년 3월 결산 보고서에는 '게임·네트워크 서비스'가 소니 매출의 18%를 차지하는 것으로 나온다. 그해부터 소니의 모든 사업 부문에서 게임·네트워크 서비스는 가장 매출액이 많이 부문이 됐다. 소니는 더 이상 내가 알던 브라비아와 바이오를 만들던 곳이 아니었다.

PS4의 개발과 생산, 판매는 현재 SIE<sup>Sony Interactive Entertainment</sup>가 맡고 있다. 원래 플레이스테이션을 담당하고 있던 회사는 SCE<sup>Sony Computer Entertainment</sup>였는데, 2016년 SCE와 Sony Network Entertainment

International을 합쳐 SIE를 만들었다. SIE는 소니의 100% 자회사다.

PS4 개발을 시작한 2008년 SCE 대표는 히라이 카즈오였다. 1960년에 태어나 유소년기의 대부분을 미국과 캐나다에서 보낸 그는 일본에서 대학을 졸업한 1984년 CBS/소니에 입사한 후 1995년 SCE 미국 법인으로 자리를 옮겨 플레이스테이션 사업에 참여했다. 실력을 인정받아 2007년, 47세에 SCE의 CEO가 되었다.

히라이가 이끄는 SCE는 PS4의 발매 가격을 399달러로 정해 놓고 사양과 부품을 결정해나갔다. 2006년 출시된 PS3의 가격 600달러보다 가격을 30%나 낮춘 것이다. 모든 PS 시리즈의 판매 데이터를 분석한 결과 가장 적절한 가격으로 선정된 것이 399달러였다. PS3는 그때까지의 모든 선진 기술을 흡수하고 최고의 부품을 써서 만들었지만, 경쟁사인 마이크로소프트의 'Xbox360'보다 일 년 늦게 출시된 데다 가격도 고가여서 시장의 외면을 받았다. 최고의 기술을 선보인다는 소니 정신은 이었는지 모르겠으나 '일반 소비자의 생활을 풍부하게' 한다는 정신은 잃은 소니의 고질병이 다시 한 번 소니의 발목을 잡은 것이다.

PS4의 개발팀은 관행을 깨고 생산비용을 줄이기 위해 범용 부품을 사용하는 대신, 소프트웨어와 서비스에서 독자성을 발휘하여 잃어버린 게임 유저들을 돌아오게 만들겠다는 전략을 세웠다. 히라이는 반드시 게임 소프트웨어 제작자들을 PS4 개발에 참여시키도록 지시했다. 그리고 일본뿐만 아니라 구미의 개발팀과도 적극적으로 연대할 수 있도록 했다. 전 세계 게임 유저의 요구사항을 최대한 반영하기 위한 조치였다.

그 결과 '셰어 플레이Share Play'라는 신기능이 PS4에 추가되었다. 게임을 인터넷상에서 다른 사람과 공유할 수 있는 기능이다. 미국 개발팀의 아이디어라고 한다. 한편, PS3까지는 PS에서 구동할 수 있는 게임을 제작하는 것이 외부 엔지니어에게 상당한 난제였는데, PS4는 독립 엔지니어의 게임이 폭넓게 수용될 수 있도록 제작되었다.

PS4는 2013년 말과 2014년 초에 걸쳐 순차적으로 전 세계에 출시되었고, 출시되자마자 전 세계 게임 유저들로부터 찬사를 받았다. 물론 세계 경제가 순조롭게 회복되던 시기였단 점도 판매에 도움이 됐다. 출시된 지 4년 만에 9,200만 대가 팔렸으며 2006년 말 출시된 PS3가 7년 동안 기록한 8,000만 대 매출을 가뿐히 뛰어넘는 대성공이었다.

사실 히라이 대표는 PS4가 대성공을 거두고 있던 2014년에 이미 소니 본사의 사장이 되어 있었다. 그는 2009년, SCE 대표 자리는 그대로 유지한 채 동시에 본사의 임원이 되었다. 일본에서는 히라이처럼 외국생활을 하다 일본에 돌아온 학생을 '귀국자녀歸國子女'라고 부른다. 그는 일본에 있을 때도 주로 외국인 학교를 다녔고 대학은 ICU International Christian University로 잘 알려진 일본기독대학 교양학부를 나왔다. 2009년 본사의 임원이 되기까지 늘 자회사에만 있었고 주로 미국에서 근무했다. 2009년 본사에 합류한 그는 2012년 4월 소니의 사장, 즉 소니의 CEO가되었다. 소니의 실질적 CEO는 본사의 사장이고, 1946년 창립 이래 모두 11명의 사장이 소니를 진두지휘했다. 그중 과거 제국대학이나 와세다대 출신이 아닌 사람은 3명에 불과하다.

## 과감한 개혁으로 영광을 되찾다

소니 자회사 SCE의 사장으로 PS4의 개발을 지휘했던 히라이는 2012년 본사의 사장이 되자 본사의 규모를 줄이고, 매년 적자를 보고 있는 바이오와 브라비아, 즉 컴퓨터와 텔레비전 사업의 운명을 결정하는 일부터 시작했다. 그는 이 과정에서 사내의 의견을 경청했지만, 사내의 정치 논리보다는 외부인의 시각에서 객관적으로 내부를 들여다보길 원했다. 오랫동안 바이오 사업부에 있던 직원은 바이오를, 브리비아 사업부에 있던 직원은 브라비아를 지키고 싶어할 게 자명했기 때문이다.

히라이는 미국에 있을 때부터 '외부의 시점, 상이한 시점'의 중요성을 강조해왔다. 내 회사지만 외부의 입장에서, 시장의 입장에서, 투자자의 입장에서 보자는 것이다. 결국 바이오는 차별기술이 없다는 판단하에 매각하기로 했고, 텔레비전은 차별기술이 있다는 판단하에 존속시키기로 했다. 대신 텔레비전 부문을 분사하여 자회사로 독립시킴으로써, 사업부와 판매부를 한 지붕에 두기로 했다. 지난 10년간 누적 적자가 8,000억 엔에 달했지만, 본사 사업부와 판매부는 텔레비전뿐만 아니라 다른 제품도 함께 담당하고 있어서, 부실한 실적에 대한 책임 소재가 불분명했기 때문이다. 2014년 7월 1일, 텔레비전 사업을 전담할 자회사 SVP<sub>Sony Visual Products Inc.</sub>가 탄생했다.

SVP는 사업목표를 매출이 아니라 '영업이익'으로 전환하고 가격 경쟁보다는 고가의 4K 텔레비전에 주력하는 전략을 선택했다. 미국 시장의 판매인원을 삼분의 일로 줄이고 LG·삼성과의 가격 경쟁을 포기하는 대신 화질뿐 아니라 음질에서도 가지고 있는 최대의 기술을 발휘했다.

미국 최대 가전 매장 베스트바이에 소니 부스를 차리고 '기술'의 소니를 소비자에게 어필하기 시작했다. 2014년부터 미국 프리미엄 텔레비전 시장점유율과 영업이익이 뛰기 시작했고, 2017년 3월 결산에서 소니는 드디어 텔레비전 사업에서 염원하던 흑자를 기록했다. 뿐만 아니라 2017년 전 세계 프리미엄TV 시장점유율에서 LG와 삼성을 추월했다. 전체 텔레비전 시장에서는 점유율 10.2%로 삼성·LG에 이은 3위였지만, 프리미엄 시장점유율은 LG의 33%, 삼성의 18.5%를 추월한 36.9%를 기록했다.

2000년대 중반, 삼성과 LG가 소니나 파나소닉의 아성을 차례로 허물고 있을 때, 한국 기업이 강한 이유가 일본에서도 한국에서도 화두였다. 당시 대두된 해석 중 하나는 한국 기업에는 오너가 있기 때문이라는 것이었다. 오너는 책임을 전적으로 질 수 있기 때문에 과감한 투자를 속도감 있게 밀어붙일 수 있지만, 일본 기업에는 오너가 없고 CEO 역시 보수를 받는 직원에 불과하기 때문에 과감한 투자에 몸을 사리게 된다는 논리다. 그러나 소니의 히라이 사장이나 다음에 소개할 히타치의 카와무라 사장의 예를 보면 반드시 그 말이 옳다고 볼 수 없다. 2000년대 중반의 소니와 히타치는 파괴적 혁신에서 한국 기업에 밀렸다고 보는 것이 더 정확한 해석이라고 나는 생각한다. 히라이 사장 체제에서 소니가 보여준 과감한 개혁과 속도감을 오히려 2019년의 한국 기업은 보여주지 못하고 있다.

히라이가 사장으로 취임한 2012년, 소니는 태어난 지 4년 밖에 되지 않은 신생 기업인 가이카이Gaikai,外海를 3억 8,000만 달러라는 거금을 들여 매수했다. 가이카이는 2008년에 설립된 미국 IT 회사지만, 이름은 외해外海라는 한자어의 일본어 발음에서 따왔다. 게임 스트리밍 기술을 생산 보급하는 회사이다. 가이카이의 기술을 이용하면, 게임 유저들은 게임 소프트웨어를 인스톨할 필요없이 인터넷 접속이 가능한 어느 기기에서도 게임을 즐길 수 있다. 클라우드에서 게임을 할 수 있는 기술이기 때문이다.

자녀가 게임 때문에 밤을 새우지는 않나 노심초사하는 부모 입장에서는 참으로 사악하기 이를 데 없는 기술이지만, 소니는 이 기술을 이용하여 2014년 'Play Station Now'라는 게임 스트리밍 서비스 사업을 시작하였다. 이 서비스를 이용하면 소니 게임기인 플레이스테이션은 물론 소니 TV 브라비아에서도 소니의 게임을 즐길 수 있다. 가이카이 매수에서, 브라운관 TV 베가의 영광이 오히려 평면 TV 브라비아의 발목을 잡았던 실수를 되풀이하지 않으려는 소니의 결의가 보인다. 플레이스테이션 사업에서 현재에 안주하지 않고 끝없이 혁신하겠다는 결의다. 그리고 바이오 매각, 텔레비전 사업 분리, 가이카이 매수 등 굵직굵직한 정책 결정에서 오히려 한국 기업보다 더 빠른 스피드를 보여주고 있다.

히라이 사장은 이 모든 과정에서 회사 안과 밖의 다양한 의견에 귀를 기울이는 자세를 보였다. 소니 창업자인 이부카 역시 사원들의 의견을 경청하는 리더였던 것으로 알려져 있다. 반면 《소니 본사 6층》이란 책에서 1990년대의 소니를 신랄하게 비판한 다케우치가 겪은 에피소드는 당시 경영진의 태도가 창업자 이부카 정신에서 얼마나 멀어져 있었는지를 잘 보여준다. 1990년대 말의 어느 날 다케우치는 업무보고를 위해 상사와 함께 CEO실에 호출되어 갔다. 그러나 CEO는 업무보고에는 전혀 귀를 기울이지 않고, 업무보고와 관련 없는 자신의 치적에 대해서만 주구장창 설교를 늘어놓았다고 한다.

소니는 1989년 미국 영화사 콜롬비아픽처스를 인수했다. 영화사업이 지금은 소니 그룹 내에서 효자 노릇을 하고 있지만, 5,000억 엔의 프리미엄을 얹어서 산 영화사가 1990년대에는 내내 적자를 내고 있었다. 그러나 누구 하나 이 문제에 대해 바른 소리를 내지 못한 것은 경영진의 심기를 거스를까 두려웠기 때문이다. 회사의 제반 문제에 대해 솔직한 의견을 개진한 간부는 소리 소문 없이 한직으로 밀려나거나 옷을 벗어야 했던 시절이었다. CEO가 제왕처럼 군림하는 한국의 기업문화에서, 담당자들은 얼마나 솔직하게 의견을 개진할 수 있고 CEO는 얼마나 진지하게 그 목소리에 귀를 기울이는지 모르겠다. CEO가 인수를 결정한 회사에서 적자가 나고 있는 사실을 쉬쉬하던 분위기에서는 실적이 좀처럼 개선되지 않던 영화사가, 적자가 만천하에 드러나고 나서야 실적이 개선되기 시작했다.

### 소니의 미래

도쿄에서도 땅값이 가장 비싼 지역 중 하나인 긴자에는 소니의 직영점이 있다. 소니는 대리점을 두지 않고 대신 긴자, 삿포로, 나고야, 오사카, 후쿠오카에 직영점을 하나씩 두고 있다. 긴자역 A4 출구에 이어진 빌딩에 들어가면 4~6층에서 소니 제품을 만날 수 있다. 소니의 부활을 보여주는 PS4나 브라비아도 물론 전시되어 있지만, 아직 시장이 작은 그러나 미래를 위해 투자하는 제품들도 볼 수 있다. 4층 입구에는 소니의 애완견 로봇 '아이보'가 있다. 20만 엔대의 고가임에도 불구하고, 2017년 발매된 지 6개월 만에 2만 대가 팔린 히트 상품이다. 로봇은 아직 시장이 작지만, 일본인들은 이미 로봇과 함께 살고 있다. 로봇 제품의 주 타깃 소비층은 고령의 노인들이다. 아이보는 애완견을 대신할 수 있다는 장점이 있지만, 말을 하지 못하는 단점이 있다. 일본에서는 이미 노인과 대화를 나누는 로봇이 여럿 출시되어 시장에서 경쟁하고 있다. 소니의 아이보는 한발 앞서 미국 시장에도 진출했지만, 경쟁이 격화될 이 시장에서 살아남을 수 있을지 아직은 미지수다.

5층에 가면 엑스페리아 터치Experia Touch라는 프로젝터를 볼 수 있다. 프로젝터에 OS 기능이 내장되어 있는 모델이다. 벽이나 책상 위에 화면을 쏘고 그 화면을 터치하여 OS를 조작할 수 있다. 태블릿이 프로젝터와 결합된 제품으로, 프로젝터에서 나오는 화면을 태블릿이라고 생각하고 쓰면 된다. 프로젝터와 태블릿을 연결해 쓰면 되는데, 굳이 15만 엔이나 되는 이 제품을 사는 이가 있을까 싶긴 하다. 그러나 공중에 뜬 3D 화면을 터치하여 기기를 조작하고 원거리 통신을 하는 공상과학 영화의 상상력에 한발 다가선 제품이란 사실은 분명하다.

소니의 미래를 확신할 수 있는 사람은 그 어디에도 없다. 그러나 긴장의 끈을 놓지 않고 혁신을 거듭하고 있는 지금의 자세를 유지하는 한 과거의 실패를 되풀이하지는 않을 것으로 보인다. 2018년 3월 결산에서 히라이는 7,300억 엔이라는 사상 최고의 영업이익을 보고하였고, 같은 해 최고재무책임자CFO로 있던 요시다 켄이치로에게 사장 자리를 물려주고 회장으로 물러났다. 전임인 스트링거Howard Stringer 사장이 회장으로 물러나면서 히라이에게 전권을 주고 경영에 일체 개입하지 않은 것처럼, 히라이도 요시다의 경영에 개입하지 않을 것이다. 스트링거가 히라이를 발탁하고 전폭적으로 지원한 것처럼, 히라이도 계열사 사장이던 요시다를 본사로 영입한 뒤 그를 전폭적으로 지원했다.

일본의 전설적인 경영 컨설턴트인 사에구사는 CEO의 성패는 후임 CEO의 실적까지 봐야 결정된다고 주장한다. 후임 경영진을 육성하는 것도 CEO의 임무이기 때문이다. 히라이가 정말 성공한 CEO인지의 여부는 이제 요시다의 실적에 달려 있다.

스트링거-히라이-요시다를 이으면서 소니는 잡음 없이 경영권을 이어갔고 스피디한 개혁에 성공했다. 오너가 있어야 그리고 오너가 경영권을 지배하고 있어야 회사가 흔들리지 않는다는 일부의 주장과 배치되는 모습이다. 오히려 일본에는 전문 경영인이 한국 기업의 오너처럼 행동하다 시장의 외면을 받은 케이스가 있다. '세븐앤아이홀딩스Seven&i Holdings Co., Ltd.'의 스즈키 토시후미鈴木敏文 회장이 그 주인공이다.

chapter
# 02
# 일본 CEO들의
# 남다른 경영 마인드

한국 어느 대형 교회에 존경받는 목회자가 있었는데, 아들에게 담임목사 자리를 물려주는 바람에 오히려 교단의 골칫거리가 되었다는 기사를 본 적이 있다. 핏줄에 대한 애정은 모든 생물의 DNA에 깊이 자리 잡고 있지만, 한국에서 유독 위력을 발휘하는 것 같다. 기독교는 돈과 권력을 포함한 모든 종류의 우상을 배격하는 종교지만, 한국 목회자 최후의 우상은 자녀라는 말도 들린다.

일본인도 자녀에 대한 애정이 극진하다. 내가 미국에서 경제학을 공부하고 있을 때, 개인의 목적은 일생에 걸친 자신의 효용을 극대화 하는 것이라고 배웠다. 그리고 그 효용은 소비나 레저활동에서 얻어진 다. 우리는 그 가정에 기초해서 가계의 소비와 저축을 분석했다. 그러나 2000년대 들어 일본의 일부 경제학자들은 소비나 레저에서 얻을 수 있는 개인의 효용을 극대화하는 모델로는 일본인들의 소비 행동을 설명할 수 없다고 주장하기 시작했다. 일본인의 소비 성향이 낮은 것은 자녀에게 재산을 물려주기 위해서 현재의 소비를 제한하기 때문이므로, 효용 극대화 모델에 자손에게 남길 유산도 변수로 넣어야 한다는 것이 주장의 요지다. 사실 자손을 염려하고 자손에게 유산을 남기고 싶어 하는 것은 한국인 부모나 일본인 부모나 매한가지일 것이다. 아니, 시공을 초월하여 관찰되는 인간본성의 일부라고 보는 것이 더 정확할 것이다. 하지만 자녀에게 기업을 물려주는 일에 있어서는 유독 한국인 부모가 더 극성인 것 같다.

## 한국에서 제일 쉬운 일, 기업 경영

한류 붐이 예전만 못하다지만 여전히 일본 방송에서는 심심치 않게 한국 드라마가 방영된다. 나름 한류에 정통한 일본인 친구는 '동이'가 낳은 아들이 '영조'이고 영조의 손자가 '이산'이라는 식으로 해박한 지식을 자랑하기도 한다. 한번은 드라마 얘기를 하다가 한국에서 제일 쉬운 일이 뭔지 아느냐고 묻는 친구가 있었는데, 정답은 기업 경영이었다. 그중에서도 재벌그룹 경영. 그 순간에는 그야말로 '빵' 터졌는데 나중에는 왠지 입맛이 씁쓸했다.

몇 해 전에 방영된 〈용팔이〉라는 드라마는 한국에서 기업 경영이 얼마나 쉬운 일인지를 잘 보여주는 좋은 예다. 주인공 역을 맡은 김태희는 경영권을 장악하려는 이복 오빠 조현재의 음모로 중환자실에 갇혀 지내다가 용팔이 주원의 도움으로 탈출에 성공하여 경영권을 되찾는다.

수년간 침상에 누워 있던 병약한 몸이었지만 아무도 그녀의 회장 취임에 반대하지 않는 것은 단지 대주주이기 때문만이 아니다. 그보다는 선대 회장의 피가 흐르는 유일한 상속자이기 때문이다. 기업 경영은 고사하고 실무에 참여한 경험도 없던 김태희는 회장에 취임하자마자 놀라운 기지와 담력으로 경쟁 기업과의 두뇌 싸움을 진두지휘한다. 식물인간처럼 지내던 여성이 어느 날 문득 걷기 시작했다는 것보다 더 놀라운 기적은 그녀가 글로벌 시장을 무대로 벌어진 기업 간의 전쟁을 승리로 이끌었다는 것이다.

김태희의 눈부신 미모를 지극히 현실적으로 보이게 만드는, 지극히 비현실적인 이런 종류의 판타지는 사실 한국 드라마에서 식상할 정도로 빈번하게 소비된다. 아마 한류 팬에게는 아들의 애인에게 물을 끼얹는 청담동 엄마보다도 더 친숙한 클리셰가 아닐까 싶다. 그나마 〈용팔이〉가 남달랐던 것은 재벌 후계자가 남성이 아닌 여성이었다는 점 정도일까.

한국 재벌 드라마의 흔한 설정 중 하나는 허랑방탕한 재벌 2세가 가난하지만 인성과 능력을 제대로 갖춘 여주인공을 만나 개과천선한 후, 선하고 능력 있는 경영인으로 거듭나는 것이다. 경영권을 빼앗아 가려는 전문 경영인의 음모를 물리친 남주인공은 경영 초보임에도 불구하고 위기에 빠진 회사를 살려내는 놀라운 능력을 발휘한다. 한국 드라마에서 기업을 경영한다는 것은 대리가 과장으로 승진하는 것보다 더 쉬운 일이다. 단, 선대 회장의 피붙이라는 정통성이 있을 때만 그러하다. 그저 재미를 위한 판타지로 보고 말 수도 있겠지만, 기업 경영이나 경영자를 보는 한국인의 인식이 은연중 드라마에 반영된 것은 아닐까 싶다.

10여 년 전, 한 한국인 유학생이 내 계량경제학 수업 중간고사에서 만점을 받았다. 계량경제학 수업은 어려워서 만점이 나오는 경우가 극히 드물다. 어떤 학생인가 관심을 가지고 보았더니, 모범생 스타일에 늘 청바지에 허름한 티를 입고 다니는 학생이었다. 장학금이 절실해서 열심히 공부하는 학생이라 생각하고 내심 안쓰러웠는데, 그 학생이 와세다를 떠난 후에야 한국의 재벌 3세라는 것을 알게 됐다. 몇 년 뒤에는 내 제미의 타이완 학생이 졸업을 얼마 앞두고 내 연구실을 찾아왔다. 대학원 진학을 위한 추천서를 부탁하기 위해서였다. 부잣집 도련님같이 훤한 얼굴에 늘 명랑하고 예의 바른 친구였다. 아버지 사업을 물려받을 예정이라고는 들었지만, 그 사업이 타이완의 유명 대기업이라는 것은 그때 처음 알게 되었다. 나는 그 학생들 덕분에 드라마 〈상속자〉나 영화 〈베테랑〉과 달리 재벌가에도 건실하고 능력 있는 청년들이 있다는 것을 안다. 만약 그들이 대기업의 경영자가 되길 원한다면 토요타 아키오의 예를 참고하라고 권하고 싶다.

현재 토요타자동차를 이끌고 있는 토요타 아키오 사장은 창업주의 손자다. 미국에서 다니던 회사를 그만두고 토요타로 전직하려 했을 때, 아버지가 반대했다고 한다. 그는 어떤 특별 대우도 기대하지 않고 평사원으로 출발하겠다는 약속을 한 후에야 입사를 허락받았다. 토요타가 워낙 거대한 기업이다 보니 토요타 가문이 가진 주식만으로는 이사회를 장악할 수 없다. 창업주의 손자에 대주주라는 프리미엄이 있었던 것은 사실이지만, 그가 2009년 일본 최대 기업의 CEO에 취임할 수 있었던 것은 무엇보다도 실력을 인정받았기 때문이다. 토요다 아키오는 그의 숙부가 CEO에서 물러난 뒤 14년이 지나서야 토요타의 CEO에 취임했다. 전문경영인이 토요타를 이끌던 그 14년 동안, 아키오는 자기 역시 전문경영인의 자격이 있다는 것을 착실히 입증했고, 50대 중반이 되어서야 비로소 토요타의 수장이 되었다.

한국의 30대 재벌 대부분은 경영권을 자녀에게 승계한다. 주식이나 재산이 아니라 경영권까지 자녀 모두에게 골고루 쪼개어 배분한다. 그 정도 규모의 '상장' 기업 대부분이 경영권을 오직 선대 회장의 자녀에게만 승계하는 선진국이 과연 얼마나 있을지 궁금하다. 선대 회장의 자녀라는 이유만으로 경영권을 물려받아도 될 만큼 기업 경영이 쉬운 일인가?

## 이나모리 카즈오, 창업과 기업 재생의 신

반면 일본의 기업 창업주들은 기업 규모가 커지고 상장까지 하게 되면, 자녀에게 주식을 상속할 뿐 경영은 전문 경영인에게 완전히 맡기는 경우가 많다. 일본에서 살아있는 경영의 신으로 추앙받는 이나모리 카즈오稲盛和夫가 좋은 예다.

1932년에 태어난 이나모리 카즈오는 직장 생활 4년 만에 그리고 스물일곱이라는 젊은 나이에 교세라(설립 당시 이름은 교토 세라믹)를 창업했고, 쉰여섯이 된 1988년에는 KDDI(설립 당시 이름은 제이전전)를 창업했다. 2019년 초, 교세라는 시가총액 기준 일본 53위, KDDI는 10위에 이름이 올라 있다. 2010년 2월에는 파산 기업인 일본항공JAL의 무보수 회장에 취임하여 3년도 되기 전인 2012년 9월에 일본항공을 주식시장에 다시 상장시켜 세상을 놀라게 하였다. "창업이 제일 쉬운 줄 알았는데, 기업 재생은 더 쉬웠어요"라는 식이다. 그에게는 3명의 딸이 있지만, 이나모리는 그들 중 누구도 경영에 참여시키지 않았다. 2013년 10월 인터뷰에서 〈주간 아사히〉는 왜 교세라를 딸에게 물려주지 않았는지 물었다.

"저도 원래 경영자의 자질이 있었다기보다는 필사적으로 회사 경영을 해야 하는 어려운 환경 덕에 이렇게 성장했습니다. 그래서 경영자로서의 기량과 사람을 이끌어 가는 힘을 체득했다고 생각합니다. 경영자에게는 선천적인 능력보다 삶의 어려움을 겪으면서 피어나는 후천적인 능력이 더 중요합니다. 회사가 이미 자리를 잡았는데, 자기 아이에게 힘든 경험을 시키는 것은 사실 어렵습니다. 그런 상태로는 경영을 잘할 리 없고, 도리에도 맞지 않는다고 생각해서 세습하지 않았습니다." 이나모리의 답변 중 일부다.

### 후임 CEO 육성을 강조한 미스미그룹 사에구사 다다시

유명 경영 컨설턴트에서 전문 경영인으로 변신하여, 종업원 340명의 중소 상사를 10여 년 만에 종업원 1만여 명의 미스미그룹으로 성장시킨 사에구사 다다시 회장은 기업을 주주의 물건으로 보는 시각에 동의하지 않는다. 주주와 경영인과 종업원 모두의 노력으로 커 가는 하나의 생물이라고 본다. 미스미그룹의 창업자는 사에구사에게 경영 전권을 맡긴 뒤 전혀 간섭하지 않았고, 사에구사는 그의 저서에서 그 점에 대해 감사를 표했다. 사에구사가 기업을 키운 덕분에 창업자 일가의 재산도 눈덩이처럼 불었다.

　한편, 사에구사는 후임 CEO 육성의 중요성을 늘 강조한다. 내가 퇴사하더라도 회사의 직원들은 그대로 있고, 후임 CEO의 능력과 인격은 회사와 직원들의 삶에 지대한 영향을 끼치기 때문이다. 그는 직원 하나하나가 경영인의 마인드를 가지도록 가르친다. 그들 중 누군가가 훗날의 CEO가 될 수 있기 때문이다. 2017년 미스미그룹의 채용 공고는 "내일의 경영자가 되고 싶은 자여, 이름을 올려라"라는 도발적인 문구로 시작한다. 사에구사는 2014년 6월, 오노 류세이大野龍隆에게 CEO 자리를 물려주고 자신은 이사회 의장으로 물러 앉았다.

　오노는 대학을 졸업한 1987년 미스미그룹에 입사했다. 미스미가 아직 이름 없는 중소기업에 지나지 않을 때였다. 가난한 어린 시절을 보냈지만 일본의 명문 히토쓰바시대를 나오고, 스탠포드대 MBA, 보스턴 컨설팅의 일본 내 채용 1호, 성공한 경영 컨설턴트, 베스트셀러 작가로 화려한 학력과 경력을 자랑하는 사에구사였다. 그는 자신과 같은 화려한 경력의 외부인사가 아니라 오랫동안 공언한 대로, 자신이 육성한 미스미그룹 내의 인재 중에서 후임을 세웠다.

　전임 담임목사의 아들에게 담임목사 자리를 물려주어서 논란의 중심에 섰던 대형교회는 그 교회를 이끌 만한 다른 적임자가 없었기 때문에 어쩔 수 없는 선택이었다고 강변한다. 그 말의 이면에는, 교회 안에서든 밖에서든 목회자를 양성하는 일에 게을렀다는 사실이 숨어 있다. 미처 목회자 양성에까지 신경을 쓰지 못했다 해도 부끄러운 일이지만, 만일 담임목사의 아들과 경쟁할까 염려되어 일부러 목회자를 키우지 않았다면 참담한 일이다. 설마 신의 존재를 믿는 종교기관에서 그렇게까지 하지는 않았을 것이다.

그러나 한국 대기업 임원들과 얘기해보면, 한국 대기업에서는 CEO 양성을 원천 차단하지 않나 하는 인상을 받게 된다. 능력 있는 임원이 불이익을 받아서가 아니다. 아무도 자신이 언젠가 CEO가 될 수도 있다고 생각하지 않기 때문이다. 대기업 임원들에게서 기업 오너가 CEO 자리에서 물러나면 우리 그룹은 망할 거라는 말을 종종 들었다. 오너에게 아부하기 위해서 하는 말이 아니라 정말로 그렇게 믿고 있다. 오너가 아니면 임원 중 그 누구도 그 거대한 그룹을 이끌어갈 만한 힘과 능력이 없기 때문이다.

창업주의 직계손이 아닌 이상 진정한 의미의 CEO가 될 수 있는 가능성이 전무한 환경에서, 그 누구도 스스로 CEO의 자질을 쌓으려 노력하지 않고 그 누구도 부하를 CEO로 육성하려고 하지도 않는다. 소니의 히라이가 요시다에게 자리를 물려주고 미스미의 사에구사가 오노에게 자리를 물려주듯, 전임 CEO가 가장 유능한 임원 중에서 후임 CEO를 발탁하는 것은, 아쉽게도 한국에서는 거의 볼 수 없는 풍경이다.

그러나 일본 기업이라고 해서 모두 후임 CEO를 양성하는 것은 아니다. 그리고 그것이 사에구사가 경영 컨설턴트로서, 후임 CEO 양성의 중요성을 자주 강조하는 이유기도 하다. 일본에는 사에구사보다 훨씬 성공했고 훨씬 유명하지만, 후임 CEO 선정에 실패해서 화려한 경력의 마지막을 망가뜨린 안타까운 케이스가 있다. 세븐일레븐을 지금의 글로벌 기업으로 성장시킨 스즈키 토시후미 회장의 얘기다.

## 스즈키 토시후미, 성공한 경영인의 마지막 실수

2016년 4월 7일 오후, 200여 명의 기자가 몰린 회견장에서 세븐일레븐의 지주회사 '세븐앤아이홀딩스'의 스즈키 토시후미 회장이 사퇴를 표명했다. 그날 오전 스즈키는 세븐일레븐 사장인 이사카 류이치井阪隆一의 해임안을 이사회에 냈는데, 그 해임안이 부결되자 사퇴를 결심한 것이다.

1932년생인 스즈키는 31세가 되던 1963년 슈퍼마켓 사업을 하는 이토요카도イト―ヨ―カ堂로 전직했고, 미국의 편의점 세븐일레븐을 일본에 들여왔다. 1974년 5월 도쿄에 세븐일레븐 1호점을 열 수 있었던 것은 그의 추진력 덕분이었다. 1975년, 24시간 영업을 처음 시작한 것도 그의 아이디어로 알려져 있다. 그는 1978년 세븐일레븐의 사장이 되었고, 1991년 세븐일레븐의 모기업을 합병함으로써 세븐일레븐을 완전한 일본 회사로 만들었다. 2003년, 이토요카도와 세븐일레븐의 CEO로 취임했지만, 그 이전부터 이미 이토요카도 창업자인 이토 마사토시伊藤雅俊를 넘는 존재감을 발휘하고 있었다.

2016년 세븐일레븐의 지주회사인 세븐앤아이홀딩스의 회장으로 있던 스즈키는 별안간 당시 세븐일레븐 사장이던 이사카 류이치를 경질하겠다고 밝혀 세상을 놀라게 했다. 당시 스즈키는 84세의 고령이었고, 59세의 이사카는 스즈키의 후계자로 유력시되던 인물이었기 때문이다. 이사카는 세븐일레븐 사장으로 취임한 2009년 이래 성공적으로 사업을 이끌어 왔다는 평을 받고 있었다. 일반 사람들 눈에 두드러진 업적은 2013년부터 시작한 세븐일레븐 점포에서 원두커피를 파는 '세븐 카페'

의 성공이다. 시작은 로손이나 패밀리마트보다 1~2년 뒤졌지만, 시장을 압도하는 대성공을 거두었기 때문이다. 이미 편의점 업계의 전설이던 스즈키 회장의 존재감에는 감히 비교할 수 없지만, 이사카를 제외하고는 딱히 스즈키를 이을 후계자가 보이지도 않는 실정이었다.

스즈키가 이사카의 후임으로 지명한 사람은 따로 있었지만, 시장에는 스즈키의 본심은 차남인 스즈키 야스히로鈴木康弘에게 자기 자리를 물려주는 것이라는 소문이 무성했다. 스즈키 회장은 이토요카도와 세븐일레븐의 지주회사인 세븐앤아이홀딩스를 완벽하게 장악하고 있었고, 그가 주재하는 회의는 어전회의로 불렸다. 사람들은 그가 왕좌를 왕자에게 물려주고 싶어하고, 가신인 이사카를 내침으로써 왕자의 유력한 경쟁자를 제거하려고 한다고 수근거렸다.

시장은 스즈키의 결정을 환영하지 않았고, 특히 외국인 기관투자가는 격렬히 반발했다. 실력이 검증되지 않은 스즈키 야스히로에게 사장 자리를 물려주는 것은 기업 가치를 떨어뜨릴 것이라는 이유에서다. 어느날부터인가 슬그머니 세븐일레븐 계열사의 사장을 맡고 있던 스즈키 야스히로가 이사카에 필적할 만한 실력을 갖추고 있다고 믿는 사람은 세븐일레븐 외부는 물론 내부에도 없었다. 이사카 해임안은 4월 7일 오전 이사회에 상정되었다. 15인의 이사 중, 사외이사는 4명뿐. 사내 이사 11명 중, 해임안에 반대표를 던질 것이 확실한 사람은 해임 당사자인 이사카 본인 한 사람 뿐이었다. 그러나 반대 6표, 무효 2표로 과반수의 찬성을 얻지 못하고 해임안은 부결되었다. 반대 1표는 이토요카도 창업주의 차남이 던진 것으로 알려졌다. 스즈키를 전적으로 믿고 맡겼던 창업주 일가가 스즈키에게 등을 돌린 것이다. 스즈키는 자신이 키운 이사카의 배신을 맹렬히 비난하며 회장 자리에서 물러났고, 그가 해임시키려던 이사카가 그 자리를 물려받았다.

시장은 이사카에 호의적이었으나, 그가 스즈키를 대신할 만한 실력을 가지고 있는지에 대해서는 의구심을 표하였다. 일본 언론은 그제서야 스즈키가 후계자를 키우지 않았다는 점에 주목했다. 세븐일레븐이 시장점유율을 잃어 간다면 사람들은 그 원인을 이사카가 아니라 스즈키에게서 찾을 것이다. 후계자를 키우지 않았기 때문이다. 스즈키는 결국 화려한 경력의 마지막 순간에 실패자가 되고 말았다.

시장은 이사카가 스즈키 못지 않은 실력을 발휘할 수 있을지, 사내정치에 간섭하기 시작한 창업주 일가가 어떤 행보를 보일지 우려하고 있었지만, 내 제미의 일본인 학생들은 이사카의 부상에 열광했다. 그들은 이사카가 보여주는 리더십이 그들 젊은 세대가 바라는 리더십이라고 한다. 어전회의를 주재하던 카리스마 지도자 스즈키와 달리, 이사카는 항시 겸손한 모습을 보였고, 시장과 소비자를 존중하는 발언을 자주 했다. 그리고 부하 직원의 소리를 경청하고 비판에 열려 있는 지도자라는 평이다.

〈일본경제신문〉은 2016년 4월 20일자 사설에서 이사카 해임안을 둘러싸고 벌어진 일련의 소동에 대해 다음과 같이 적었다. "실적과 무관하게, 외부의 목소리에 진지하게 귀를 기울이지 않는 경영은 지지를 잃고 기업 이미지도 떨어뜨린다. 이러한 시대로 접어들었다는 것을, 이번 CEO 교체가 상징적으로 보여준다."

chapter
# 03
# 히타치,
# 100년 기업의 진화

2019년 4월 16일, 금호아시아나는 아시아나항공의 매각을 발표하여 세상을 놀라게 했다. 금호아시아나의 속사정을 알고 있던 이들에게는 놀랄 일이 아니었는지 모르겠지만, 나에게는 뜻밖의 뉴스였다. 아시아나항공의 수익률이 별로 좋지 않다는 얘기는 익히 들어 알고 있었다. 그래도 그룹을 대표하는 사업이었는데, 하는 생각이 들었다. 자연스레 반도체 부문을 매각하기로 결정한 일본 기업 도시바가 떠올랐다.

두 기업 모두 무리한 인수합병으로 기업의 재무구조를 취약하게 만들었고, 회계가 투명하지 않았다는 공통점이 있다. 도시바는 5년에 걸친 분식회계가 적발되어 철퇴를 맞았고, 금호아시아나는 그 정도는 아니지만 2019년 3월, 삼일회계법원의 감사보고서에서 한정의견을 받은 적이 있다. 한정의견은 분식회계까지는 아니지만, 회계에 문제가 있을 수도 있음을 의미한다.

2017년 8월 10일, 도시바는 도시바 영업이익의 90%를 차지하고 있던 반도체 부문의 매각계획을 발표했다. 금호그룹이 그룹을 대표하던 아시아나항공을 매각할 수밖에 없었던 것처럼, 도시바 역시 그룹이 살아남기 위해서는 알짜배기 사업을 매각할 수밖에 없었다. 2017년 3월 결산에서 도시바는 9,660억 엔의 당기손실을 보고했다. 일본 제조업 사상 최고액이다. 100년 라이벌인 히타치가 2009년 3월 결산에서 세운 기록을 가볍게 경신했다. 2008년도 히타치의 당기손실은 7,873억 엔이었다. 발전기기에서 가전, 그리고 반도체에 이르기까지 도시바와 히타치는 숙명의 라이벌이었다.

도시바는 1875년 타나카 히사시게田中久重가 도쿄 긴자에 세운 전기제품 공장에서 시작됐다. 백열전등 제조로 출발해서 가정용 전기제품, 발전기, 반도체 등으로 영역을 넓혀갔다. 일본 경제의 고도성장과 함께 도시바도 이미 1980년대에 세계적인 기업이 되어 있었다. 1987년 도시바 제품의 미국 수입이 금지되어 도시바 회장과 사장이 동시에 사임하는 사건이 있었다. 도시바 자회사가 소련에 수출한 기계가 소련 잠수함 성능을 향상하는 데 쓰인 것이 정치문제로 비화되었기 때문이다. 도시바에게는 시련의 시기였지만 역으로 당시 도시바의 기술력을 보여주는 사건이기도 하다.

히타치의 정식 사명은 히타치제작소日立製作所, Hitachi, Ltd.다. 오다이라 나미헤이小平浪平가 광산기계 수리공장에서 출발하여 발동기 제조사로 1910년 창업했다. 2010년, 회사가 생사의 갈림길에서 대대적 구조개혁을 단행하고 있을 때, 창립 100주년을 맞았다. 도시바와 히타치는 발전기에서 가전, 반도체, 원자력 등으로 사업 범위를 확대한 공통점이 있어 늘 라이벌로 불렸다. 최근에는 두 기업 모두 원자력 발전소에 대한 투자에서 막대한 손실을 입기도 했다.

버블기인 1988년 이과 취업준비생 설문조사를 보면 두 기업 모두 가고 싶은 회사 10위 안에 이름이 올라 있다. 히타치는 30년 후인 2019년 조사에서도 10위 안에 이름을 올렸지만 도시바는 순위에서 사라지고 없다.

다음 그래프는 매 연도 3월 결산에서 보고된 도시바와 히타치의 영업이익을 보여준다. 두 기업의 영업이익이 글로벌 금융위기 시점까지 매우 비슷하게 움직이고 있는 것을 알 수 있다. 사업 영역이 유사한 것을 고려하면 이상할 것도 없다. 특히 1999년, 2002년, 2009년 3월 결산에서 영업이익이 급감했는데, 1998년에는 반도체 DRAM 가격 폭락이,

**히타치와 도시바의 연도별 영업이익**

출처: Nikkei Value Search

2001년에는 IT 버블 붕괴가, 그리고 2008년에는 리먼 쇼크가 히타치와 도시바를 강타했기 때문이다. 특히 2008년은 도시바에게도 히타치에게도 최악의 일년이었다. 2009년 3월 결산에서 도시바는 3,989억 엔의 당기손실을 히타치는 7,873억 엔의 당기손실을 기록했다.

그러나 글로벌 금융위기 이후에는 전혀 다른 양상을 보인다. 히타치는 2011년 3월 결산에서 4,445억 엔의 영업이익을 발표했다. 1991년의 5,064억 엔 이후 20년 만의 최고치다. 2018년 3월에 보고된 영업이익은 7,146억 엔이었다. 히타치 최고의 전성기이자 버블의 정점이던 1991년 3월의 영업이익보다 40%가 증가한 수치다. 히타치의 부활은 일본 경제 주간지의 단골 테마가 됐고, 히타치의 부활을 이끈 카와무라 사장과 나카니시 사장은 샐러리맨과 대학생의 선망의 대상이 되었다.

반면 도시바는 영업이익 실적이 좀처럼 나아지지 않았고, 급기야 2013년부터 3년 연속 당기손실을 보았다. 2016년 3월 10% 미만이던 자기자본비율은 2017년 3월 마이너스 12%가 되었다. 자본이 완전히 잠식된 것이다.

2009년에 창립 이래 최대의 당기손실을 기록한 것은 두 기업 모두 동일한데, 무엇이 두 100년 기업의 명암을 갈랐을까? 히타치는 도시바가 하지 못한 두 가지를 하였고, 히타치에는 그 두 가지를 추진할 결단력과 리더십을 지닌 리더가 있었다. 히타치는 "아픔을 동반한 개혁"을 했고 "새로운 중점사업을 육성"하는 데 성공했다.

## 새로운 산업에 과감히 진출한 히타치

내가 히타치에 처음 관심을 갖게 된 때는 2015년 가을이었다. 그 이전부터 뉴스를 통해 히타치가 도산 위기에 처했다거나, 히타치가 V자 회복에 성공했다는 기사는 종종 접하고 있었다. 매일 아침 이메일로 배달되는 그날의 주요 뉴스에 히타치 기사가 헤드라인을 차지하는 경우가 가끔 있었고, 병원에서 무료하게 차례를 기다리다 집어든 경제 주간지의 표지에도 히타치 CEO의 얼굴이 큼지막하게 실리곤 했다. 그러나 2015년 가을까지 내가 알고 있던 것은 히타치가 텔레비전 사업부를 매각했다는 것 정도였다. 1992년 미국 유학 중에 처이모 댁을 방문한 적이 있는데, 그 댁 지하에 있는 대형 브라운관 텔레비전이 히타치 모델이었다. 그때 처음 히타치라는 상호를 접했고, 이렇게 큰 화면을 만드는 회사도 있구나 싶어, 기억에 남아 있었다. 어쩐지 최근 일본 가전 매장에서 히타치 텔레비전이 잘 보이지 않더니 결국 망했구나, 정도로만 생각했다.

내 제미 학생들은 가을 학기가 시작되는 10월에 졸업논문의 아웃라인을 발표하고, 학기가 끝나는 1월에 최종 발표를 한 뒤 논문을 제출한다. 2015년 히타치에서 내정을 받은 우에스기 토모코는 졸업논문 주제로 '히타치의 철도 사업'을 정했다. 그 학생의 발표를 보고, 나는 처음으로 히타치가 철도 사업에 진출했다는 것과, 완성차량이나 철도의 건설뿐만 아니라 철도를 운영하는 시스템을 포함한 패키지를 판매한다는 것을 알게 되었다. 당시 우에스기의 논문 주제는 미국 시장에서 히타치의 철도 시스템이 경쟁력이 있는가였는데, 나중 일이지만 영국에는 철도

시스템 수출이 성공했고, 현재 히타치가 시스템 운영까지 맡고 있다는 것을 알게 되었다. 히타치는 더 이상 내가 알고 있던 발전기, 반도체, 가전, 자동차 부품, 원자력에 특화된 기업이 아니었다.

히타치의 변신이 궁금해서 2017년 가을에는 'Hitachi Social Innovation Forum'에 참가했다. 히타치가 자사 제품과 사업 영역을 소개하고 관련 세미나와 초청 강의를 여는 행사인데, 규모가 기대 이상이었을 뿐만 아니라 마치 백화점 세일에 온 것처럼 사람이 넘쳐났다. 하루 종일 피곤했지만 정말 많은 것을 배울 수 있었다. 단순히 기업홍보 행사 차원을 넘어서, 인류 미래사회의 청사진을 제시해보겠다는 오만한 야심을 그대로 드러내는 모험으로 가득 찬 장소였다. 그해 기조 강연에는《총, 균, 쇠》라는 명저로 한국에서도 유명한 재레드 다이아몬드가 초빙되었다. 그의 책을 세미나 교재로 사용한 적이 있기 때문에 그 강의를 꼭 듣고 싶었지만, 내가 신청서를 작성할 때는 행사 한 달 전이었음에도 불구하고, 인기 강의는 모두 만석으로 신청이 끝나 있었다.

그해 히타치가 포럼의 가장 센터에 세운 사업 영역은 '루마다 Lumada'였다. 나는 듣도 보도 못한 이 영어 단어가 'illuminate, 빛을 비추다'와 'data'를 합성해서 만든 신조어고, 히타치가 가장 심혈을 기울이는 사업 영역이라는 것을 알게 되었다. 그리고 이 사업이야말로 히타치의 슬로건 'Inspire the Next'와 잘 어울린다는 생각이 들었다. 히타치는 매출액 규모로 일본 상위 10위에 드는 회사고 100년 장수기업이지만, 최근에는 일본 대학생들조차 히타치가 어떤 사업을 하는지 제대로 모르는 경우가 많다. 그러나 히타치 광고를 모르는 일본인은 없다. 화면 가

득히 가지가 무성한 나무를 보여주면서 "이 나무, 어떤 나무, 궁금한 나무…"로 시작되는 간결하지만 친숙한 노래가 흘러나오고 화면 위로 히타치의 주요 계열사 리스트가 올라가는 게 광고의 전부다. 일본인들이 이 광고를 모를 수 없는 이유는 놀랍게도 히타치는 이 광고송을 1973년 4월부터 지금까지 거의 50년간 꾸준히 사용하고 있기 때문이다. 시대에 따라 약간의 편곡만 가할 뿐이다. 2005년부터는 광고의 마지막을 'Inspire the Next'로 장식한다. 'Lumada'와 'Inspire the Next'는 히타치의 진화를 상징적으로 보여준다. 새로운 환경에 적응하며 생물이 진화하듯 새로운 경제환경에 적응하면서 진화한 히타치는 가전도 기계부품도 아닌 사물인터넷 플랫폼을 최고의 병기로 선택했다.

## 루마다, 히타치 최고의 병기

루마다는 히타치가 제공하는 디지털 솔루션 사업의 주축을 이루는 사물인터넷 플랫폼IoT platform의 명칭이다. 예를 들면 공장에서 쓰이는 부품, 부품의 조달, 생산량, 일정, 전기 사용량 등 가능한 모든 데이터를 루마다에서 축적·분석해서 그 공장에 적절한 생산 방식이나 업무 방식, 서플라이 체인의 운영 방식 등을 제안한다. 개별 업무별 최적화·효율화에서 한 걸음 더 나아가, 제조현장의 모든 시설과 업무를 최적화하는 것을 목표로 한다. 그리고 고객의 공장에서 축적된 빅데이터를 루마다가 가지고 있는 관련 업계의 데이터와 비교·분석함으로써 고객이 미처 발견하지 못한 과제나, 새로운 사업의 발굴 가능성을 제시하는 것도 가능하다. 사물인터넷을 적극적으로 활용하는 사업으로 가정이나 공장, 기업과 공공기관은 물론 도시 전체의 운용에도 도움을 줄 수 있다.

지금 우리가 스마트폰을 사용하면서 과거에는 상상도 못할 일을 작은 전화기로 할 수 있듯이, 미래의 도시는 스마트 시티Smart City가 될 것이다. 자동차는 자율주행을 하고, 자율주행을 위해서는 자동차와 도로, 교통신호 등의 상호 교신이 가능해야 한다. 그 도시의 교통량과 교통의 흐름에 가장 적절한 교통신호 제어를 위해서는 관련된 모든 데이터를 집적하고 분석해야 한다. 교통뿐만이 아니라 전기와 가스, 수도의 공급 역시 빅데이터의 분석과 첨단 제어 시스템을 사용하면 같은 재원을 가지고도 효율성을 높일 수 있다.

가정에서도 모든 전자기기와 유틸리티가 인터넷에 연결되어 사람의 음성만으로 기기를 조작할 수 있을 것이다. 사실 전자기기를 음성으로 조작하는 기술은 한국에서도 이미 현실에서 사용 중이고, AI를 통해 엘리베이터를 부르고, 주차 상태를 점검하는 등의 기능을 가진 스마트 홈 역시 확대일로에 있다. 앞으로는 스마트 홈이 스마트 시티로 연결될 것이다. 가까운 미래에는 아이들이 집에 앉아서도 아빠와 엄마가 어디에서 운전 중이고 차가 얼마나 막히는지 귀가는 대략 몇 시쯤 가능하겠는지를 알 수 있다. 가정용 로봇이 아이들과 놀아줄 수도 공부를 도와줄 수도 있다. 부모들은 아이들이 집에 잘 있는지, 모든 유틸리티와 가전들이 제대로 작동하고 있는지를 운전 중에도 자동차와의 대화를 통해 파악할 수 있다. 따라서 사회·산업 시스템을 구축하고 운용하는 것이 골자인 루마다의 활용 가능성은 무궁무진하다 하겠다.

203쪽의 그래프는 2018년 3월 결산에서 정보·통신·사회·산업 시스템 사업이 히타치 매출액에서 차지하는 비중을 보여준다. 히타치 개혁 원년인 2009년 3월 결산의 28.7%에서 2018년 3월 결산에서는 43%로 증가했다. 2018년 3월 결산 매출액이 10조 엔 정도이므로 히타치가 시스템 사업에서 거둔 매출액은 4조 3,000억 엔가량이 되는 셈이다. 모든 시스템 사업의 매출액이 루마다의 매출액인 것은 아니지만, 시스템 사업의 코어에는 루마다가 있다. 히타치는 루마다의 매출액이 히타치 전체 매출액에서 차지하는 비중을 10%로, 영업이익에서 차지하는 비중은 10% 이상으로 추계한다. 루마다는 어느새 히타치 최고의 병기가 되었다.

4장에서 얘기했듯이, 일본은 지금 빅데이터, 로봇, 미래형 자동차, 바이오, 친환경 에너지 사업에 전력을 쏟고 있다. 게다가 인력난으로 무인 점포가 늘고 있고, 각 사업체는 적은 인력으로 운용이 가능한 시설의 구축에 필사적이다. 히타치는 날개를 단 꼴이다. 현재 일본에서 데이

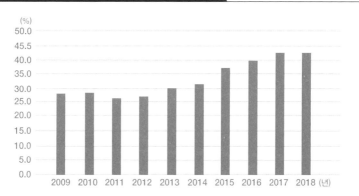

**시스템 사업이 히타치 매출액에서 차지하는 비중**

출처: Nikkei Value Search

터 활용을 검토하는 기업이 가장 먼저 찾는 것이 히타치다. 그러나 히타치는 일본 시장만으로 부족하다는 것을 알고 있고, 적극적으로 해외진출을 시도하고 있다. 특히 새로운 산업기반, 새로운 도시가 만들어질 개발도상국가에 눈독을 들이고 있다. 루마다는 현재 일본 외에도 미국, 영국, 중국, 태국에 거점을 두고 있다.

## 세계를 개척하며 미래를 준비하는 히타치

2018년 10월, 태국은 'Thailand 4.0'이라는 경제발전전략을 발표했다. 태국 생산시설과 주거시설의 선진화를 목표로 하는 20년 장기개발계획이다. 그리고 그 전략을 선도적으로 수행할 핵심 지역은 방콕 인근에 위치한 동부 연안 3개 현으로 이루어진 EEC<sup>Eastern Economic Corridor</sup>라는 경제특구다. 태국 정부는 EEC를 Thailand 4.0의 쇼케이스로 만들려고 하고 있다. EEC는 대규모 생산시설을 가동하는 공단기지로 만들어지는 것이 아니다. 생산시설과 주거시설이 조화를 이루는 친환경 스마트 시티를 만드는 것이 목표다. 히타치로서는 군침을 흘리지 않을 수 없는 매력적인 투자처가 분명하다. 루마다를 수출하기에 이보다 더 좋은 곳이 또 어디 있겠는가?

히타치는 발빠르게 대응했다. Thailand 4.0이 발표되기 한 달 전인 2018년 9월 18일, 히타치는 EEC에 'Lumada Center Southeast Asia'가 개설되었음을 발표했다. 방콕 고급호텔에서 열린 축하연에서 히가시하라東原 사장의 건배사는 'Let's Lumada'였다. 사실 히타치가 타이 정부와 업무협약 각서를 체결한 것은 이미 2015년의 일이다. 그 후 타이 제조업 최대 재벌 그룹 계열사인 '사이암 시멘트'와도 생산과 물류의 효율화를 추구하는 각서를 체결했다. 2018년 2월에는 'Hitachi Social Innovation Forum 2018'을 방콕에서도 개최했다. 히타치는 현재 이 포럼의 개최지를 전 세계로 확대하고 있다.

눈부시다고 표현해도 과언이 아닌 히타치의 변신을 이끈 것은, 히타치가 창립 이래 최대의 위기에 빠져 있던 2009년 봄, 히타치 계열사에서 은퇴를 고민하고 있던 한 CEO의 리더십이었다.


### 더 라스트 맨, 카와무라 타카시

히타치는 2009년 3월 결산에서 7,873억 엔이라는 대규모 손실을 보았다. 2017년 3월 결산에서 도시바가 그 기록을 깨기 전까지는 일본 제조업 사상 최대 규모의 당기손실이었다. 결산 보고서가 발표되기 몇 개월 전인 2009년 3월 어느 날, 히타치 계열사의 사장이던 카와무라 타카시川村隆는 그룹 회장으로부터 뜻밖의 전화를 받는다. 본사 사장으로 복귀해달라는 청이었다.

카와무라는 2003년 본사 부사장 자리에서 물러난 후 계열사 사장을 맡고 있었다. 일본 기업 대부분이 그렇지만, 히타치에서도 본사 임원이 계열사로 가는 것은 은퇴를 향한 마지막 수순에 불과하다. 이미 본사에서 퇴임한 임원에게 CEO에 해당하는 사장에 취임해 달라는 것은 극히 이례적인 경우라, 카와무라로서는 전혀 예상하지 못한 일이었다. 앞에서 본 소니의 경우도, 히라이 사장이나 그 후임인 요시다 사장은 사장에 취임하기 전에 이미 본사 임원으로 복귀해 있었다.

은퇴를 앞두고 있던 69세의 카와무라는 답을 미루고 주위의 조언을 들었는데, 대부분 부정적인 반응이었다. 히타치는 서서히 침몰해 가는 거함이다. 누구도 돌릴 수 없는 운명에 맞서 경력의 마지막에 흠을 남기지 말고 아름답게 은퇴하라는 조언이 대부분이었다. 나는 당시 히타치 회장이 카와무라의 어떤 점을 보고 그를 사장으로 전격 발탁했는지, 카와무라는 왜 주변의 만류에도 불구하고 그 직을 수락했는지 정확히 알지 못한다. 다만 카와무라는 그의 저서에서 침몰하는 거선을 구하기 위해 노력하는 마지막 사람이 되겠다는 각오로 그 직을 수락했다고 밝혔다. 배가 기울기 시작하면 선장은 우선 노약자를 그리고 승객을 그 다음으로 선원을 탈출시킨다. 선장은 가장 마지막까지 그 배를 지키는 'The last man'이 되어야 한다. 그는 침몰하는 배와 운명을 함께 하는 선장이 아니라, 배를 구하기 위해 마지막까지 분투하는 선장이 되겠다는 결심으로 사장직을 수락했다. 동시에 의사결정의 스피드를 위해 회장직도 겸임하겠다고 요구했고, 그의 요구는 즉각 수락되었다. 69세의 카와무라는 그렇게 침몰하는 거선 히타치의 최종 보스가 되었다.

카와무라는 1962년 도쿄대 공학부를 졸업하고 히타치에 입사했다. 기술자 출신인 그는 주로 발전기 사업에 종사했고, 공장장을 거쳐 부사장까지 올라갔지만 경영수업을 따로 받은 적은 없었다. 그가 히타치의 사장 겸 회장으로 내정되었다는 발표에 일본 언론은 히타치의 인재 부족을 개탄했다.

자신이 경영 전문가가 아닌 것을 잘 아는 카와무라는 사장에 취임하기 전 우선 본사 근처 호텔에 방을 잡고 공부에 몰두했다. 그가 구체적으로 어떤 공부에 몰두했는지는 잘 알려져 있지 않지만, 저서나 인터뷰에서 자주 GE와 IBM의 개혁을 언급하는 것으로 봐서는 아마 히타치와 비슷한 사업 영역에 있는 글로벌 기업의 혁신과 히타치의 현재 상황을 되돌아보고, 히타치의 구조조정 방향을 고민했던 것으로 보인다.

2009년 4월 회장 겸 사장에 취임한 카와무라는 우선 두 가지 면에서 이전 CEO와 다른 모습을 보였다. '신속한 의사결정'과 '전문 경영인으로서의 사장.' 그는 그를 보좌할 5명의 부사장을 임명하는 즉시 그들과 함께 "100일 플랜"을 작성·발표했다. 그것은 히타치가 단기간 안에 수행할 과제의 목록이었다. 그리고 목록에 있는 과제를 신속히 추진하는데 사활을 걸었다. 그리고 경영보다는 행사에 쏟은 시간이 더 많았던 부사장 시절을 반성하고, 회사의 얼굴이 아니라 전문 경영인으로서 자신의 역할을 정했다.

### 스피드의 히타치

일본 문화가 많이 달라졌다고는 하지만, 상하 위계를 중요시하는 풍토는 여전하다. 한국 기업에서도 그렇지만 일본에서도 직위와 나이가 모두 중요하다. 그러나 한국보다는 직위나 입사 연도에 더 무게 중심이 쏠린다. 나이가 적어도 입사 연도가 빠르면 깍듯이 선배대접을 해야한다. 내 제미도 마찬가지여서 제미에 먼저 들어온 학생이 선배가 된다. 물론 비슷한 나이에 대학에 들어가고 비슷한 나이에 취업하는 일본 사회에서 입사 연도와 나이에 따른 순서가 크게 뒤바뀌는 일은 별로 없겠지만, 그래도 나이보다 조직에 들어온 연도가 우선인 문화는 조금 낯설고 그래서 또 재미있다.

위계가 중요한 사회다 보니 의사결정이 층층시하를 모두 거쳐야 한다. 게다가 '전례'가 중요하기 때문에, 전례가 없는 안건의 의사결정에는 더 많은 시간이 소요된다. 가끔 한국 대학 교수들이 와세다대와 교환학생 등의 양해각서를 체결하고자 방문하는 경우가 있다. 한국 대학은 서로 의견만 맞으면 한 달 내로 각서를 체결할 수 있을 것으로 기대하지만, 와세다대에서는 우선 실무진의 검토를 거쳐야 하고, 전례를 참조해야 하고, 위원회에 안건으로 상정되어 통과되면 그 다음 교수회의에 상정된다. 마지막 교수회의는 요식행위에 불과할 때가 많지만, 그 모든 과정을 거치려면 한 학기가 소요된다. 한국 교수들은 와세다의 의사결정 과정이 너무 느린 것에 놀라고 일본 교수들은 한국 대학의 의사결정 과정이 너무 빠른 것에 놀란다.

2009년 봄의 히타치는 퇴직한 선배들의 동의까지 구하던 이전 관행을 되풀이하기에는 상황이 너무 급박했다. 4월 1일 열린 사장단의 첫 회의에서 카와무라 회장은 의사결정의 신속화를 강조했다. 그가 사장과 회장을 겸임하기 원했던 이유이기도 하다. 그리고, 즉각 "100일 플랜"을 발표했다. 경영개혁의 기본 설계도가 된 100일 플랜에서 히타치는 주 전략사업으로 '사회 이노베이션 사업'을 선택하고, 텔레비전 사업에서는 철수하기로 결정했다. 상장 자회사 중 5개 자회사의 상장을 폐지하고 본사에 편입하는 한편, 자기자본비율을 회복하기 위해 증자를 결정했다.

5개 자회사의 상장을 폐지하고 100% 자회사로 만드는 안은 가장 신속하게 추진되었다. 그룹 내 중복 사업을 정리하고 자회사 간의 과다 경쟁을 피하기 위한 조치였지만, 우량 자회사를 편입합으로써 본사의 수익률을 높이기 위한 노림수도 있었다. 당연히 해당 자회사의 반발이 상당했지만, 카와무라는 입사 연도와 나이의 우위를 십분 활용해서 상장 자회사 CEO들을 설득하고 협조를 구했다. 상장 폐지는 계획이 발표된 지 1년여가 지난 후 실행되었다.

텔레비전 생산의 중단은 카와무라 회장이 기대한 것만큼 빠르게 진행되지 않았다. 텔레비전 생산이 완전히 중단된 것은 매각이 결정된 지 3년 4개월 후인 2012년 8월이다. 해외 공장은 폐쇄하거나 다른 제품을 생산하는 공장으로 전환했고, 국내 공장은 매각하거나 금형제조공장으로 전환했다. 판매점에 대한 보상에도 시간이 필요했다. 그래도 이전 히타치의 관행을 생각한다면 놀라운 속도였다. 카와무라 사장의 의사결정 개혁은 소니 요시다 사장의 개혁을 연상시킨다. 히타치 역시 스피드의 히타치가 되었다.

### 전문 경영인 사장

자기자본비율이 10%를 겨우 넘는 상황에서 카와무라는 증자를 통해 자본의 부족을 해소하고자 했다. 그러나 2009년 11월 3,500억 엔의 증자 계획이 발표되자 히타치 주가는 2주 만에 20%가 하락했다. 같은 기간 니케이 지수는 4% 하락했을 뿐이다. 자기자본이 1조 엔 남짓인 회사에서 3,000억 엔은 충분히 시장을 놀라게 할 규모의 증자다. 대형 증자를 환영하는 주주는 없지만, 투자가들이 기업의 미래가치에 대해 낙관하면 주가는 하락하지 않는다. 주가 하락은 시장이 증자 계획을 반기지 않는다는 증표였다. 카와무라는 투자가들을 설득하기 위해 2009년 11월 17일 뉴욕으로 날아갔다.

금융시장 투자가들은, 개인이든 기관이든, 적선을 하려는 선한 의도로 그 시장에 들어온 것이 아니다. 당연히 금전적 이익을 노리고 들어온다. 한국에서는 곧잘 한국 기업의 경영권을 방어하지 못하면, 악질적인 해외 기관투자가에게 한국 기업의 경영권을 빼앗기게 될 거라는 우려의 목소리를 들을 수 있다. 그리고 그런 일이 실제로 일본 기업 산요에서 발생했다.

산요전기三洋電機 주식회사는 파나소닉의 창업자로 한국에도 잘 알려진 마쓰시타 고노스케의 처남이 세운 회사다. 소니, 샤프, 파나소닉 등과 함께 일본을 대표하는 전기제품 제조회사로, 한때 10만 명이 넘는 종업원의 일터이기도 했다. 지금은 한국 전기전자 제품이 일제를 압도하지만, 우리 세대가 20대일 때는 일제 녹음기 정도도 일반인이 접근할 수 없는 고가의 제품이었다. 대학 1학년 때 기숙사 룸메이트가 산요 녹음기를 가지고 있었는데, 나는 음악에 대해 잘 몰랐기 때문에 음질의 차이까지는 논할 수 없었지만 외양의 디자인만 봐도 한국에서는 구할 수 없는 물건이라는 것을 쉽게 알아챌 수 있었다. 창업자 일가가 경영에 관여하지 않은 소니 등과 달리, 산요는 2000년대 중반까지 창업자의 후손이 경영권을 장악하고 있었다. 그러나 회사가 어려움에 처하자 2006년 증자를 선택했고, 미쓰이스미토모은행, 다이와 증권, 골드만삭스 등이 증자에 참여한 결과, 2007년 창업자 일가는 경영권을 잃게 된다. 경영권을 장악한 기관 투자가들은 산요의 자회사를 차례로 매각한 후, 산요 본사는 2011년 파나소닉에 매각했다. 파나소닉이 산요 본사를 인수한 것은 아마도 두 회사 간의 오랜 인연을 무시할 수 없었기 때문일 것이다. 2011년이면 마쓰시타 일가가 파나소닉에 아무런 영향력이 없을 때였다. 경영의 신 마쓰시타의 후손들이 버블기 투기에 실패하여 보유하고 있던 파나소닉 주식을 모두 날렸기 때문이다. 그런데도 파나소닉이 산요를 자회사로 인수한 데서 인연을 중시하는 일본 문화의 단면을 볼 수 있다. 매각된 회사에는 강도 높은 구조조정이 요구되었고 많은 종업원이 정든 일자리를 떠나야 했다.

산요가 매각된 것은, 회사를 살려 두는 것보다 파는 것이 대주주의 이익에 부합했기 때문이다. 미래 수익이 기대되는 기업이라면 매각할 이유가 없다. 황금알을 낳는 닭을 팔 어리석은 투자가는 이미 시장에서 도태되고 없을 것이기 때문에, 증자에도 경영에도 매각에도 관여할 수 없다. 현명한 투자가라면 유능한 경영인으로부터 경영권을 뺏으려 하지도 않을 것이다. 혹 뺏으려 해도 불가능한 것이, 비전이 있는 회사의 주식은 분산 소유되어 있는 경우가 대부분이라, 한두 기관에 의해 경영권이 좌지우지될 수 없기 때문이다.

냉혹하고 무자비한 월스트리트의 투자가들에게 나카무라는 히타치가 황금알을 낳는 닭이 될 것이라는 기대를 주어야 했다. 그는 그 일을 임원들에게 맡기지 않고, 그 스스로 조금의 배려도 없이 바늘처럼 찔러오는 투자가들의 질문을 응대했다. 미국 동부를 밤비행기로 날아다니면서, 그는 얼굴마담이 아니라 전문 경영인으로 히타치의 재생 플랜을 들고 그 자리에 왔다는 것을 확실히 해야 했다. 히타치에 배팅을 할지 말지는 그의 플랜을 들은 투자가들의 몫이다. 그는 투자가들의 입장을 이해했고 그들의 무례한 발언을 통해 히타치를 향한 외부의 시각, 객관적 시각을 더 잘 접할 수 있었다. 발전기든 텔레비전이든, 제조품을 팔 때는 제품보증서를 함께 발행한다. 보증기간 안에 제품에 이상이 있으면 교환이나 무상수리가 가능하게 함으로써 소비자를 안심시키기 위해서다. 현대차가 미국 시장에서 성공할 수 있었던 이유 중 하나도 엔진 등 주요 부품의 보증기간을 일본차보다 더 길게 잡았기 때문이었다. 그러나 주식에 대한 투자에는 보증이 있을 수 없다. 보증이 없으니 투자자는 더 예민할 수밖에 없다, 라는 것을 이해했기에 카와무라의 설득에 힘이 있었는지도 모르겠다. 결국 그는 3,000억 엔의 자금조달에 성공해서 우선 급한 불은 끌 수 있었다.

2010년 4월 카와무라는 사장 자리를 나카니시에게 물려주고 회장직만 유지하는 결정을 한다. 경영일선에서는 한발 물러섰지만, 그는 확고한 주관을 가지고, 히타치가 계속해서 외부의 쓴소리를 들을 수 있는 장치를 마련해갔다. 소니의 히라이 사장이 회사의 내부 정치보다 외부의 시각에 바탕해서 개혁을 추진한 것과 일맥상통하는 부분이다.

2010년 6월에 "히타치 IR day" 열어, 투자가들에게 히타치의 사업 계획을 알리고, 이 행사를 연례화했다. 2011년까지는 이사 13명 중 사외이사가 4명에 불과했지만, 2012년부터는 사외이사가 이사회 과반수를 차지하도록 했다. 2015년, 히타치의 이사 12명 중 사외이사는 8명이고 그중 4명은 외국인이다. 그리고 외국인 중 2명은 여성이다. 일본의

100년 기업으로서는 파격적인 행보가 아닐 수 없다.

### 아픔을 동반한 개혁

히타치 개혁 원년인 2009년, 히타치는 7,000명의 인원삭감 계획을 발표했다. 카와무라는 사장 취임 연도인 2009년에는 수익을 올리기 보다는 손실을 줄이는 데 집중했고, 2010년부터 이익 증대에 힘썼다. 2011년 3월 결산에서 히타치는 4,400억 엔의 영업이익과 2,400억 엔의 당기이익을 발표하여 세상을 놀라게 했다. 그러나 카와무라 자신은 물론 업계에서도 2010년의 성공은 인원 삭감, 손실 부문 정리 등에 기인할 뿐 새로운 성장동력에 의해 창출된 것은 아니라는 것을 알고 있었다. 이후 루마다 등의 신사업이 순조롭게 성장하면서 히타치의 영업이익은 연신 기록을 갱신했지만, 비용 절감, 경쟁력 없는 사업의 퇴출 등은 그룹 차원에서 지금도 여전히 진행 중이다. 2019년에는 850여 개 자회사를 500여 개로 줄이겠다는 경영방침을 발표했다.

일부 사업부문이 매각되거나 통합될 때마다 본사와 자회사에서 인원삭감이 있었다. 2013년에는 히타치 전선이 히타치 금속에 흡수되었고, 그 이전 2년에 걸쳐 희망퇴직이란 이름으로 2,000여 명의 직원이 히타치 전선을 떠났다. 히타치 전선은 히타치 그룹의 창업지인 히타치시에 4개의 공장을 가지고 있는데, 거기에서만 1,000명 이상이 퇴직했고, 히타치 전선의 인원 삭감은 시 전체의 경제환경에도 큰 타격을 주었다. 조선업의 불황과 그로 인한 임금 삭감·인원 구조조정이 거제시나 울산시 경제에 타격을 준 것과 같은 풍경이라고 보면 되겠다.

카와무라 사장은 물론이고 그의 뒤를 이은 나카니시 사장, 히가시하라 사장도 중단 없는 개혁을 강조한다. 대규모 적자를 본 뒤에야 비로소 구조개혁에 돌입하는 것은 오히려 상처가 크다는 것을 경험했기 때문이다. 그들은 흑자를 내고 있을 때에도 시장의 변화를 살피고, 사업 전반의 경쟁력을 점검하고, 사업 구조를 재편하는 것이야말로 CEO의 책무라고 믿는다. 2012년 11월에는 미쓰비시중공업과 화력발전설비사업을 통합하겠다는 발표로 세상을 놀라게 하였다. 신사업 지분의 65%를 미쓰비시가 35%를 히타치가 가진다는 결정에 대해서는, 히타치 내부에서 화력발전사업이 미쓰비시에 종속되는 것이 아니냐는 불만의 목소리가 높았다. LG와 삼성이 일부 사업을 통합하는데, 통합 자회사의 경영권을 LG에서 가져간다면 그 사업에 속해 있는 삼성 직원으로서는 불안하기 짝이 없을 것과 같은 이치이다. 그러나 앞서 있는 미국과 추격하는 중국 사이에서 마이너 플레이어로 남아 있다가는 결국 도태될 수밖에 없다는 위기의식에, 2014년 2월 미쓰비시히타치 파워시스템MHPS이 탄생했다. 미쓰비시중공업은 전 세계에서 대형 가스터빈 제조가 가능한 4개 회사 중 하나고, 히타치는 중소형 가스터빈 제조에 경쟁력이 있다. MHPS는 화력발전사업 시장에서 미국 GE, 독일 지멘스의 뒤를 이어 세계 3위 기업이 되었다.

흑자를 내는 사업에도 끊임없는 구조조정이 필요하다고 믿는 카와무라의 믿음은 혁신이 없었던 1990년대의 히타치에 대한 반성에 기반해 있다. 1980년대 GE의 개혁이나 1990년대 IBM의 개혁과 같은 혁신이 1990년대의 히타치에도 있었다면, 2009년에 겪은 어닝 쇼크나 대규모 인원 삭감은 없었을 것이라는 것이 그의 생각이다. 그래서 그 당시 회사의 요직에 있던 일원으로 그 시절의 안이함을 뼈아프게 반성한다는 말을 자주 한다. 히타치가 혁신의 기회를 놓친 것은 "아픔을 동반한 개혁"에 대한 두려움 때문이었다. 그리고 이는 일본 사회가 잃어버린 20년 동안 가지고 있던 두려움이기도 하다. 경쟁력을 상실한 조직을 그대로 두면 건강한 조직까지 부패해버린다는 것을 경험한 카와무라는 아픔을 동반한 개혁을 두려워하기보다는 개혁없는 쇠퇴를 경계하는 CEO의 길을 선택했다. 최근 2~3년 동안에도 품질보다 가격이 중요한 사업을 정리하고, 반도체 장치나 자동차용 내비게이션을 생산하는 등 솔루션 사업과 관계없는 자회사는 매각했다. 인원과 회사의 역량을 성숙한 사업에서 성장하는 사업으로 재배치하는 모습에서 노화대책이 아니라 노화방지대책을 세우려는 노력을 볼 수 있다.

### 작은 선은 큰 악과 닮았고, 큰 선은 비정과 닮았다

"소선小善은 대악大惡이 될 수 있고, 대선大善은 비정非情할 수 있다"는 말을 나는 한국에서 기업을 경영하는 대학 후배에게 들었다. 교세라 창업주인 이나모리 회장이 한 말이라고 한다. 요즘은 일본에 대해 잘 아는 사람이 많아, 한국에 와서 오히려 일본에 대해 배우고 가는 경우가 많다. 일본에서 20년 살았다거나, 일본 대학에서 교편을 잡고 있다는 말을 하기가 겁날 정도다.

원래는 다케다 신겐이라는 전국시대 무장이 한 말이라는데, 이나모리가 자주 인용한 듯하다. 경영의 신이라고 불리는 이나모리는 일본항공이 도산 위기에 처했을 때, 당시 민주당 정부의 부탁을 받고 일본항공 재생을 진두지휘했다.

2009년까지 일본항공은 실적이 연일 악화되는 와중에도 기업을 살리기 위한 구조조정에 진척이 없었다. 결국 2010년 1월 9일 기업재생지원기구에 재생지원을 신청했고, 곧이어 자산평가가 이뤄졌는데 부채가 자산보다 무려 8,449억 엔 많은 것으로 나타났다. 민주당 정부의 청으로 JAL회장에 취임한 이나모리는 채산성이 낮은 국제선과 국내선 노선을 과감하게 정리했다. 당연히 인원삭감이 뒤따를 수밖에 없었다. 말이 희망퇴직이었지, 퇴직하지 않을 수 없는 분위기가 형성되었고, 결국 전체 종업원 4만 8,000명 중 삼분의 일인 1만 6,000명이 JAL을 떠나는 것으로 종결되었다. 상당한 규모의 채무를 탕감 받았고, 그 부담은 채권기관의 몫이 되었다. 공적자금이 출자 형태로 투입되었고, 기관투자가를 상대로 증자도 실시했다. 우여곡절 끝에 JAL은 2012년 9월 도쿄증시에 재상장되었고, 재건에 성공했음을 세상에 알렸다.

1만 6,000명이 희망퇴직이란 이름으로 해고되었지만, JAL 내부에서도 외부에서도 이나모리를 비난하는 목소리는 잘 듣지 못했다. 대학에 있는 학생들도 마찬가지다. 젊은 청년들에게 그는 경영의 신일 뿐만 아니라 이제는 기업재생의 신이 되었다. 1만 6,000명을 퇴직시키면서 이나모리는 "소선은 대악이며 대선은 비정이다"라는 말을 되뇌었을지 모른다. 경쟁력 향상을 위한 구조조정은 평상시에도 지속적으로 이루어져야 한다는 카와무라 역시 같은 믿음을 가지고 있는 듯 보인다.

한국에서도 전격적이고 광범위한 구조조정이 필요한 결정적인 순간에, 경영진의 무능이나 내부 반발 혹은 정치권의 개입 등으로 인해 혁신이 좌절되는 경우를 가끔 볼 수 있다. 일본의 산요, JAL, 도시바도 그랬듯이 호미로 막을 것을 가래로도 막지 못하게 되는 경우다.

### 도시바의 선택, 분식회계

히타치가 아픔을 동반한 개혁에 몰두하고 있을 때, 경쟁사인 도시바에서는 거버넌스가 붕괴되고 있었다. 회사보다는 경영진의 이름을 알리기 위해 혹은 히타치를 이기기 위해 낙관적인 M&A를 반복했고, 반론을 제기하는 사원은 업무에서 배제되기 일쑤였다. 다케우치 신지가 《소니 본사 6층》에서 고발한 1990년대 소니의 모습이다. 히타치가 경영 전문가 위주로 사외이사를 선임하고 그중에서도 외국인 사외이사의 비중을 높이고 있을 때, 도시바의 사외이사는 변호사, 관료, 학자 출신이 대부분이었고 경영 전문가는 소수에 불과했다.

2015년 도시바의 분식회계가 발각되어 일본 사회에 큰 파문을 일으켰다. 2009년부터 2014년까지 1,518억 엔의 이익을 과다 계상한 것이 발각된 것이다. 분식회계는 경영진의 압력에 의한 것이었을 뿐만 아니라 나중에는 실무진에서 알아서 숫자를 조작한 것이 밝혀져 일본 사회에 큰 충격을 주었다. 일본의 전기전자 기업 대부분이 그렇듯, 2000년대 들어 도시바 역시 컴퓨터, 반도체 등에서 고전을 면치 못하고 있었다. 게다가 원자력 발전 사업에서 막대한 손실을 보았다. 2006년 10월 도시바는 54억 달러라는 거금을 들여 미국 웨스팅하우스라는 원자력 관련 기업을 매수했다. 황금알을 낳을 것으로 기대했던 이 자회사는 2011

년 동일본 대지진 이후 매출이 급감하여 도시바에 막대한 손실을 안기고 결국 2017년 파산했다. 이 모든 손실을 감추기 위해 5년간이나 조직적인 분식회계가 진행되고 있었던 것이다.

2017년 도시바는 도쿄증시 1부에서 2부로 강등되었고, 메모리 반도체 부문을 매각하는 등 재생에 힘쓰고 있다. 2019년 5월에는 12인의 이사 중 10명을 사외이사로 하고, 그중 4명은 외국인을 선임하기로 결정했다. 이 100년 기업은 다시 살아날 수 있을까? 아직은 갈 길이 멀어 보인다.

# 암흑기를 탈출한
# 일본 기업의 3가지 비밀

## 하나, 긴장감의 공유

2008년 9월에 발생한 리먼 쇼크는 일본 경제를 다시 불황터널로 밀어 넣는 결정적 계기가 되었지만, 일본항공은 그 이전부터 쇠락해 가고 있었다. 고이즈미 개혁과 양적완화로 일본 경제가 회복되고 있던 2003~2007년 사이, 경쟁사인 ANA는 매년 흑자를 기록하고 있었지만, JAL은 흑자를 보는 해보다 적자를 보는 해가 더 많았다. 결국 2008~2009년의 대규모 적자 끝에 2010년 초 파산을 눈앞에 두고서야 기업재생지원기구에 재생지원을 신청했다.

경영의 신이라는 이나모리가 무보수 회장으로 취임했고 2년 만에 재생에는 성공했지만, 전체 종업원 4만 8,000명 중 삼분의 일인 1만 6,000명이 JAL을 떠나야 했다. 2010년 이전 JAL에는 크고 작은 사고가

끊이지 않았고, 구조조정을 하려 해도 노사의 대립으로 원만한 해결책을 찾을 수 없었다. 긴장감이 절대적으로 필요한 시기에, 회사의 미래에 대한 막연한 불안감과 두려움만 퍼져 있을 뿐, 경영진과 직원 사이에 긴장감이 공유되지 못한 전형적인 예다. 글로벌 금융위기 이전까지 소니도 히타치도 도시바도 같은 문제를 가지고 있었다.

회사 실적이 저조한데 긴장감이 공유되지 않으면 역으로 부서 이기주의가 팽배해진다. 영업팀, 개발팀, 전략팀이 모두 서로에게 책임을 전가한다. 소니의 히라이 사장이나 히타치의 카와무라 사장이 가장 먼저 손 댄 것이 바로 이 부분이었다. 히라이는 2012년 본사의 사장이 되자 텔레비전 부문을 분사하여 SVPSony Visual Products Inc.라는 자회사로 독립시켰다. 10년간 누적적자가 8,000억 엔에 달했지만, 본사의 사업부와 판매부는 서로 책임을 전가할 뿐이었다. 자회사로 독립시킴으로써 텔레비전에 관한 한 SVP가 책임지도록 했다. 카와무라 사장은 반대로 5개 자회사를 상장 폐지하고 본사에 편입시켰지만, 궁극적 목적은 소니의 SVP 분사와 다르지 않다. 자회사 간의 중복 사업을 정리하고 업무를 효율화하기 위해서였다. 이에 반해 도시바는 분식회계로 부실을 감추는 선택을 했고, 결국 알짜배기 사업을 차례로 매각할 수밖에 없는 신세로 전락했다.

## 둘, 관행으로부터의 탈피

한국의 사극 드라마를 보면 왕이 신하들에게 의견을 구할 때, 중국이나 조선의 '전례前例'를 참조하는 것을 자주 볼 수 있다. 왜 그렇게 전례가 중요한지 모르겠는데, 단순히 유교문화에서는 전례가 중요한가 하고 넘어갔다. 그런데 일본에 왔더니 여기야 말로 전례가 너무 중요해서, 전례를 중시하는 것이 단순히 유교문화 때문만도 아닌 듯하다. 와세다 대에서 위원회나 교수회의에 참석하다 보면 새로운 안건에 대해 전례가 있는지를 자주 확인하게 된다. 전례가 있으면 쉽게 통과되지만 전례가 없으면 모두 난감해한다. 현상 유지와 안정에는 좋은 문화지만 혁신과 개혁이 필요할 시점에는 걸림돌이 되는 문화다. 다행히도 최근 와세다 대는 총장이 바뀌면서 관행에 얽매이지 말자는 문화가 확산되고 있다.

지난 10년간 일본 기업 개혁의 발자취를 추적해보면, 전례나 관행으로부터 벗어나기 위해 많은 노력을 기울였다는 인상을 받을 수 있다. 히타치나 소니 등 일본 기업은 기술에 대한 중시가 지나쳐 때로는 비용과 시장성을 충분히 고려하지 못할 때가 있다. 히타치는 이 관행에서 탈피하기 위해 그룹 전체에 걸쳐 부품과 외주 회사 데이터를 집약하고, 가능한 한 부품을 통일시킴으로써 비용을 절감하는 효과를 얻었다. 소니는 PS4를 개발하면서 가격을 399달러로 한정하고 그 범위에서 소비자에게 매력적인 제품을 만들고자 했다. PS3가 최고의 기술을 집적했음에도 불구하고, 게임 소프트웨어 개발자와 소비자에게 외면받았던 쓰라린 경험에서 교훈을 얻은 것이다.

일본 문화에서는 개별 부서의 독립성이 강한 편이다. 예컨대 와세다대의 경우, 몇 년 전까지만 하더라도 상학부, 정치경제학부, 국제교양학부 등의 커리큘럼이 상당히 독립적이라 상학부 학생이 정치경제학부 과목을 수강하는 것이 쉬운 일이 아니었다. 히타치의 경우에도, 예컨대 히타치의 해외 자회사에 파견 나온 사원들은 자회사의 사원으로 서로 협력하기보다는 파견 나오기 전에 있었던 부처와 관련된 업무만 보는 식이었다. 그러나 지금은 시스템 솔루션을 파는 회사답게, 전 세계 25만 명 직원의 데이터베이스를 구축하여 새로운 프로젝트가 있으면 언제라도 최적의 인재로 팀을 꾸릴 수 있는 장치를 마련했다.

### 셋, 리더십과 경영 이념

경영진과 직원 혹은 노조는 어느 정도 대립관계일 수밖에 없다. 이 대립관계를 긴장감이 공유되는 협력관계로 바꿀 수 있는 것은 리더십의 힘이다. 그리고 이 리더십은 경영진의 비전과 이념이 확실하고 그 비전이 공감을 얻을 때 힘을 받는다. 그래서 경영의 신이라는 이나모리는 그의 경영자 양성학교인 이나모리숙稻盛塾에서 실력이나 기술보다 '경영자의 이념'을 먼저 강조한다. 이나모리숙을 거쳐간 중소기업 경영인 중에는 그래서 회사 홈페이지에 경영이념을 상세히 기술하는 이들이 적지 않다. 이나모리 자신도 교세라의 홈페이지에 그 자신이 경영이념을 확립하게 된 계기를 상세히 소개하고 있다. 회사가 아직 자리를 잡지 못하고 있던 어느 해, 잔업에 지친 신입사원 여럿이 승진과 보너스 등을 확실히 보장해달라는 요구를 했다. 몇 날 며칠에 걸친 실갱이 끝에 어린 사원들을 설득하는 데는 성공했지만, 이나모리는 이를 계기로 회사의 존재 의미를 고민하게 되었고, 결국 "전 종업원의 물심양면에 걸친 행복을 추구하는 것과 동시에 인류, 사회의 진보발전에 공헌하는 것"을 경영 방침으로 삼았다.

히타치의 나카무라 역시 "아픔을 동반한 개혁"을 추구하면서 같은 고민을 했다. 그는 기업의 목적을 부가가치의 증대로 본다. 돈을 벌겠다는 것이다. 그러나 기업의 부가가치는 세금, 임금, 설비투자, 연구개발 투자, 주주에 대한 배당금으로 나간다. 어느 것 하나 중요하지 않은 것이 없다. 그래서 그는 기업 가치의 향상이 곧 사회에 공헌하는 길이라는 신념을 가지고 있다. 그렇기 때문에 기업은 자원의 낭비, 환경 파괴, 빈부격차의 확대, 금융 시스템의 폭주 등 부가가치를 좇는 기업이 일으킬 수 있는 부작용에도 관심과 주의를 기울여야 한다고 말한다. 이 부작용의 해소는 더 이상 정부나 국제기구의 책임이 아니라 기업의 책임이라는 인식이다.

2018년부터 소니의 CEO를 맡고 있는 요시다 사장은 본사 임원 시절 종종 "다음 세대에 더 나은 소니를 물려주자"고 임직원을 독려했다. 지금 소니에서 임원이 된 사람은 소니에서 혜택을 받았으니, 그 혜택을 다음 세대도 누릴 수 있도록 해야 하는 의무 역시 부여받았다는 것이 그의 주장이다.

이나모리, 카와무라, 요시다의 "아픔을 동반한 개혁"이 기업 오너나 대주주의 이익만을 극대화하기 위한 꼼수로 의심받고 비난받지 않는 것은 그들의 경영이념에 공감하는 사람들이 있기 때문이다.


## 일본 기업의 춘추전국시대

성공한 일본 기업들은 살아남기 위해 그리고 더 성장하기 위해 적과의 동침을 마다하지 않는다. 그래서 기업 간의 합종연횡이 마치 춘추

전국시대를 방불케 한다. 처음 몇 번은 "헉" 하고 놀랐지만 이제는 놀랍지도 않다.

앞에서 언급한대로 히타치와 미쓰비시중공업이 화력발전 사업을 통합해서 세상을 놀라게 한 바가 있다. 히타치는 통합 회사의 주도권을 미쓰비시중공업에 넘겨주는 통 큰 결단을 하였다. 그러자 그 뒤를 이어 이번에는 GE와 도시바가 같은 부문에서 업무협약을 체결함으로써 히타치와 미쓰비시중공업을 견제하고 나섰다.

소니에게는 당시의 모든 선진 기술을 흡수하고 최고의 부품을 써서 만든 PS3가 경쟁사인 마이크로소프트의 'Xbox360'에 밀려 고전을 면치 못했던 쓰라린 과거가 있다. 그러나 2018년 5월 17일 소니와 마이크로소프트는 클라우드 서비스와 인공지능 사업에서 제휴하는 것을 골자로 한 양해각서를 체결했다. 클라우드 게임 산업에 눈독을 들이고 있는 구글에 대항하기 위해서다. 새로운 강적이 나타나자 어제의 적이 동지가 되었다. 여기서 한걸음 더 나아가 소니가 전 세계 시장의 50% 이상을 점유하고 있는 화상센서 반도체와 마이크로소프트의 인공지능 기술을 연동하는 것도 검토 중이다.

도쿄전력은 대형 축전지를 사용하여 전력 수급을 조정하는 실험을 시작하면서 파트너로 혼다를 끌어들였다. 토요타는 파나소닉과 함께 차량용 전지를 생산하는 공동 회사를 세우려고 한다. 2020년 내 설립을 목표로 하고 있다. 토요타는 하이브리드, 연료전지차 등 전동차의 판매 대수를 2030년까지 550만 대 이상으로 늘린다는 계획을 가지고 있었다. 그러나 최근 2025년으로 목표를 수정하면서, 차량용 전지와 관련해서 중국 기업과의 협업도 늘리고 있다. 차량용 전지에 대한 수요가 폭발적으로 증가할 것에 대비한 포석이다.

## 일본 기업의 과제

한국 기업과 마찬가지로 미중 무역마찰과 한일 무역분쟁으로 인한 불안정성의 극복은 일본 기업에게도 발등에 떨어진 불이다. 그러나 일본 기업이 더 큰 위협을 느끼는 장기적인 고민은 세계 첨단 기업과 경쟁하는 데 필수불가결한 고급 인력의 확보가 용이하지 않다는 것이다.

캐나다의 AI 스타트업인 엘리먼트AI의 조사에 따르면, 세계 최고 수준의 AI 인재는 약 2만 2,400명인데, 그중 절반 이상은 미국에서 활동하고 있다고 한다. 일본이 보유하고 있는 인재는 겨우 6%에 불과하다. 일본 정부는 2018년에 이미 IT 인재가 22만 명이나 부족한 상황으로 보고 있다. 공급은 부족하지만 수요는 계속 늘어날 전망이므로 2030년에는 55만 명이 부족할 것으로 예측한다. 일본 기업은 연봉을 올리거나, 인력을 자체적으로 육성하거나, 좋은 인력이 모여 있는 스타트업을 통째로 사들이거나, 외국인 인재를 영입하는 방식으로 인재 확보에 안간힘을 쓰고 있다.

소니는 일본 기업으로서는 정말 과감하게 신입사원의 초임에 차별을 두기로 결정했다. AI 등의 첨단 영역에서 뛰어난 능력을 지닌 신입사원에게는 연봉을 20% 더 지급하기로 한 것이다. 이로 인해 신입사원의 약 5%가 혜택을 받게 된다. 한국의 KT와 유사한 일본의 NTT는 AI 전문가에 한 해 일 년 계약으로 3,000만 엔의 연봉을 제시하는 채용공고를 낼 예정이다.

　소니의 자회사인 소니은행은 2019년 4월 신입사원을 대상으로 '데이터 사이언스 부트캠프'를 열었다. 회사 내 사원을 IT 인재로 육성하는 전략은 상사, 제조기업, 금융업을 가리지 않고 일본의 많은 기업으로 확산되고 있다. 교세라는 아예 'Rist'라는 AI 스타트업을 매수했다. 유망한 스타트업 매수 경쟁은 앞으로 더 치열해질 전망이다.

　일본 기업은 해외로 진출하면서도 연구개발의 중심은 일본에 두는 것이 일반적이다. 세계 첨단의 상품을 일본에서 개발하고 일본 소비자들에게 선을 보이고 그 뒤에 전 세계 시장에 출시하는 것이 보통이다. 그러나 최근 소니는 연구개발센터를 미국과 유럽, 일본에 분산하기로 결정했다. 일본에서는 충분한 인력과 기술을 확보할 수 없기 때문이다. 히타치의 사외이사 8명 중 4명이 외국인인 것은 앞에서 언급한 바 있지만, 철도사업처럼 글로벌 시장이 중요한 사업은 부문의 리더가 외국인이거나, 사업본부를 아예 외국에 두고 있다.

　그리고 부족한 것은 IT·AI 인재만이 아니다. 히타치의 경우 주력으로 삼고 있는 솔루션·시스템 사업에서 가장 첫 단계는 고객의 고민을 이해하고 과제와 비전을 공유하는 것이다. 이 부분이야말로 아직은 AI가 아니라 인간 컨설턴트의 힘이 필요하다. 첫 단계에서 고객의 고민을 듣고 고객이 원하는 것이 무엇인지를 정확히 파악하여 루마다 솔루션의 청사진을 만드는 것이 컨설턴트의 업무다. 따라서 컨설턴트는 빅데이터와 시스템 솔루션에 대한 기본 지식은 물론 현장의 고민을 듣고 정확히 이해할 수 있는 역량을 갖추어야 한다. 어떤 의미에서는 고객보다 더 정확히 고객이 처한 상황을 파악하는 것이 요구된다. 그런데 지금 일본은 이 정도의 역량을 갖춘 고급 인력이 부족하다. 게다가 끝없는 구조조정으로 히타치가 과연 직업안정성이 좋은 직장인지 의문을 품게 되면 인재를 확보하는 일이 더 어려워질 수도 있다. 새로운 성장 동력을 향한 끝없는 개혁과 인재의 확보, 이 두 가지 과제를 제대로 수행할 수 있을지. 일본 기업의 경영진은 지금도 고민하고 있다.

## 100년을 살아남는다는 것

사람이 100년을 사는 일은 매우 드물지만, 기업 역시 100년을 살아남는다는 게 쉬운 일이 아니다. 증권 뉴스에서 빠지지 않고 리포트하는 다우지수는 1896년에 만들어졌고, 당시 우량 기업 12개사가 다우지수에 포함되어 있었다. 그중 지금도 남아 있는 회사는 단 하나, GE뿐이다.

100년 역사를 가진 일본 기업도 많은 수가 글로벌 금융위기 이후 큰 어려움을 겪었다. 소니와 히타치는 재생에 성공했지만, 도시바는 여전히 미래가 불투명하고, 샤프는 타이완 기업에 인수되었다. 산요는 그룹이 완전히 공중분해되어, 한때 10만 명이 넘는 종업원의 일터이자 전 세계 가전 매장을 장식하던 브랜드가 이제는 이름조차 남아 있지 않다. 적자생존의 살벌한 전쟁터에서 살아남은 기업들은 지금도 모든 촉수를 예리하게 세우고 환경의 변화를 감시한다. 변화하는 환경에 맞게 진화하기 위해서다.

# 더 알아보기: <u>원샷법(기업활력제고를 위한 특별법)</u>

미쓰비시와 히타치는 미쓰비시히타치 파워시스템MHPS의 탄생을 위해, 2014년 1월 20일부터 시행된 '경쟁력강화법'을 활용했다. 이 법의 활용을 승인받으면 합병 등의 절차를 간소화할 수 있고 등록면허세, 법인세 등에 일부 혜택이 있다. MHPS를 설립함으로써 히타치와 화력발전사업을 통합하는 데 성공한 미쓰비시는 2014년 9월 25일에는 기존에 가지고 있던 민간항공엔진 사업 부문을 떼어 내어 '미쓰비시중공항공엔진'이라는 자회사를 설립하면서 다시 경쟁력강화법을 활용했다.

일본의 이 법은 한국의 기업활력제고를 위한 특별법, 일명 '원샷법'의 참고가 된 법이기도 하다. 지금은 아무도 관심을 두고 있지 않지만, 2015년 말과 2016년 초 한국에서는 원샷법이 연일 화제였다. 한국과 일본의 두 법은 모두 합병, 분할 등 기업의 사업재편과 구조조정이 원활하게 진행되도록 지원하는 것이 목적이다.

한국의 경우, 업종 내 과잉공급을 해소하기 위한 목적으로 사업재편을 추진하는 기업은 원샷법의 적용을 신청할 수 있다. 기업이 사업재편계획을 제출하면 민관합동 심의위원회를 거쳐 정부 주무부처에 넘겨진다. 주무부처의 승인을 받으면 해당 기업은 상법, 공정거래법 등에서 특례 혜택을 받을 수 있고, 일부 세금이 면제되는 등 세제 혜택도 받을 수 있다. 예컨대 소규모 합병의 경우, 상법상 완전모회사가 되는 회사는 주주총회를 생략하고 이사회 결의로 합병을 결정할 수 있다. 조직재편 과정에서 채권자의 이의제출기간을 1개월 이상에서 10일 이상으로 단축하는 것도 가능하다. 모두 신속한 조직재편을 위한 조처다.

일부 산업의 중복투자나 공급과잉이 문제가 되고 있는 한국에서 필요성을 쉽게 인정받을 수도 있었을 텐데 통과되기까지 시끄러웠던 것은 재벌 가문의 후계 작업에 악용될 수 있다는 우려 때문이었다. 우여곡절 끝에 2016년 2월 4일 국회 본회의에서 승인되었다. 그러나 지난 3년간 겨우 20여 남짓 소규모 사업재편계획만이 이 법의 적용을 받았고, 일본의 MHPS처럼 대기업의 대규모 사업통합 등에 활용된 케이스는 단 한 건도 없다.

한쪽에서는 이 법이 통과되지 않으면 나라가 망할 것처럼 얘기하고 다른 한쪽에서는 이 법이 통과되면 나라가 망할 것처럼 얘기했지만, 그로부터 3년이 지난 2019년 이 법이 얼마나 잘 활용되고 있는지 혹은 악용되지나 않는지 추적하는 국회의원이 몇 명이나 될까 싶다. 모두의 기억에서 이렇게 쉽게 잊힐 법이라면 몇 개월에 걸친 그 소동이 무슨 의미가 있었나 씁쓸하다.

# 6장

## 不況脫出

# 일본은
# 불황에서
# 무엇을
# 배웠는가

# 01

## 개혁과 중용의
## 자세

집기양단, 용기중어민

執其兩端, 用其中於民

"양 극단의 말을 잘 헤아려, 가장 적절한 것을 백성들에게 쓰시니"

–《중용》6장


　일본의 불황과 불황을 극복하기 위한 노력에 대해 일본인 스스로 중용을 언급하는 것을 본 적은 없지만, 지난 30년 일본 사회의 변화를 보면 나는 중용의 가르침인 "집기양단"이 생각난다. "그 양쪽 끝을 잡고, 그 중간을 백성을 위해 사용한" 사람은 유교에서 이상적인 군주로 묘사하는 순임금이다. 권력의 중심이 군주가 아니라 일반 백성이 된 현대 사회에서 중용의 덕은 사회 구성원 모두에게 요구된다.

내가 일본 생활을 시작한 1999년의 일본은 버블이 붕괴한지 거의 10년이 다 되도록 부실채권조차 제대로 처리하지 못하는 상황이었다. 한국이 1997년 외환위기를 계기로 불과 2~3년 안에 부실채권을 처리한 것과 대비된다. 부실채권이 처리되고 금융이 정상적으로 작동하기 시작한 때는 2001년 고이즈미 개혁이 시작되고 나서의 일이다. 일본 금융계는 좀비기업에 대한 지원을 끊지 못하고 있었다. 좀비기업이 망하면 그 기업에 대한 대출이 부실채권이 되고, 은행 경영진은 책임을 추궁당할 수 있기 때문이다. 은행 경영진은 좀비기업을 연명시킴으로써 부실채권을 감추는 선택을 했다. 일본 정치가들은 이 문제를 알고 있으면서도 은행의 도덕적 해이에 눈을 감았다. 칼을 들이댔다가 기업이 파산하면 실업자가 늘 것이고, 정치 생명이 위협받을 수 있기 때문이다. 일본 사회는 서로 적당히 봐주고 감싸주는 일본식 온정의 극단에서 좀처럼 헤어나오지 못하고 있었고, 좀비 기업의 연명은 건강한 기업까지 병들게 했다. 한국에서 대우중공업이 분식회계와 정치적 배려에 의한 대출연장으로 연명하면서 조선업계 전체를 병들게 했던 것과 유사한 상황이 1990년대 말 일본에서 벌어졌던 것이다.

좀비기업이란 1990년대 일본에서 은행의 지원 없이는 생존할 수 없는 기업을 지칭하는 용어로 처음 쓰였다. 매출액에서 원가, 임금 등의 비용을 차감하면 부채의 이자 상환이 어렵거나 겨우 가능한 기업이다. 이자를 갚기 위해 다시 대출을 받아야 했고, 따라서 부채가 지속적으로 증가했다. 이러한 기업에 대한 대출은 상환 여부가 극히 불투명하므로 부실채권이 될 확률이 높지만, 1990년대 일본 금융권은 대출을 지속함으로써 결과적으로 부실채권의 규모를 키웠다.

## 두려워 말고, 겁먹지 말고, 사로잡히지 말자

"두려워 말고, 겁먹지 말고, 사로잡히지 말자." 2001년 일본 수상에 취임한 고이즈미가 그해 5월 일본 국회에서 가진 소신표명연설에서 한 말이다. "구조개혁 없이는 일본의 재생도 발전도 없다"는 신념을 밝히면서 "아픔을 두려워 않고, 기득권의 벽에 겁먹지 않고, 과거의 경험에 사로잡히지 않는" 자세를 견지하겠다고 약속했다. "두려워 말고, 겁먹지 말고, 사로잡히지 말자"는 말은 2001년 일본 유행어에 선정될 정도로 회자되었다.

소니의 개혁이나 히타치의 개혁에서 나는 같은 정신을 읽는다. 고이즈미의 경제팀은 좀비기업에 대한 지원을 끊고, 망할 기업은 망하도록 내버려 두었다. 종신고용과 연공서열의 문화에 균열이 생기기 시작했고, 균등한 분배보다 효율성이 강조되기 시작했다. 비정규직 사원 비중이 급속히 올라갔고, 일본이 자랑하던 직업안정성이 노동유연성에 밀려 훼손되기 시작했다. 경제가 벼랑 끝으로 밀리던 2000년대 초의 일본으로서는 어쩔 수 없는 선택이었다. 개혁의 아픔을 두려워하고, 개혁이 기득권의 저항에 막히고, 여전히 과거의 관행에 사로잡혀 있던 결과, 금융에서 시작된 균열이 제조업으로 이어지고 있었기 때문이다. 2013년 아베노믹스가 시작될 때까지 일본 기업은 10년 이상 임금을 거의 올리지 않았다. 여력이 없기도 했지만 효율성 제고에는 노동비용의 절감도 포함되기 때문이다.

## 직업안정성과 임금인상

그러나 2013년 아베노믹스를 시작하면서는 직업안정성과 임금 인 상이 다시 화두가 되었다. 효율성에 대한 지나친 강조로 직업·임금·노 후에 대한 불안이 증폭되면서 소비가 위축되고, 결혼과 출산을 기피하 게 되었다는 반성 때문이다. 이런 반성은 일본 정부뿐만 아니라 재계에 서도 폭넓게 수용되고 있다. 그렇다고 해서 과거의 일본으로 돌아가자 는 것은 아니다. 효율성과 안정성의 양 끝 그 가운데 어딘가에서 일본은 일본에 가장 적절한 중간 지점을 찾고 있다. 아베 수상은 기업을 향해 여러 번 임금인상의 중요성을 역설한 바 있고, 경단련은 기업도 그 점을 잘 인식하고 있다는 식으로 화답했다. 소니와 히타치는 인력 조정을 포 함한 구조조정을 여러 번 단행했지만, 그리고 그 두 회사가 일본의 정신 을 잃고 영미의 효율성만 추구한다며 비난하는 이들도 있지만, 일반 일 본인들은 글로벌 시장의 무한경쟁에서 "살아남는다"는 것이 얼마나 중 요한 일인지 알기에 소니와 히타치의 개혁을 긍정적으로 바라본다.

## 종신고용에 대한 의문

그러나 2019년 들어 재계에서 일본의 종신고용에 의문을 제기하 자 일반 직장인의 불안감이 커지고 있다. 토요타자동차의 토요타 아키 오豊田章男 사장은 2019년 5월 13일 일본자동차공업회 회장 자격으로 가 진 기자회견에서 "종신고용을 지켜 나가는 것이 어려운 국면에 들어온 것은 아닌가" 한다는 생각을 밝혀 뉴스의 일면을 장식했다. 한 달 전 경 단련의 나카니시 회장이 "솔직히 말해, 경제계는 종신고용이란 걸 이제는 지킬 수 없다고 생각하고 있다"라는 발언으로 파문을 일으킨 후, 개별 기업 CEO로서는 처음으로 경단련 회장의 발언에 공개적으로 공감을 표한 것이라 미디어의 주목을 받지 않을 수 없었다.

재계가 종신 고용에 회의를 표하는 반면, 일반 직장인들은 종신고용을 지지한다. 언제 잘릴지 모르는 불안감을 안고 직장생활을 하고 싶지는 않기 마련이다. 일본 '노동정책연구·연수기구' 조사에 의하면 20년 전보다 오히려 최근 들어 종신고용을 지지하는 일본인의 비율이 늘었다고 한다. 1999년에는 72.3%였던 것이, 2015년 조사에서는 87.9%로 증가했다. 9명 중 한 명은 종신고용 시스템이 유지되기를 바란다는 말이다. 경영 효율성을 추구하는 기업이 늘어나면서 직업안정성이 훼손되기 시작하자, 직업안정성에 과거보다 더 큰 가치를 두는 것으로 보인다.

## 고연령자 고용안정법과 70세 정년

한편 토요타의 발언 이틀 뒤인 5월 15일, 일본 정부는 '고연령자 고용안정법' 개정안을 발표했다. 현재 일본 기업의 정년은 60세가 보통이지만, 고연령자 고용안정법은 직원이 희망하는 경우 65세까지 고용을 유지하는 것을 기업의 의무로 정하고 있다. 기업은 3개의 선택지 중 하나를 택해야 하는데 ① 정년을 65세로 연장하든지, ② 정년을 아예 폐지하든지, ③ 계약사원 등의 형식으로 재고용해야 한다. 5월 15일 발표된 개정안의 골격은 직원이 희망하는 경우 70세까지 고용을 유지하려고 노력하는 것을 기업의 의무로 정하는 것이다. 즉, 65세까지 고용을 유지하는 것은 이미 현행법에 기업의 의무로 되어 있지만, 앞으로는 70세까지 고용을 유지하도록 노력하라는 요구다. 다만, 기업의 선택지 중에는 타 기업으로의 재취업을 지원한다든가 창업을 지원하는 등의 안이 있어 반드시 지금 현재 일하는 기업에서 고용을 유지할 필요는 없다. 65세까지 고용을 유지하는 의무도 처음에는 '노력할 의무'였다가 '의무'로 바뀌었기 때문에, 70세까지 고용을 유지하기 위해 노력할 의무도 가까운 미래에 '의무'로 바뀔 수 있다.

일반 직장인들은 정부의 개정안에 크게 반대할 이유가 없다. 다만 정년을 늘리는 일련의 조치가 연금지급 연령을 높이기 위한 꼼수가 아닐까, 하는 우려는 있다. 현재 일본은 65세부터 연금을 받을 수 있는데, 이 연령을 70세로 상향조정할지 모른다는 우려다. 그러나 60대 인구의 고용률이 늘면, 일본 정부는 연금지급 연령을 상향조정하지 않고도 연금지급액을 줄일 수 있다. 연금 개시를 70세로 미루는 노령인구에게 70세 이후의 연금지급액을 늘림으로써, 직장을 가진 60대가 연금수령 개시를 70세로 미룰 유인을 제공하면 가능하다. 개인은 65세에 직장을 그만두고 연금을 받는 것보다, 70세까지는 직장에서 월급을 받고 70세부터 연금을 받는 것이 금전적으로 이득이다. 그리고 정부는 70세 이후의 연금을 증액해 지급한다 하더라도 65~70세에 연금을 지급하지 않아도 되기 때문에 총연금지급액을 상당히 절약할 수 있다. 게다가 소득이 증가한 노령층의 소비가 늘면 경제 전체에도 도움이 된다.

문제는 65세 이상 인구가 계속 일하는 것을 원하는가와 기업이 65세 이상 인구의 고용을 유지할 만큼 일손이 필요한가에 있다. 우선 65~69세 인구의 65%는 일하길 원하는 것으로 알려져 있다. 일하고 싶어 하는 노인의 수는 충분한 것이다. 1장에서 보았듯이 지난 몇 년간 일본에서는 일자리가 늘고 있다. 따라서 성별이나 연령에 상관없이 고용률도 늘었고, 일부 기업은 일손 부족을 호소하고 있다. 지금 당장은 일손이 부족한 실정이기 때문에, 일부 기업 입장에서는 65~70세의 노동력도 귀중한 자산이 될 수 있다. 그래서 재계도 지금 당장은 개정안에 적극적으로 불만을 표하지 않는다.

한 가지 유의할 점은 70세 정년보장과 종신고용의 폐기가 서로 완전히 배척되는 입장은 아니라는 것이다. 종신고용은 20대 초반에 입사한 사원이 65세 혹은 70세까지 40년 이상을 한 회사에서 근무하는 것을 뜻한다. 그러나 70세 정년보장은, A사에서 65세까지 일한 다나카가 계속해서 A사에 남아 있기를 원하는 경우, A사는 70세까지 다나카의 고용을 유지해야 한다는 말일 뿐, 다나카가 20대 초반에 A사에 입사했다는 것을 전제로 하지 않는다. 다나카는 40대나 50대에 B사에서 전직한 사원일 수도 있다. 따라서 종신고용을 포기하면서도 70세 정년을 보장하는 것은 경력 사원의 기업간 전직이 활발한 사회에서 가능한 일이다. 현재 일본 문화에서는 아직 쉬운 일이 아니지만, 관행으로부터의 탈피는 일본 사회 여러 면에서 서서히 진행되고 있다.

## 전직이 가능한 사회

일본의 일반 시민은 일본 기업이 과거의 관행으로 퇴행해서는 안된다는 것을 알고 있다. 히타치, 도시바, JAL 등의 거대 기업이 구조조정을 미루다가 오히려 더 많은 수의 사원을 해고해야 했던 뼈아픈 경험을 기억하기 때문이다. 그리고 젊은 사원들은 회사에 대한 충성심이 높지 않아 과거 세대에 비해 전직이 활발하다.

다케우치 고로는 2013년 일본의 한 자동차 부품회사에 입사했다가 성실성과 능력을 인정받아 회사의 지원으로 미국 코넬대학에서 2년간 MBA 과정을 밟을 수 있었다. 나는 전형적인 일본 모범생으로 보이던 그가 MBA를 끝내고 미국계 기업으로 전직했다고 해서 크게 놀랐는데, 그 역시 상사들에게 말을 꺼내기까지 몹시 힘들었다고 한다. 회사에서 지원받은 금액을 모두 상환하면 법적인 문제는 없지만 인간적으로 미안한 마음이 컸을 것이다. 서면이나 전화로 사직을 알리면 예의가 아닌 것 같아 직접 예전 상사들을 찾아가서 결심을 알렸는데, 상사들이 당황하고 아쉬워하면서도 그의 결정을 지지해주어 다케우치 자신도 놀랐다고 한다. 그는 한바탕 욕을 들을 각오를 하고 간 길이었다. 일본의 기업문화와 사원의 인식에 변화가 생긴 것을 볼 수 있다.

## 구조조정을 바라보는 일본인의 시각

종신고용과 연공서열은 이제 일본에서도 구석기 유물이 되어 가고 있다. 한국에서 리메이크되어 큰 인기를 끌었던 〈하얀 거탑〉이라는 드라마의 일본 버전을 보면, '리스토라'가 일상이 된 일본에서 의과대학 교수만한 직업이 있느냐는 대사가 나온다. 'convenience store'를 '콘비니'로 'family mart'를 '파미마'로 부르는 일본인들은 구조개혁이라는 의미의 'restructurize'를 '리스토라'라 부른다. 종신고용에 대한 믿음이 사라지고 리스토라에 익숙해진 일본이지만, 그래도 흑자 리스토라, 즉 기업

실적이 양호한데도 인원을 삭감하는 것은 최근 수년 새롭게 등장한 낯선 풍경이다. 소니와 히타치는 지난 수년 실적이 꾸준히 개선되었지만, 구조조정을 멈추지 않고 있다. 경쟁력이 저하되는 부문의 사원은 재교육을 통해 다른 부문으로 재배치된다고 하지만, 그 이면에는 원치 않는 퇴직을 강요당하는 사람들이 있다.

수년 전에는 취업이 확정된 학생들에게 나중에 회사가 너를 자르고 싶어하면 어떻게 하겠느냐 물으면, 보통 "아리에나이," 즉 "있을 수 없는 일"이라는 답을 들었다. 그들은 내가 성실히 일하는 이상 웬만해서는 퇴직을 강요당하는 일 같은 건 있을 수 없다고 믿고 있었다. 회사가 위태로운 지경까지 왔다면 그때는 어쩔 수 없는 일이겠지만 그 정도가 아니라면 정년퇴직 이전에 나를 내보내려 하지는 않을 것이다, 라는 믿음이다. 요즘 표현을 빌리면 "적자 리스토라"는 있을 수 있지만 "흑자 리스토라"는 있을 수 없다는 말이기도 하다. 회사가 망할 지경이면 나도 회사를 살리기 위해 해고를 감내하겠다는 생각도 인상적이었지만, 그런 상황까지 가지 않는 이상 정년이 보장될 거라는 믿음도 인상적이었다.

그러나 최근 소프트뱅크나 히타치 등 대기업에서 일하는 제자들과 얘기를 나눌 기회가 있었는데, 입사 전에 생각했던 것만큼 직업 안정성이 보장되지는 않을 것 같다는 말들을 한다. 주변에 퇴직을 강요당한 상사나 동료가 있었는지 물으면 그건 아니라고 한다. 주변 동료 대부분은 여전히 내가 이 회사를 나가면 나갔지, 이 회사가 나를 자르지는 않을 것이라고 생각한다고 한다. 흑자 리스토라는 낯설고 두려운 일이지만 아직은 언론 보도나 소문을 통해 접할 뿐 내 주위에서 보지는 못했다,

다만 '내가 속한 부문의 경쟁력이 떨어지면 내 자리도 위험해지지 않을까' 하는 막연한 두려움이 있는 정도…. 그 말을 듣고, 사원 전체가 경영진의 긴장감을 공유해야 기업이 쇠퇴하지 않는다는 미스미그룹 사에구사 회장의 말이 생각났다. 제자들에게 그들 기업의 CEO에 대한 신뢰가 있는지 물었다. 제자들은 그들 기업의 CEO를 신뢰하고 존경했다. 물론 회사에 대한 이런저런 불만이 없는 것은 아니었지만, 현 CEO가 물러나기를 바라는 것이 아니라, 현 CEO가 은퇴하고 나면 후임 CEO가 지금과 같은 비전과 리더십을 보여줄 수 있을지를 걱정했다.

CEO의 '긴장감'이 공유되고 있다는 느낌을 받았다. 그리고 CEO의 최대 과제 중 하나는 후임 CEO 후보들을 육성·발탁하는 일이라는 사에구사 회장의 말에 다시 한 번 공감이 갔다. 소니와 히타치의 흑자 리스토라를 비난하는 사람들도 있지만, 그리고 끊임없는 구조조정이 건강한 긴장감이 아니라 피로감과 불안감만 초래해 사원의 업무 효율성이나 인재 확보에 해가 될 수도 있다는 점을 늘 주의해야 하겠지만, 아직까지는 소니와 히타치의 '아픔을 동반한 개혁'에 대한 일본인들의 평가는 긍정적인 것으로 보인다. 2018년 일본의 유력 전직 서비스 회사가 발표한 전직하고 싶은 기업 순위를 보면 소니가 3위, 히타치가 26위에 랭크되어 있다.

일본 기업은 대부분 전문 경영인이 경영을 맡고, 그 전문 경영인은 신입사원에서 출발해서 CEO 자리에까지 올라간 경우가 많다. 따라서 신입사원에게 CEO는 선배고, CEO에게 사원은 후배다. 그리고 회사 임원진도 젊은 한때는 노동조합의 조합원이기도 했다. 그래서인지, 회사가 망하게 되면 모든 책임을 경영진에게 묻기보다는, 작은 부분이나마 공동 책임이라는 인식이 있다. 내 주위 일본인 중에는 2000년대 초중반 본인의 뜻과 다르게 대기업에서 퇴직해야 했던 사람들이 여럿 있다. 당시 경영진에 대한 원망과 질타가 없는 것은 아니지만, 회사가 그 지경이 된 이상 어쩔 수 없었다는 말을 한다. 회사의 일원이었던 나도 책임을 공유해야 한다는 인식이다.

이런 말들을 들으면, 기업주와 사원 간에 긴장감과 책임감이 공유되지 않는 한국의 현실이 생각나 안타깝다. 50대 초반에 직간접적으로 퇴직을 강요당하는 일이 한국에서는 아직도 비일비재하다. 흑자 리스토라가 막연한 불안감을 주고는 있지만, 일본에서는 아직도 기업이 건재하다면 그리고 성실하기만 하다면 정년이 보장될 거라는 믿음을 주는 회사도 적지 않다. 대졸 초임은 한국 대기업이 더 많이 주지만, 입사부터 퇴직까지의 보수를 보면 일본 대기업을 따라가지 못한다. 매출액 대비 인건비 비중에서도 비교 가능한 통계가 작성된 이래 한국 대기업은 일본 대기업을 따라잡은 적이 없다. 한편, 회사가 위태로운 지경에 빠졌는데도 구조조정을 거부하거나 임금투쟁을 벌이는 일도 일본에서는 볼 수 없는 모습이다. 한국의 일반 시민 대부분은 이제 대기업 노동조합을 약자로 인식하지 않는다. 그동안 보여준 이기적인 행태에 등을 돌리는 사람이 적지 않다. 노동조합 입장에서도 할 말이 없는 것은 아니겠지만, 노조에 대한 인식의 변화가 보수 언론의 선동과 속임수 때문이라고 믿는다면 현실을 직시할 필요가 있다. 일본도 노사관계에 숙제가 많은 나라지만, 한국보다는 더 앞서 있는 것이 사실이다. 경영진 혹은 기업주와 직원 간에 긴장감과 책임감이 공유될 수 있는 환경을 조성하기 위해서는 양측 모두의 노력이 필요해보인다.

## 한국에도 필요한 중용의 덕

일반 직장인은 종신고용을 지지하고, 정부는 기업에게 70세까지 고용을 유지하라는 압력을 가하는 반면, 기업은 종신고용을 일본이 버려야 할 과거의 관행으로 여기는 것이 지금 일본의 복잡한 상황이다. 그리고 앞으로 계속 일본이 풀어나가야 할 과제이기도 하다. 이런 복잡한 상황이 심각한 사회적 갈등으로 드러나지 않는 것은 대기업 임금의 80%를 지급할 수 있는 중소기업이 있고 현재 경기가 웬만큼 좋은 덕분이기도 하지만, 지난 20~30년의 경험을 통해 일본 사회가 알게 모르게 중용의 덕을 배운 덕분이기도 하다.

고용·임금·노후에 대한 불안이 일본 사회의 활력을 앗아간 한 원인이라는 것에 대해, 일본 사회는 입장에 따라 정도의 차이는 있을지언정 폭넓게 공감한다. 그리고 기업 경쟁력 제고에 일본 경제의 사활이 걸려 있다는 점도 동의한다. 결혼 기피, 출산율 저하, 그로 인한 고령화와 인구감소는 일본 기업이 경쟁력을 잃은 탓이기도 하고, 경쟁력을 제고하기 위해 효율성을 추구하면서 직업안정성이 훼손된 탓이기도 하다. 따라서 일본의 어느 집단도 효율성과 안정성 중 하나만을 중시하는 극단적인 주장을 내세우진 않는다.

일본이 겪은 제반 문제를 지금은 한국이 겪고 있다. 소득주도성장을 둘러싼 한국 정치권의 논쟁을 보면 1990년대 말과 2000년대 초의 일본이 연상된다. 당시 일본은 효율성과 안정성을 두고 격렬한 논쟁을 벌이고 있었다. 고이즈미의 정치적 승리는 효율성의 승리였고, 안정성만을 붙잡고 있다가 서서히 몰락하고 있던 일본 경제에 하나의 전환점이 되었다. 그러나 지나친 효율성의 추구 역시 일본에 해가 된다는 것을 깨닫고 지금은 효율성과 안정성을 동시에 추구하고 있다. 일본 경제의 미래는 이 과제를 제대로 수행할 수 있느냐에 달려 있다고 해도 과언이 아니다.

한국에는 지금도 효율성과 안정성의 양 끝만 잡고 있는 사람들이 적지 않다. 현재 한국 대기업 직장인들의 많은 수가 60세를 채우지 못하고 직장을 떠나는 것이 현실인데도 기업 경영진 중에는 노동유연성의 제고를 한국 경제의 최대 과제로 믿고 있는 이들이 있고, 노조 지도자 중에는 기업이 벼랑 끝에 서 있어도 임금인상과 인력조정 불가를 주장하는 이들이 있다. 일본은 20년간의 혼란을 겪은 후에 이제 겨우 길을 찾아 나가고 있다. 한국도 지금부터 20년의 혼란을 겪어야 길을 찾을 것인가?

바로 옆 나라에서 이미 실험을 진행했었고, 우리는 그 결과를 목격했다. 일본어와 한국어는 철자가 다르지만 지구상에 일본어만큼 한국어와 유사한 언어는 없다. 일본 경제와 한국 경제에도 많은 차이가 있지만 지구상에 일본만큼 한국과 유사한 경제 시스템을 가지고 있는 나라도 없다. 그래서 일본의 경험은 한국에 귀중한 자산이다. 일본의 경험을 잘 참조하면 20년을 절약할 수 있다. 그리고 미국 1인당 GDP의 90%까지 추격하다가 불황을 겪은 일본과 달리 현재 한국의 1인당 GDP는 미국의 70%가 채 되지 않는다. 일본처럼 20년을 허비할 수 있는 상황이 아니다.

chapter
# 02

# 일본이 한국보다
# 중소기업이 강한 이유

한국 중소기업 임금은 대기업 임금의 60% 수준인 반면, 일본 중소기업 임금은 불황기에도 대기업 임금의 80% 수준을 꾸준히 유지했다. 청년실업을 볼 때도 노인 일자리 문제를 볼 때도, 한국 중소기업이 일본 중소기업 정도가 되면 얼마나 좋을까 하는 생각을 한다. 그러나 일본의 중소기업 관계자나 연구자를 만나서 '일본은 왜 중소기업이 강한가'를 물으면, 일본도 중소기업이 약해서 걱정인데 무슨 말이냐는 반응이 대다수다. 그래도 여태껏 잘 버티고 있지 않으냐, 한국보다는 사정이 낫지 않냐 물으면, '콘조(根性, 근성)'가 있는 중소기업인들 덕분이라 한다.

일본 정부의 중소기업 지원정책을 참고하려는 한국 공무원들은 한국에 비해 특별히 눈에 띄는 정책이 없어 실망하곤 한다. 재벌 판타지가 주류인 한국 드라마와 달리, 일본 방송에서는 중소기업을 배경으로 한 드라마가 종종 방영되는데, 확실히 은근히 근성이 강조된다. 평범한 직장인이 부모의 갑작스러운 사망으로 기업을 잇게 되면서 겪는 고초나, 지방 중소기업 사장이 글로벌 기업과 경쟁할 수 있는 품질의 운동화를 개발하기 위해 벌이는 분투 등이 주제다. 일본 중소기업 경영자의 강연을 듣거나 사담을 나눠봐도 근성을 볼 수 있다. 교세라의 이나모리는 중소기업을 위한 조언에서, 가장 먼저 세워야 하는 것은 전략이 아니라 "경영이념"이라고 강조한다. 이 조언 덕분에 실패를 딛고 다시 일어날 수 있었다는 중소기업이 적지 않다. 그리고 분명한 경영이념을 가진 사장에게서는 확실히 '근성'을 볼 수 있다.

그러나 한국 기업과 거래가 있는 일본 중소기업인이나 일본 기업과 거래를 하는 한국 중소기업인을 만나면, 중소기업과 대기업 간의 관계에서 일본 중소기업이 한국 중소기업보다는 더 나은 환경에 있다는 것과, 이러한 환경 역시 일본 중소기업을 지탱하는 힘이라는 것을 알 수 있다. 일본 대기업은 협력업체에 대해 같은 공동체의 일원이라는 인식을 갖고 있다.

### 공동체에 대한 배려

일본 대기업도 협력업체에 끊임없이 단가를 낮추라는 요구를 한다. 그 스트레스가 어마어마하다는 말을 자주 듣는다. 하지만 이익이 공유되는 선을 지킨다. 2017년경 오사카에 일이 있어 갔다가, 오사카에 본사가 있는 대기업에 취업한 제자를 거의 10년 만에 만났다. 마침 협력업체로부터의 납품을 담당하고 있다고 해서, 너도 갑질을 하느냐고 농담처럼 물었다. 단가를 낮추거나 품질을 향상시키라는 요구는 늘 하지만, 상대가 어느 정도의 영업이익을 유지할 수 있는 선에서 그친다고 한다. 서로 같은 '바(場, 장)'에 있기 때문이다. 한 공동체에 있다는 말이다.

자동차 부품을 만드는 회사에 있다가 외국계 컨설팅으로 옮긴 다케우치 고로에게는 납품 상대인 대기업에서 갑질을 당한 적이 있는지 물었다. 납품 단가를 더 받아야 한다고는 생각했지만, 억울할 정도의 후려치기를 당한 적은 없다고 했다. 내 또래의 중견 간부를 만나도 얘기가 다르지 않다. 같은 장에서 물건을 만들고 파는 사이라 어쨌든 같이 간다는 생각이 강하다고들 한다.

공동체에 대한 배려는 양날의 검과 같다. 모두의 유익을 위해 선으로 작용할 수도 있지만, 약자나 소수자에 대한 폭력이 되기도 한다. 억울한 일이 있어도 공동체를 위해 입을 다물어야 하는 경우가 그렇다. 그래서 여기서도 중용이 필요하다. 일본의 공동체 의식이 억압으로 작용할 수도 있는 점은 일본이 경계하고 조심해야겠지만, 한국에서는 조금 더 공동체에 대한 배려를 강조할 필요가 있어 보인다.

천문학적 규모로 쌓인 대기업의 사내 유보금에는 협력업체에게 돌아가야 마땅한 몫이 포함되어 있다. 비단 대기업과 중소기업의 문제만이 아니다. 대기업 노동조합이 임금인상을 요구할 때, 노조가 없는 협력업체 직원이나 파견 근로자의 임금이 강탈당할 수도 있다는 사실에 얼마나 주의를 기울이는지 모르겠다. 한국과 일본을 드나들다 보면 한국은 많은 부분에서 공동체에 대한 배려가 더 필요하다는 것을 느낀다.

## 법에 대한 존중

공정거래위원회는 모리나가제과주식회사에 대한 조사에서, 하청법 제4조 제1항 제3호 (하청대금 감액 금지) 규정을 위반한 사실을 적발하여, 하청법 제7조 제2항 규정에 따라, 동사에 대해 권고조치를 행하였다.

– 일본 공정거래위원회 보도발표 자료, 2019년 4월 23일

일본 식품업계 대기업인 모리나가제과는 아베 신조 수상의 부인인 아베 아키에 여사의 친정 기업으로 한국에도 잘 알려져 있다. 중소기업과 납품단가 인하를 합의하면서, 합의 이전에 납품 받은 제품에 대해서도 합의 후의 단가를 적용한 적이 있는데, 이는 일본 공정거래법을 위반한 갑질이다. 이 불법 행위가 발각되어, 2019년 4월 공정거래위원회의 권고조치를 받았다. 5개 하청기업이 입은 약 1억 엔의 손해를 즉각 배상할 것과, 재발방지책을 마련하고, 이 모든 조치에 대해 공정거래위원회에 신속히 보고하는 것이 권고의 내용이다.

최근 한국 공정거래위원회의 행보가 활발해지면서 기업활동을 위축시키는 것은 아닌지 우려를 표하는 목소리를 가끔 듣는다. 그러나 공정거래법을 위반한 기업을 적발하고 시정을 명하는 것은 경찰이 법을 위반한 범죄자를 검거하고 재판에 넘기는 일과 다르지 않다. 범죄자를 검거하거나 처벌하는 데 게으른 사회에서는 건전한 시민이 손해를 본다. 공정거래법이 준수되지 않는 경제에서는 정직한 기업이 손해를 본

다. 그리고 이런 환경이야말로 기업활동을 위축시킨다.

외국에 사는 사람은 누구나 그렇겠지만 나도 자주 내가 살고 있는 나라와 내 모국을 비교하곤 한다. 한국이 더 나은 점도 있고 일본이 더 나은 점도 있는데 '법에 대한 존중'에 있어선 일본이 더 낫다는 생각을 하곤 한다. 2017년 한국의 지능범죄 건수는 30만 건이었는데, 일본의 지능범죄 건수는 4만 7,000건이었다. 지능범죄 중 사기는 한국 23만 건, 일본 4만 3,000건이었다.

2005년 도쿄에서 한 아파트 분양 사무소를 방문했을 때의 일이다. 대로변에 있는 상가를 헐고 거기에 15층 아파트를 짓고 있었는데, 아파트 뒤로는 주택가가 있었다. 주택가 옆에 15층 건물을 지으면 주민의 반발이 거세지 않으냐 물었더니, 관련된 모든 법규를 준수했기 때문에 문제 삼는 사람은 없다고 했다. 그 몇 년 뒤, 내가 살고 있는 아파트 근처의 대형병원이 병동을 허무는 공사를 하게 되어 주민 설명회를 열었다. 인근 주민들은 법에서 정한 모든 규정을 제대로 지키며 공사할 것을 요구했고, 건설회사 측은 주민에게 피해가 가지 않도록 모든 규정을 성실히 지키겠다고 약속했다. 꽤 긴장감이 감도는 설명회였지만, 그렇게 단 한 번의 만남 이후로는 서로 간에 볼 일도 따질 일도 더 이상 없었다.

내 주변의 일본인들은 한국의 민주주의를 경탄하고 부러워한다. 현행법에 불합리한 면이 있다면, 언제라도 개정을 요구할 수 있을 정도로 한국의 민주주의는 성장했다. 그런데도 여전히 법을 존중하는 문화는 제대로 정착하지 못하고 있다는 느낌이다. 특히 정치권, 대기업, 대기업 노조는 법 위에 군림하려 한다.

대기업이 공정거래법을 존중해야 중소기업이 정당한 대우를 받을 수 있다. 일본에서도 미국에서도 공정거래위원회를 향해 기업활동을 위축시킨다는 말은 들어본 적이 없다. 대기업이 공정거래법을 존중하는 사회가 되려면 우선 법을 존중하는 문화가 한국에 정착해야 한다.

### 직업안정성과 중소기업의 역할

현재 일본에서는 일부 대기업을 중심으로 종신고용문화가 흔들리고 있는 상황인데, 중소기업은 이것을 오히려 기회로 활용하거나 역으로 종신고용을 강화하기도 한다. 일본의 중소기업은 기술력에 사활을 거는 경우가 많고, 이 경우 경력사원의 존재가 중요하다. 그리고 최근 인력난으로 신규 직원 채용이 어려워지자 정년까지 일하는 정사원을 내세워 직업안정성을 장점으로 홍보하기도 한다.

'아이리스오야마'는 재일교포2세가 세운 회사다. 생활용품을 생산하는 중소기업이 2000년대 후반 가전제품 사업에 뛰어들더니 일본 전자업계가 구조조정의 한파를 겪고 있던 2012년부터 무섭게 성장하기 시작했다. 2018년 매출액은 4,750억 엔(연결 기준), 종업원은 3,500명로 더 이상 중소기업이 아니다. 이 기업이 가전사업에서 성공할 수 있었던 것은 전자업계의 불황을 역으로 이용한 덕분이다. 소니, 히타치, 도시바 등이 가전부문을 떼어내거나 축소하면서 조기 퇴직자가 급증한 것은 이미 4장에서 본 바다. 아이리스오야마는 대기업 조기퇴직자들을 고용하는 역발상으로 기발한 신제품을 속속 출시하여 가전 시장에 안착했다. 혁신적인 중소기업이 대기업 인력 일부를 수용하여 성공한 케이스다. 아이리스오야마가 채용한 경력직원은 50대가 대부분이었다.

## 일본의 동반성장

아베노믹스 이후 엔화가 절하되고 일본 대기업의 이익이 늘어나자, 일본 정부와 정계에서는 그 이익을 중소기업 그리고 노동자들과 나누어야 한다는 목소리가 높았다. 그래도 일본 대기업은 좌파정책으로 기업이 힘들다는 불평을 하지 않는다. 우선 그런 목소리를 높이는 것이 공산당 등 좌파 정당에 국한되지 않는다. 아베 수상과 자민당에서 오히려 더 적극적일 때가 있다. 가끔 일본 증권가 사람들을 만나면 아베야말로 공산주의자 아니냐는 말을 농담처럼 듣는다. 일본 보수정권의 인식 변화를 보면 한국 보수정권의 태도에 대해 더욱 아쉬움을 갖게 된다.

내 주위 일본인 친구들은 대개 아베 정권을 싫어한다. 그들 대부분은 평화헌법을 수호해야 한다는 굳은 의지를 가지고 있다. 나와 같은 빌딩에 연구실이 있는 일본인 교수 한 분은 연구실 밖에 평화헌법을 지지하는 포스터를 걸어 두고 있을 정도다. 아직은 과반수 이상의 일본인이 아베 수상이 추진하는 개헌에 반대하고, 아베 수상을 신뢰할 수 없는 사람으로 본다. 다른 한편, 과반수 이상의 일본인이 아베의 경제정책을 지지한다. 아베의 자민당은 야당에서 제기할 수 있는 경제 이슈들을 선점함으로써, 야당의 존재감을 희석시켰다. 헌법이나 권력남용 등과 관련해서는 야당의 목소리가 들리지만, 경제와 관련해서는 야당의 목소리가 잘 들리지 않는다. 비정규직의 처우 개선, 여성의 지위 향상, 근로시간의 단축, 대기업과 중소기업 간의 공정거래 등과 관련해서, 일본의 보수

정당은 한국의 진보정당이 주장할 만한 정책을 추진하고 있고, 일본 국민의 폭넓은 지지를 받고 있다. 효율성이라는 한 극단만을 잡고 있으면 일본 경제와 사회에 오히려 큰 해가 될 수 있다는 것을 시민도 재계도 보수 정당도 경험을 통해 알고 있기 때문이다.

한국의 정운찬 동반성장 위원회위원장이 이익공유제를 추진하려 하자, 한국 재계가 세상에 없는 기괴한 제도라며 반발한 것과 대비된다. 이익공유를 법제화하는 것이 지나치다고 믿는다 하더라도, 대기업 역시 중소기업과의 공생이 중요하다는 것을 인식하고 있고 노력할 것이라는 태도를 보였다면 좋지 않았을까, 하는 아쉬움이 크다.

chapter

# 03

# 소득주도성장은
# 계속되어야 하는가

요즘은 잘 보이지 않지만, 내가 어렸을 때는 암행어사가 드라마의 단골 소재였다. 특히 명절만 되면 여러 버전의 춘향전이 방영되었는데, 하이라이트는 언제나 이몽룡의 어사출두였다. 고통 받는 민초를 위해 홀연히 나타난 암행어사는 모든 악을 완전히 제거하고 민초의 눈물을 닦아준다.

비슷한 드라마로 일본에는 '미토코몬水戸黃門'이라는 사극이 있다. 역시 힘과 정의감을 겸비한 권세가가 홀연히 나타나 백성의 고초를 해결해준다. 십수 년 전에 일본 교수들과 해외 출장을 같이 간 적이 있는데, 그중 한 교수가 일본에서 시민운동이 약한 이유로 이 드라마를 든 적이 있다. 일본인은 스스로 문제를 해결하기보다는 누군가 힘을 가진 이가 해결해주기를 바라기 때문이라는 것이다. 현대 일본인에게 그 힘을 가진 존재는 정부고, 그래서 죽이 되든 밥이 되든 정부만 바라보는 것이 일본의 문제라고 그는 개탄했다.

거기에 비해 한국인은 정부에 대한 신뢰가 낮고 저항감이 높다. 그러나 사회의 많은 부문에서 정부의 역할을 바란다는 점에서는 일본과 유사한 면이 있다. 암행어사 출두를 갈망하는 사극의 민초처럼 21세기 한국인 역시 위대한 지도자가 한국의 모든 문제를 척결해주기를 바라는 것처럼 보일 때가 많다. 어찌 보면 정부에 대한 불만과 불신의 기저에는 기대한 것만큼 시원하게 문제를 해결해주지 못하는 암행어사에 대한 실망이 자리하고 있는지도 모르겠다.

그러나 4~5장에서 보았듯이 정부는 환경을 정비하는 역할일 뿐, 그라운드에서 뛰어야 하는 것은 기업과 개인이다. 일본 경제가 살아나는데 고이즈미의 개혁과 아베노믹스가 기여한 것은 사실이지만, 일본 기업의 노력이 없었다면 지금과 같은 회복도 없었다. 정부에게 환경을 정비해달라는 요구는 할 수 있지만, 개인에게 직업을 주고 기업에게 시장을 주는 일은 정부의 능력 밖이다. 현재 한국 정부가 추진하는 소득주도성장도 정부가 주도하는 성장이 아니라, 지속가능한 경제성장을 위해 정부가 환경을 정비하는 정책이 되어야 한다.

소득주도성장의 일부 내용은 이미 박근혜 정부 시절부터 추진되고 있었고, 2017년 대선에서 후보들이 예외없이 내건 공약이기도 하다. 그리고 일본의 보수정권이 추진하고 있는 정책과 많은 부분에서 겹친다. 그런데 지금은 본래 취지와 구체적 내용은 가려지고, 보수와 진보의 이념논쟁으로 찢기는 신세가 된 것이 안타깝고 서글프다. 정치구호를 부수고 그 본질을 본다면 소득주도성장의 기본 정책은 계속 추진되어야 한다. 다만 기업의 전략과 마찬가지로 현실에 적응해가면서 끝없이 진화해야 한다.

### 고이즈미의 실패와 소득주도성장

현재 일본에서 아베 수상을 견제할 수 있는 거의 유일한 정치인은 이제 겨우 서른일곱 살에 불과한 고이즈미 신지로 의원이다. 그는 2001년부터 5년간 일본의 개혁을 이끌었던 고이즈미 준이치로 수상의 둘째 아들이기도 하다. 아직 국가행정에 참여해본 경험이 없는 젊은 의원이 관록의 아베를 위협할 수 있는 것은 개인적인 매력에 더하여 아버지의 후광이 있기 때문이다. 2006년 퇴임 시 고이즈미 내각의 지지율은 51%였다. 지난 20년간 퇴임 시 50% 이상의 지지율을 얻은 수상은 고이즈미가 유일하다.

'성역 없는 개혁'이라는 슬로건을 내걸고 출범한 고이즈미 내각의 초기 지지율은 81%였다. 아직도 깨지지 않는 기록이다. 재정건전화, 부실채권 처리, 공기업 민영화로 대표되는 그의 개혁정책에 대한 기대 덕분이었다. 그러나 개혁과 병행하여 양적완화라는 극단적 통화정책까지 펼쳤건만 초기에는 그다지 좋은 성과를 내지 못했다.

고이즈미는 국채발행액이 매년 30조 엔을 넘지 않도록 하겠다고 공언했지만 일 년 만에 공약을 포기했다. 경제 상황이 좋지 않아 조세수입이 감소했기 때문이다. 2002년의 실질 GDP 증가율은 0.3%에 불과했고 청년실업률은 8%를 넘어 일본 사회에 충격을 주었다. 경기가 악화하자 조세수입이 감소했고 재정적자를 메꾸기 위해 국채발행액을 늘릴 수밖에 없었다.

당시의 경기침체는 IT 버블의 붕괴 등 외부적 요인에도 영향을 받았지만, 정책의 실패도 하나의 원인으로 지목된다. 10년이 넘는 국내 불황에 세계적 경기침체까지 겹치자 2001년 한 해에만 2만여 개의 기업이 도산했다. 그 와중에 정부가 재정건전화라는 공약을 지키기 위해 재정지출을 줄이자 경기가 바닥을 친 것이다. 3분기 연속 마이너스 성장을 한 2002년 6월에는 내각 지지율이 39%까지 떨어졌다. 지지율 81%에서 출발한 정권이었기에 더 처참하게 느껴지는 추락이었다.

그러나 2003년부터 양적완화의 효과가 엔저를 통해 나타나기 시작했고, 부실채권 처리로 금융이 안정되고, 기업 부채비율이 감소하는 등 상황이 호전되기 시작했다. 덩달아 내각 지지율도 올라갔다. 경제가 호조를 보이고 지지율도 견고해지자, 2005년에는 정부기관이던 우정국의 민영화를 추진했다. 반대파의 극렬한 저항에 부딪혀 총선거까지 치르게 되었지만, 결과는 고이즈미의 압도적인 승리였다. 임기 마지막 해인 2006년에는 국채발행액이 원래 공약했던 대로 30조 엔 미만으로 떨어졌다.

최근 소득주도성장을 둘러싼 한국 국내의 논쟁을 보면 고이즈미 정권의 초기가 떠오른다. 고용과 소득분배가 악화한 것으로 보이는 통계치가 연달아 발표되자 소득주도성장을 폐기해야 한다는 목소리가 높다. 그러나 소득주도성장이라는 슬로건이 등장한 배경을 다시 한번 돌아봤으면 좋겠다.

가난한 노인은 늘어나는데, 나라는 그들을 먹여 살릴 재원이 부족하다. 젊은이들이 세금을 내고 연금을 내야 재원을 마련하는데, 젊은이의 수는 매년 줄어들고 있다. 설상가상으로 결혼을 기피하고 애를 낳지 않으니 해를 거듭할수록 상황은 더 악화될 뿐이다. 2017년 한국의 출산율은 1.05에 불과했다. 2018년 확정 통계는 나오지 않았지만 잠정통계로는 1.0 미만까지 떨어진 것으로 보인다. 출산율 감소가 한국보다 일찍 진행된 일본에서도 이렇게 출산율이 낮았던 적은 없었다. 2005년 1.26까지 떨어졌던 일본의 출산율은 다소 회복되어 2012년부터 현재까지 1.40~1.45 사이에서 움직이고 있다. 한국의 출산율이 기록적으로 낮은 배경에는 '미래에 대한 두려움'이 있다. 일본의 경험을 통해 보면, 미래에 대한 두려움은 결혼과 출산만이 아니라 소비도 위축시킨다. 내수시장은 점점 쪼그라들 것이고 일자리는 더 줄어들 것이다.

나는 소득주도성장의 목표는 이 악순환을 끊는 것이라고 이해한다. 그리고 이것은 지난 2017년 대선에서 모든 후보가 공통으로 내세운 공약이었다. 대부분의 언론 역시 지면을 아낌없이 할애하여 이 문제를 다루었던 기억이 있다. 소득주도성장이 정치 슬로건으로 이해되면서 내용에 대한 토론은 사라지고 정쟁의 도구가 되어버린 것이 지금 대한민국의 비극이다. 목표만 분명하다면, 정책의 내용은 언제라도 수정될 수 있다. 고이즈미 내각이 개혁이라는 공약은 꾸준히 추진하면서도 일부 정책은 그 실패를 인정하고 상황에 맞춰 수정한 것이 좋은 예다.

최저임금의 급격한 인상이 저소득 근로자의 일자리를 감소시킬 수 있다는 우려가 현실이 되었다. 최저임금 정책의 목적이 저소득층의 소득개선이라면 지금의 경제환경에서 정책이 어떻게 진화하여야 그 목적을 달성할 수 있는지에 대한 신중한 검토가 필요한 시점이다. 완전고용 상태에 있는 것으로 알려진 일본의 최저임금 평균은 한국 돈으로 1만 원이 채 되지 않는다. 2019년 들어서야 최저임금 평균을 1,000엔까지 올리는 방안이 논의되고 있는 정도다. 한국에서는 정부가 최저임금 인상 속도를 현실적으로 조정하려 하면 노동계가 협상 테이블을 박차고 나올 거라는 우려가 많다. 사측도 최저임금을 인하하자는 등의 퇴행적 발상을 버려야 하지만 노동계도 현실을 직시하고 유연한 태도를 보여야 하는데, 하는 걱정이 든다.

한편, 노동시간 단축에 대한 우려는 지나친 감이 있다. 토요일을 공휴일로 지정할 때도, 김영란법이 통과되었을 때도, 이 새로운 제도가 한국 경제를 망칠 거라고 주장하는 이들이 적지 않았다. 그러나 지금은 아무도 이 두 제도를 비판하지 않는다. 현재 한국 수준의 1인당 GDP를 가지고 있는 나라 중 한국만큼 장시간 노동을 요구하는 나라는 지구상에 없다. 장시간 노동은 노동효율성을 떨어뜨리는 원인이 될 수 있는데, 한국은 경제발전단계에 비해 시간당 노동생산성이 턱없이 낮은 나라다.

일본의 아베 정부는 노동시간 단축에 상당히 적극적이다. 장시간 노동이 기혼 여성의 경제활동에 방해가 되고, 따라서 여성이 결혼과 출산을 기피하는 원인이 된다는 판단 때문이다. 노동시간을 단축하고 여성의 경제활동 참가를 장려하는 것이 국가적으로 이익이라는 것이 아베 정부의 인식이다. 아베 정부에 대한 선호를 불문하고, 일본인 경제학자 중에 노동시간 단축 방침에 반대하는 사람을 본 적이 없다. 한국에서도 소득주도성장을 정치이념이라는 프리즘을 통해 바라보지 말고, 그 내용 하나하나를 뜯어서 무엇을 유지, 강화하고 무엇을 수정해야 하는지에 대한 논의가 활발해졌으면 좋겠다.

# 불황을 거친
# 일본이 찾은 교훈

2장에서 보았듯이 일본인들은 더 이상 부동산으로 갑부가 될 수 있다고 생각하지 않는다. 부동산 투자는 개인이 아니라 부동산 개발 회사 등 기업 단위로 이뤄진다. 그래서 주변에서 부동산 가격의 등락으로 크게 이익을 보거나 손해를 봤다는 사람을 찾아볼 수 없다. 전세라는 제도가 없거니와 실수요가 아니면 부동산 대출을 받을 수 없기 때문에 갭투자는 상상도 할 수 없다. 부동산 보유세율과 양도세율도 한국보다 낮지 않다. 일본인에게 집은 투기의 대상이 아니라 거주의 대상일 뿐이다.

아직도 부동산으로 울고 웃는 한국의 현실을 보며 나는 일본의 이런 환경이 부럽다. 버블기의 일본은 기업도 영업수익보다 부동산 등을 통한 영업외수익에 눈독을 들였다. 그리고 돈이 생산활동으로 흐르지 않고 부동산으로 흐르는 경제는 결코 성장할 수 없다는 걸 보여줬다.

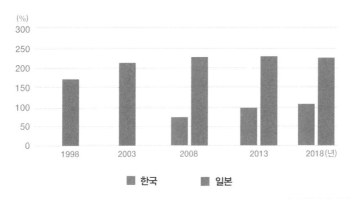

(%)

출처: 한국은행, 일본은행

## 부동산과 주식에 대한 인식 변화

현재 일본에서 부동산에 투자하고 싶은 개인은 부동산투자신탁REIT, Real Estate Investment Trust을 이용한다. 흔히 J-Reit로 불리는 부동산신탁 상품 대부분은 증권거래소에 상장되어 있기 때문에, 개인은 증권회사를 통해 이 금융상품을 살 수 있다. 2019년 5월 J-Reit의 시가총액은 무려 14조 엔이나 된다. 토요타의 22조 엔보다 적을 뿐, 다른 어떤 일본기업의 시가총액보다 큰 금액이다. 일본 부동산 시장이 비교적 안정되어 있다 보니 상품별 수익률 편차가 그리 크지 않다. 수익률이 높은 상품도 6~7% 정도고, 평균이 대략 3~4% 수준에서 움직인다. 이 정도에 만족이 될까 싶겠지만, 예금 이자율이 0%나 다름없는 세계에서 20년을 산 사람들에게는 상당한 수익률이다.

최근에는 인프라펀드도 인기를 끌고 있다. 2015년 4월부터 도쿄주식시장에 상장이 가능해진 투자 종목이다. 인프라펀드는 투자가로부터 받은 자금으로 태양광 발전시설 등 인프라 자산을 설립 혹은 매수한후, 운영사업자에게 운영을 맡기고, 거기서 나오는 임대 수익 등을 투자가에게 배분하는 식으로 운영된다. 2019년 6월 기준, 도쿄주식시장에는 모두 6개의 인프라펀드가 상장되어 있다. 2019년 6월 수익률은 5∼7%, 평균으로는 부동산투자신탁 이상이다. 현재는 태양광 시설에만 투자하고 있지만 다양한 재생에너지 시설로 투자를 분산시킬 계획을 가지고 있다. 재생에너지에 대한 정부와 민간의 지원과 투자가 활발하고 관련 기술도 빠르게 진보하고 있어, 앞으로의 성장이 기대되는 투자 종목이다. 최근 수년간 한국의 다양한 금융기관도 일본의 재생에너지 사업투자에 적극적으로 참여하고 있다. 한국보다 오히려 일본에 더 많이 투자하고 있는 것은 아닌가 하는 걱정이 들 정도다.

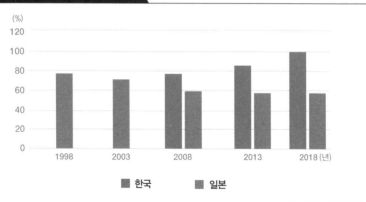

한국과 일본의 가계부채/GDP

출처: 한국은행, 일본은행

부동산에 직접 투자하는 것을 꺼리는 일본인들은 주식에도 별로 투자하지 않는다. 버블 붕괴 후 오랫동안 주식시장이 침체된 결과다. 버블이 진행 중이던 1988년 일본 가계의 금융자산 중 주식이 차지하는 비중은 27%였다. 버블이 붕괴되고 나서 10%대로 떨어졌다가 일본 경기가 저점을 찍은 2002년에는 7.5%까지 떨어졌다. 아베노믹스 이후 주식의 비중이 커지기는 했지만, 여전히 미국이나 유럽 국가에 비해 주식의 비중이 낮다. 2017년 말을 기준으로 가계의 금융자산에서 주식이 차지하는 비중은 미국 36%, 유로지역 19%, 한국 20%이다. 그럼 일본 가계는 어디에 자산을 묻어두고 있을까? 현금과 예금에 53%, 보험과 연금에 29%를 가지고 있다. 보험과 연금이 차지하는 비중은 서구 국가와 크게 다르지 않은 반면 현금, 예금이 차지하는 비중은 다른 어느 국가보다도 높다. 그리고 역으로 일본인들이 은행에 쌓아 놓은 예금이 정부 국채를 사는데 사용되고 있다. 일본 정부가 GDP의 200%가 넘는 빚을 질수 있는 것은, 일본 가계가 GDP의 250%가 넘는 순금융자산을 가지고 있기 때문에 가능하다.

한국 가계의 자산구성은 현금과 예금 비중이 43%, 연금과 보험 비중이 31%로 서구보다 일본에 가깝다. 그러나 순금융자산에 있어서는 일본보다 훨씬 규모가 적은 한편, GDP 대비 부채비율은 상당히 높은 편이다. 2018년말 한국의 가계부채 비율은 GDP의 100%인데 비해 일본의 가계부채 비율은 GDP의 58%에 불과하다. 가계가 가지고 있는 순금융자산은 일본이 GDP의 275%인데 비해 한국은 GDP의 109% 수준이다. 자산에서 차지하는 연금과 보험의 비중은 두 나라가 비슷하지만,

한국 가계의 노후대비가 훨씬 부족하다는 것을 알 수 있다.

## 노인대국에서 노인이 된다는 것

한국은 현재 열 사람 중 한 사람이 70세 이상이지만, 일본은 1990년 대 중반에 이미 이런 시절을 겪었다. 그때 이미 70세가 더 이상 '고희'가 아니었던 것이다. 따라서 부모 세대를 보며 '늙어가는 것'에 대해 배울 기회가 있었다. 20대 이상 성인 중 사분의 일이 70세 이상인 사회에서 70세는 더 이상 나이로 대접받을 수 있는 위치가 아니다. 게다가 일본인의 건강수명은 72세로, 평균적인 삶을 사는 사람이라면 70세까지 남의 도움이 필요하지 않다. 반면 한국인의 건강수명은 아직 65세에 불과해서, 더 이른 나이에 도움이 필요한 노인이 된다.

노인 대국에서는 노인이 되기도 쉽지 않다. 적어도 70세까지는 노인이 될 수 없다. 건강을 유지해야 하고 경제적으로 자립해야 한다. 일본 정부가 70세 정년을 추구하는 이유이기도 하다. 그리고 정년 연장은 직급에 대한 인식의 변환을 요구한다. 모든 직원이 70세까지 계속해서 승진할 수는 없다. 과장이나 부장에서 승진을 멈춘 직원은 후배가 부장이 되고 이사가 되는 것을 보면서 자괴감을 느낄 수도 있을 것이다. 한국도 그렇지만 일본에서도 후배보다 낮은 직급이 되면 사퇴하는 것이 도리라는 인식이 있었다. 그러나 노인대국이 되면서 65세나 70세까지도 자리만 주어진다면 일하겠다는 식으로 분위기가 변하고 있다. 그러기 위해서는 담당업무가 직급과 관계없이 주어질 필요가 있고, 임금 피크제도 필요하다. 개인 역시 스스로를 후배와 비교하면서 자괴감을 느낄 필요가 없다. 와세다대학에도 후배가 사무장인 사무실에서 특정 업무를 전담하며 상사가 된 후배와 별 마찰없이 잘 지내는 60대의 직원들이 있다. 그들에게 적절한 업무를 부여하는 것은 경영진이 고민할 일이지만, 관행으로 가지고 있던 직급에 대한 선입견에서 탈피하는 것은 노인대국에서 쉽게 노인이 될 수 없는 개인이 해야 할 일이다.

## 여성차별과 남성 사망률

도요토미 히데요시의 주군이었던 오다 노부나가에게는 당대 최고의 미인으로 알려진 누이가 있었다. 전국시대 '히메'라고 불리던 상류계급의 여성들이 대개 그렇듯 정략결혼의 희생자가 되었다가, 마지막은 자결로 생을 마감했다. 노부나가가 죽은 뒤 히데요시에게 굴복하기를 거부한 남편의 성이 함락되자 세 딸을 남겨두고 남편의 뒤를 따른 것이다. 차차, 하쯔, 고라는 이름의 세 딸은 어머니를 닮아 상당히 아름다웠다고 한다. 첫째인 차차는 히데요시의 측실이 되어 그의 아들을 낳았고, 막내인 고는 두번째 결혼에서 도쿠카와 이에야스의 며느리가 되었다. 이에야스가 도요토미 가문을 멸문시키기로 결심했을 때, 선봉에 선 것은 고의 남편이자 2대 쇼군인 히데타다였다. 둘째인 하쯔는 언니와 동생의 시집가문을 화해시키기 위해 백방으로 노력했지만 그녀가 구할 수 있었던 것은 언니의 며느리이자 동생의 딸인 센히메뿐이었다. 언니와 언니의 아들은 어머니처럼 자결로 삶을 마감했다. 이 세 자매의 비극적인 일생은 소설보다도 더 극적이어서 소설, 드라마, 연극의 단골 소재가 되었다.

여성의 삶이 억압되고 여성의 인권이 존중받지 못하는 사회는 남성에게도 잔인하다. 세 자매의 친부는 외숙인 노부나가에게 죽임을 당했고, 노부나가는 부하에게 암살당했다. 이에야스의 장남은 아버지의 명으로 자결했고, 고의 첫 남편은 임진왜란에서 병사했다. 전란이 끊이지 않던 시절, 남성들은 전장에서 죽었고 여성들은 죽지 못해 살았다. 현대에도 여성에 대한 억압은 남성에게 부메랑으로 돌아온다.

한국과 일본은 세계에서 기대수명이 가장 긴 나라에 속한다. 2016년 기준 일본인의 기대수명은 84.1세, 한국인의 기대수명은 82.4세로 OECD 가맹국 중 각각 1위와 9위의 기대수명을 자랑한다.

그러나 성별을 구분하여 보면 조금 그림이 달라지는 것이, 여성의 기대수명은 한국과 일본이 5위와 1위지만, 남성의 기대수명은 16위와 3위로 떨어진다. 한국과 일본은 여성과 남성의 기대수명에 여섯 살이나 되는 큰 차이가 있기 때문이다. 대부분의 나라에서 남성보다는 여성이 더 오래 사는 것이 일반적이고 거기에는 생물학적으로 설명 가능한 원인도 있겠지만, 기대수명이 OECD 중위값 이상인 나라 중에 성별간 기대수명 격차가 여섯 살이나 되는 나라는 한국과 일본이 유일하다.

한국과 일본에서 왜 유독 성별 간 기대수명의 차가 큰지를 과학적으로 규명한 문헌을 본 적은 없지만, 아마도 여성의 취업률이 낮은 것과 과도한 노동을 요구하는 남성 중심의 직장문화에 그 원인이 있지 않을까 싶다. 2017년 35~44세 한국 남성의 취업률은 93%였던 데 비해 여성의 취업률은 60%에 불과했다. 같은 연도 같은 연령의 일본 남성 취업률은 94%, 일본 여성 취업률은 73%였다. 성별 간 취업률 차이가 한국은 33% 포인트, 일본은 20% 포인트 나는 셈인데, 선진국 중에 35~44세 남녀 간 취업률 격차가 20% 포인트 이상인 나라로는 한국과 일본 외에는 이탈리아가 유일하다. 프랑스와 독일에서는 남녀 간 취업률 격차가 10% 포인트에 불과하고, 스웨덴과 노르웨이에서는 5% 포인트를 넘지 않는다.

여성의 취업률이 낮은 것은 남성에게 경제적 부담이 집중되고 있음을 의미한다. 경제적 부담을 오롯이 지고 있기 때문에 일을 절대 놓을 수 없는 사람에게 장시간 노동에 술자리 회식까지 요구하는 한국의 직장 문화를 생각한다면, 한국 남성의 기대수명이 여성에 비해 유독 낮은 것이 그리 놀라워 보이지 않는다.

여기까지만 보면 남성 입장에서는 억울한 생각이 들 수도 있겠다. 여성보다 더 많은 경제적 부담을 지고 있는 것도 힘든데, 그로 인해 수명까지 단축된다니 말이다. 그러나 한국에서 여성의 취업률이 낮은 것은 여성에 대한 차별이 만연했고 모성이 보호되지 못했기 때문이다. 2017년 한국 25~29세 인구의 취업률은 남성 68%, 여성 70%로 여성이 오히려 높다. 남성 취업률은 선진국에 비해 낮은데, 병역 등의 이유 때문일 것이다. 반면 20대 후반 여성 취업률은 프랑스 등 선진국과 거의 비슷한 수준이다. 20대 여성의 취업률은 선진국과 비슷한데, 35~44세 여성의 취업률은 선진국에 비해 15% 포인트 이상 낮은 것은 결혼, 육아로 여성의 경력에 단절이 생겼기 때문이다.

## 20대 남성과 여성의 실업률 차이

2장에서 한국의 20대 청년실업률이 전연령 실업률과 비교했을 때 예외적으로 높다는 얘기는 했지만, 그중에서도 남성 실업률이 유독 높다는 것까지는 말하지 않았다. 2017년 한국 20대 후반 여성 실업률은 7.1%인 데 비해 같은 연령대 남성 실업률은 11.6%나 된다. 이렇게 큰 성별 격차는 OECD에서 매우 예외적이다. 일본의 20대 후반 실업률은 남녀 모두 4% 내외고 OECD 평균은 남녀 모두 7.5% 내외다. 마치 한국에서만 20대 남성이 차별을 받는 듯 보인다.

그러나 청년 남성의 실업률이 유독 높은 것은 실은 기성세대의 성차별이 20대 남성에게 족쇄가 되었기 때문이다. 구직 기간을 더 길게 잡더라도 반드시 좋은 직장을 잡아야 한다는 강박에 시달리는 것은 여성도 마찬가지지만 남성에게 더 강력하게 작용하고 있다. 가족을 부양하는 게 남성의 의무라는 생각이 강한 문화이기 때문이다. 대한민국 20~30대의 임금 계층별 기혼율을 보면 남성은 임금 순위가 높을수록 기혼율이 높다. 1분위(하위 10%)의 기혼율은 6.9%에 불과하지만 5분위는 32.3%, 10분위(상위 10%)는 82.5%까지 높아진다. 여성 역시 10분위의 기혼율이 76.7%로 가장 높은 것은 남성과 마찬가지지만 1분위의 기혼율(42.1%)이 5분위(32.6%)보다 높은 것은 확연히 다른 점이다. 남성들이 저소득 여성을 선호하기 때문이 아니다. 결혼과 출산으로 경력이 단절된 여성들이 저임금 노동자로 다시 시장에 나오기 때문이다.

"흙으로 돌아갈 때까지 얼굴에 땀을 흘려야 먹을 것을 먹으리라"는 저주는 아담에게 내려졌고 21세기 대한민국 남성에게도 유효하다. "남편은 너를 다스릴 것이니라"는 저주는 이브에게 내려졌고 21세기 대한민국 여성을 괴롭힌다. 이제 사회에 첫발을 내딛는 남성 청년들은 여성에 대한 차별을 허상이라고 생각할지도 모르겠다. 그들은 가정과 학교에서 성별과 관계없이 동등하게 대우받고 동등하게 경쟁하며 자랐기 때문이다. 그러나 사회에 첫발을 내딛는 순간부터 여성들은 온갖 불리한 차별에 맞서야 하는 것이 아직 우리의 현실이다. 임신과 육아를 이유로 당당하게 휴직을 요구할 수 있는 직장이 얼마나 되겠으며 임신과 육아로 경력이 단절되는 것을 염려하지 않아도 되는 직종이 얼마나 되겠는가? 임원은 고사하고 부장과 차장 자리에서도 여성을 찾는 것은 결코 쉬운 일이 아니다.

나는 나이가 쉰이 될 때까지 명절이면 늘 내 부모님 댁을 먼저 찾았다. 부끄럽지만 나는 단 한 번도 아내의 부모님 댁을 먼저 갈 수도 있다는 생각을 하지 못했다. 남성 중심의 사회와 관습이 내게는 마치 공기와 같이 자연스러워서 나는 그것이 누군가에게는 불편하고 부당하고 억울할 수 있다는 것을 미처 깨닫지 못했다.

한편 갓 전역한 아들을 둔 아빠로서 그리고 내 아들 또래의 학생들을 가르치는 교수로서 나는 군 복무를 끝내고 학교로 돌아오는 복학생들이 느끼는 불안감을 이해한다. 그들이 남성에게만 부과되는 군역을 역차별로 인식하는 것에도 공감한다. 남성만이 군역을 담당하는 제도 역시 누군가에게는 공기처럼 자연스러운 일이겠지만, 누군가에게는 부당하고 억울한 일일 수 있다.

남성에 대한 역차별은 여성에 대한 차별의 다른 모습이다. 그렇기 때문에 여성에 대한 차별이 개선되고 모성이 보호받아야 남성에 대한 역차별도 개선될 수 있다. 여성의 인권이 많이 높아졌다고는 하지만, 한국에서도 일본에서도 아직 갈 길이 멀다. 일본도 여성인권에서는 후진국이지만 최근 나름의 노력을 하고 있기에 그와 관련하여 소개하고 싶은 사이트가 있다.

### 여성의 활약이 보이는가

'여성의 활약이 보이는가(http://www.gender.go.jp/policy/mieruka/)'라는 사이트는 일본 내각부의 '남녀공동참획국'이란 곳에서 운영하는 사이트이다. 전작인 《불황터널》이 출판된 2016년만 해도 민간 기업별로 여성 임직원의 비율 정도만 공개되었는데, 2019년에는 기업은 물론 공공단체별로도 여성의 활약을 일목요연하게 소개하고 있다. 아니, 아직도 일본에서 여성의 사회진출이 얼마나 험난한지를 통계와 그림으로 자세히 보여주고 있다.

이 사이트에 따르면 2018년 일본의 여성 국회의원 비율은 10.1%로 전 세계에서 157위다. 한국의 통계도 볼 수 있는데, 17%로 115위에 올라 있다. 일본 47개 광역지자체 중 여성이 단체장인 곳은 세 군데에 불과하고, 의회의 의장이 여성인 광역지자체는 아예 한 군데도 없다. 상장기업 중 여성 임원 비율은 4.1%이다. 2012년의 1.6%에서 2배 이상 뛰었지만, 서구 선진국에 비하면 아직 턱없이 낮은 비율이다. 2015년 미국은 그 비율이 18%, 프랑스는 34.4%에 이른다.

일본 정부는 직장에서 성공한 여성의 수를 늘림으로써, 더 많은 여성이 적극적으로 경제활동에 참여하는 사회적 분위기를 조성하려고 한다. 위에 소개한 사이트는 그 노력의 일환이다. 여성이 경제활동에 더 많이 더 오래 참여할수록 세수가 늘고 연금에 대한 부담이 줄어든다. 그리고, 이는 남성의 부담이 줄어드는 것을 의미하기도 한다. 노동시간을 줄이려는 일본 정부의 노력 역시, 주된 이유 중 하나는 여성의 경제활동 참가를 쉽게 하려는 것이다. 임신과 육아에서 완전히 자유로울 수 없는 기혼 여성에게 장시간 노동은 경력단절의 한 원인이라는 판단 때문이다. 여성의 경제활동참여가 활발해지면 남성과 여성이 경제적 부담을 나누어질 수 있고, 남성도 장시간 노동에서 해방될 수 있다.

### 한국과 일본의 외국인 노동자

2014년 일본의 외국인 취업자는 78만 8,000명이었다. 같은 해, 한국의 외국인 취업자는 73만 8,000명이었다. 한일 양국 모두 이 통계에 불법 취업자나 귀화자는 포함하지 않고 있다. 일본 인구가 한국의 2배 이상인 것을 감안하면, 확실히 한국이 인구 대비 더 많은 외국인 노동자를 받아들였음을 알 수 있다. 2018년에는 외국인 취업자가 한국 88만 4,000명, 일본 146만 명이다. 여전히 인구 대비로는 한국에 더 많은 외국인 취업자가 있지만 지난 4년간 일본의 외국인 노동자가 비약적으로 증가한 것을 알 수 있다.

최근 일본에서 외국인 노동자 수가 급격히 증가하는 것은 그만큼 일손이 부족하기 때문이다. 외국인 노동자는 대도시 혹은 관광지에 주로 몰려 있다. 도쿄 편의점에서 일하는 종업원은 이제 일본인보다 외국인이 더 많아 보인다. 완전고용을 달성한 상태에서 외국인 노동자가 늘다 보니, 외국인에게 일자리를 빼앗기고 있다는 불평은 전혀 들리지 않는다.

반면 한국에서는 외국인 노동자 때문에 일자리가 부족하다거나 임금 수준이 낮다는 불만의 목소리를 자주 들을 수 있다. 외국인 노동자를 받아들인 역대 정부에 대한 원망도 대단하다.

그러나 한국 정부는 자선사업을 하기 위해 외국인 노동자를 받은 것이 결코 아니다. 한국의 노동시장이 양분되면서 젊은 구직자의 외면을 받아 한계에 다다른 외국인 노동자가 필요하다고 아우성을 쳤기 때문이다. 그 기업들은 한국 청년들이 원하는 수준의 임금을 줄 수 없었고, 값싼 임금으로 고용할 수 있는 외국인 노동자 없이는 살아남을 수 없었다. 이 한계기업들이 그대로 망하게 둠으로써 산업 구조가 자연스럽게 개편되도록 하는 것이 옳았는지, 아니면 외국인 노동력을 수입해서라도 그들을 살리는 것이 옳았는지는 참 판단하기 어려운 문제다. 어쨌든 대한민국 정부는 외국인 노동력을 수입해서 값싼 임금이 유지될 수 있는 길을 선택했다.

한국 정부나 기업이 자선이나 구호를 위해 외국인을 받아들인 게 아닌 것처럼, 외국인 노동자도 한국의 한계기업을 살려보겠다는 선린 정신으로 한국을 찾은 것은 아니다. 그들도 경제적 동기로 한국 취업을 선택했다. 일자리가 필요한 외국인 구직자와 값싼 노동력이 필요한 한국 한계기업의 동기가 서로 맞아 떨어진 것이다.

따라서 외국인 노동자에 대한 혐오는 결코 정당하지 않다. 인터넷

괴담과는 달리 막상 통계를 보면 외국인 범죄율이 내국인 범죄율보다 높지도 않다. 많은 괴담은 근거도 증거도 없이 그저 혐오를 부추기기 위해 떠돈다.

2011년 동일본 대지진 이후, 일본에서 극우에 의한 혐한 시위가 늘었다. 혐중 시위는 벌이지 않는다. 중국을 한국만큼 아니면 그 이상으로 싫어하지만, 중국은 한국보다 강한 나라이기 때문이다. 신주쿠 거리에서 초라한 얼굴로 혐한 구호를 외치는 그들을 대할 때마다, 나는 그들이야말로 일본의 매국노라는 생각을 한다. 일본의 국격을 떨어뜨리고 일본을 문명사회의 웃음거리로 만들기 때문이다.

강한 자에게 약하고 약한 자에게 강한 그 초라하고 비굴한 얼굴을 내 조국에서도 보게 된다면 너무나 마음이 아플 것 같다. 외국인 노동자는 한국 청년의 일자리를 뺏기 위해 한국에 온 것이 아니다. 그들을 데려온 것은 한국 기업이고 그것을 허가한 것은 한국 정부다. 원망이 있다면 타깃을 바꾸어야 한다.

# 05

# 한국이 일본보다
# 더 나은 것

2017년 봄에 한 라디오 방송의 공개 강연에 초청받아 간 적이 있다. "일본 경제, 봄은 왔는가?"라는 주제로 간단한 강연을 하고 청중과 토론을 하는 자리였다. 아무래도 일본의 경험이 한국에 주는 시사점을 주로 논의하다 보니 일본 경제의 강점에 대해 이런저런 얘기가 오고 간 것 같다. 한 청중이 손을 들고, 한국이 일본보다 나은 것은 없는지를 물었다. 나는 일 초의 망설임도 없이 "청년 인재"라고 답했다.

나는 특정 인종이나 민족이 유전적으로 우월하다는 것을 믿지 않는다. 지금은 저소득 국가인 이집트나 캄보디아의 유적은 그 지역의 과거 문명이 얼마나 대단했는지를 보여준다. 따라서 한국 청년과 일본 청년 사이에 본질적인 능력의 차이는 없다고 본다. 그러나 처한 현실이 다르다 보니 한국 청년들이 훨씬 강하게 단련되었다. 불황이 시작되었을 때, 일본의 1인당 소득은 독일이나 프랑스보다 높았다. 지금 일본 청년들은 불황기에 태어났지만 고소득 국가에서 태어났다. 청년실업이 높았다고는 하지만 가장 높을 때도 8% 남짓이었을 뿐, 대부분의 기간 6%를 넘지 않았다. 취업 빙하기를 겪은 일본 청년들이 지금 한국 청년이 처한 현실을 보면 차마 자신들의 시대가 빙하기였다는 말을 감히 하지 못할 것이다. 최악의 상황에서도 청년실업이 8%를 넘지 않았고 중소기업은 대기업 임금의 80%를 주던 나라의 청년과, 청년실업이 11%에 중소기업은 대기업 임금의 60%만 주고, 게다가 대기업 일자리가 턱도 없이 부족한 나라의 청년은 수업 태도부터가 다르다.

한국 청년들은 사회에 나가기 위해 더 많이 준비하고, 더 많이 긴장한다. 타고난 능력에는 차이가 없을지언정, 한국 청년은 잠재능력을 최대한 끌어올리도록 요구받고 있다. 2019년 3월 와세다 국제교양학부 졸업식에서 한국인 학생이 400여 졸업생 중 수석으로 졸업했다. 도쿄에 온 한국의 젊은이들은 JP모건, 딜로이트 등의 외국계 기업은 물론 일본 명문대생들이 목표로 한다는 미쓰비시상사, 메가뱅크, 소프트뱅크 CEO실 등에 다양하게 진출하고 있다. 한일관계의 악화에도 불구하고 일본 기업은 한국인 채용을 늘리고 있다. 한국 인재의 우수성을 알기 때문이다. 전 세계를 무대로 활약하는 것은 방탄소년단만이 아니다.

### 청년인재와 차세대에 대한 기업의 책임감

그러나 아직도 많은 청년 인재들이 노량진 고시원에서 9급 공무원 시험에 매달리고 있다. 2018년 한국의 7급, 9급 공무원 시험 경쟁률은 47.6:1, 41:1이었던 반면, 같은 레벨의 일본 공무원 시험 경쟁률은 3.8:1에 불과했다. 한국 정부는 사법시험을 폐지하면서 젊은이들이 고시공부에 들이는 시간의 낭비를 한 이유로 들었지만, 예전보다 더 많은 수의 젊은이들이 더 많은 노력을 들여 공무원 시험을 준비하고 있고, 대부분이 낙방의 고배를 마셔야 하는 것이 지금 한국의 현실이다.

한국 정부는 예산의 5%를 청년실업대책에 쏟아붓고 있지만, 정부의 노력만으로는 한계가 있다. 기업도 한국이라는 공동체의 미래에 투자한다는 생각으로 청년 채용에 적극 나설 필요가 있다. 현재 소니 CEO를 맡고 있는 요시다 사장의 슬로건은 "차세대에 보다 좋은 소니를 남기자"이다. 사업 프로젝트 중에는 그 성과가 10년 뒤에나 나오는 프로젝트도 허다하다. 비록 내 재임 기간 중에는 성과를 볼 수 없더라도 내 후배들이 더 나은 소니에서 일할 수 있도록 하자는 것이 그의 취지다. 일개 기업의 연봉제 CEO가 이런 철학을 가지고 있는데, 한국 기업은 '차세대'에 대한 기업의 책임감에 대해 어떤 생각을 가지고 있는지 궁금하다.

한국 정부의 청년실업대책에 대해 "언 발에 오줌 누기"라는 비난이 많다. 맞는 말이다. 지금 정부의 대책으로는 청년실업을 해결할 수 없다. 청년들이 원하는 일자리를 만들어 주기에 역부족이기 때문이다. 그러나 우선 일할 자리를, 훈련받고 성장할 수 있는 자리를 단기적으로나마 만들어준다는 데 의의가 있다. 보다 본격적인 정책은 기업에 의한 장기적 일자리 창출에 초점을 맞추어야 한다. 일본 정부가 친환경 에너지, 바이오, 자율주행차, 빅데이터, 로봇 산업을 일본의 미래로 보고 적극적으로 지원하는 것이 자극이 되었으면 한다. 그런 측면에서 최근 한국 정부가 바이오 헬스 분야에 대한 정책지원을 대폭 늘리기로 한 것은 반가운 소식이다.

그러나 공동체에 대해 책임이 있는 것은 정부만이 아니다. 한국 기업중에 한국이라는 공동체의 지원을 받지 않은 기업이 단 한 곳이라도 있는가? 기업은 일자리를 직접 제공할 수 있을 뿐만 아니라, 중소기업과의 공정거래, 벤처기업에 대한 투자 등을 통해서도 청년 일자리 창출에 기여할 수 있다. 한편, 입사시험이나 면접 등에서도 구직자의 편의를 배려해주면 청년들에게 많은 도움이 될 수 있다. 일본에서는 2개 정도의 적성검사 테스트 성적만 있으면 기업 입사시험을 따로 칠 필요가 없다. 토플이 사기업에서 제공하는 영어능력시험이지만 모든 미국 대학이 영어능력을 입증하는 자료로 토플성적을 사용하고 자체 테스트를 실시하지 않듯이, 일본 회사들도 외부에서 개발한 적성검사테스트 성적을 그대로 사용한다. 한국에서 기업마다 시험을 따로 만들고 준비하는 것은 기업 입장에서도 구직자 입장에서도 불필요한 낭비가 아닌가 싶다.

한편 소프트뱅크가 한국 기업인 쿠팡에 천문학적인 돈을 투자했다는 것이 알려지면서 한국 벤처기업 사이에서는 소프트뱅크가 꿈의 벤처엔젤venture angel이 됐다고 한다. 한국의 벤처기업에도 투자하는 소프트뱅크가 일본 벤처에 투자하지 않을 리 없다. 현재 일본에서는 대기업에 의한 벤처 투자가 한창이다.

### 일본의 벤처기업
일본은 현재 취업시장이 호황이다 보니 젊은이들의 도전의식이 부족하고 그래서 벤처창업도 부진하다는 걱정을 많이 한다. 일본 경제에 대한 부정적인 기사는 곧바로 한국 포털에 그대로 실리고, 그래서 일본에서는 벤처 투자가 부진하구나 하는 선입견을 갖고 있는 한국인 지인도 자주 본다. 그러나 미래에 대한 투자를 등한시한 결과 많은 기업이 사활의 기로에 섰던 경험이 있기 때문에, 실은 벤처에 대한 투자가 상당히 활발하다. 그래도 미국에 비하면 아직 많이 부족하기 때문에 젊은이들이 더 적극적으로 나서주면 좋겠다는 것이 일본 정부와 언론의 걱정이다.

기업가치가 100억 엔을 초과한 미상장 벤처 기업은 2019년 기준 일본에서 47개사로 파악된다. 2018년 22개사에 비해 2배 이상 늘어난 숫자이다. 이 중 기업가치가 가장 높은 기업은 심층학습에 의한 제어기술을 개발·판매하는 '프리펀드 네트워크'라는 벤처인데, 토요타자동차, 히타치제작소, 중외제약 등 대기업에서 투자를 받았다. 2019년 기업가치는 무려 2,402억 엔에 이르는 것으로 평가된다. 2018년 스타트업 기업에 대한 일본 내 자금조달액은 4,000억 엔 정도인 것으로 알려져 있다. 자금원은 주로 일본 대기업이다.

일본 젊은이들은 담보가 없어도 벤처캐피털리스트를 설득할 수 있는 사업계획서만 있으면 투자를 받을 수 있다. 리먼브라더스에 취직한 제자로 2장에 잠시 등장했던 나가타 요스케는 리먼의 아시아 사업이 노무라증권에 팔리면서 잠시 노무라에 몸을 담았지만, 얼마 있지 않아 미국계 사모펀드로 자리를 옮겼고 거기서 배운 노하우를 바탕으로 자신의 사업을 시작했다. 소프트뱅크 등에서도 투자를 받은 그의 사업체는 이제 상당한 규모가 되었고, 그는 잘 나가는 청년 벤처기업가로 일본판 〈포브스〉 등에도 소개되었다. 그런데 내가 정말 하고 싶은 얘기는 나가타가 아니라 나가타의 후배인 카와구치의 이야기이다. 성공한 금융인이었던 아버지를 둔 나가타는 오랜 외국 생활 덕에 영어와 일본어를 완벽하게 구사할 수 있었고, 몇 군데 메이저 직장을 거치면서 쌓은 인맥을 활용할 수 있었다. 그러나 카와구치는 평범한 가정에서 태어났고, 대학에서 교환학생 제도를 이용하기 전까지는 외국에서 교육을 받은 경험도 전혀 없었다.

카와구치가 나가타를 처음 만난 것은 제미 선후배들의 망년회에서였다. 나가타는 자신의 신규 사업체에서 일할 인턴이 필요했고, 카와구치는 호기심에 선배의 직장에 인턴을 지원했다. 대기업 취업을 목표로 하고 있던 카와구치는 인턴으로 일하면서 벤처기업에 관심을 가지게 되었고, 유명 벤처캐피털인 'East Ventures'에서 인턴으로 일을 시작했다. 벤처캐피털의 인턴이다 보니 청년 사업가들을 자주 만나게 되었고, 그 역시 대기업에 가기 보다는 하루라도 빨리 자기 사업을 시작하고 싶어졌다. 그는 와세다대 졸업장까지 포기하고 벤처 창업에 몰두했지만, 허무하게 실패했다. 그러나 큰 타격을 받지는 않은 것이, 벤처캐피털의 창업지원금만 날렸을 뿐이기 때문이다. 그는 자신의 실패 경험을 자산으로 미국에 있는 일본계 벤처캐피털에 취업했고, 거기서 일을 배우면서 다시 창업을 준비하기 시작했다. 다행히 일 관계로 만난 타이완계 사업가가 그의 사업구상에 관심을 보였고, 1만 달러를 빌려주기로 했다. 그리고 그와 별도로 2,000달러를 카와구치의 사업에 투자하기로 한다. 카와구치는 빌린 1만 달러와 투자 받은 2,000달러, 우리 돈으로 약 1,200만 원 정도의 사업자금을 가지고 일본에 돌아왔다. 그리고 과거 인턴으로 일했던, 그리고 자신의 첫 번째 사업에 투자했던 'East Ventures'에 자신의 두 번째 사업에 투자할 의향이 있는지 타진했다.

'East Ventures'는 유사성이 있는 다른 사업에 이미 투자를 결정했기 때문에 투자할 수 없다고 통지했지만, 놀랍게도 오피스와 거주지를 제공해주었다. 유망한 젊은 사업가에게 최소한의 도움은 주고 싶다는 순수한 의도에서였다. 카와구치는 사업을 보다 구체화시킨 후, 다른 두 군데의 벤처 캐피털을 두드렸고, 각각 10만 달러의 투자를 받았다. 당시 그들이 평가한 카와구치 사업체의 가치는 100만 달러였다. 지금 그 벤처기업은 카와구치가 60%의 지분을 파트너인 타이완 사업가가 20%, 그리고 투자금을 제공한 두 벤처 캐피털이 20%의 지분을 가지고 있다. 카와구치의 롤모델이 되었던 나가타의 사업에 비하면 아직 상당히 적은 규모이지만, 카와구치의 사업은 이제 막 수익을 내기 시작하였고, 유망한 벤처사업가로 일본의 영자신문 〈재팬타임스〉에 소개되기도 했다.

나는 카와구치가 일본의 벤처 캐피털리스트에게 가지고 있는 좋은 감정에 깊은 인상을 받았다. 투자 여부에 관계없이 젊은 벤처기업가들을 응원하고자 하는 진지한 태도에 카와구치는 깊이 감사하고 있다. 카와구치의 아이디어가 아주 획기적인 것도 성공이 100% 담보되는 것도 아니다. 그러나 가능성이 있는 벤처기업에 투자하고, 그중 다만 몇 개라도 성공하면 이익을 보는 것이 벤처캐피털의 존재 양식이 아닌가? 본래의 존재 이유에 충실한 벤처캐피털이 있기에 카와구치같은 평범한 집안의 학생도 자기 꿈을 펼칠 기회를 잡을 수 있었다.

### 청년이 해외에 나가야 하는 이유

현재 한국에는 벤처기업에 투자할 수 있는 자금이 결코 부족하지 않다. 대기업의 사내유보금도 적지 않을뿐더러 정부도 적극적으로 벤처기업에 대한 지원을 늘리고 있다. 그러나 벤처 기업가의 사업구상을 제대로 평가하여, 가능성이 있는 벤처에 투자와 조언을 제공할 수 있는, 사명감과 실력을 겸비한 벤처캐피털리스트가 부족하다. 일본의 소프트뱅크처럼 한국에서도 대기업이 적극적으로 나서 주었으면 싶다.

하지만 정부가 노력하고 기업이 협조한다고 해서 청년 일자리가 단기간 내에 획기적으로 개선되기는 어렵다. 3장에서도 말했지만, 지금 대한민국의 일자리 문제에는 지난 20년간 누적된 구조적 요인이 자리하고 있기 때문이다. 지속적으로 개선된다 하더라도, 지금 당장 취업 시장에 나가 있는 청년에게는 체감할 수 있는 변화가 없을지도 모른다. 그렇다면 어떻게 할 것인가? 비정하게 들리겠지만 청년들은 스스로 살길을 찾아야 한다. 그리고 그 길 중 하나로 해외에 나가는 것도 생각해볼 만 하다.

박근혜 대통령이 청년들의 중동 진출을 얘기했을 때도 반기문 사무총장이 청년의 해외진출을 격려했을 때도 청년들은 그들에게 온갖 야유와 비난을 퍼부었다. 정치적 반대 세력은 물론 말할 것도 없다. 2018년에는 청와대 김현철 경제보좌관이 청년들에게 동남아로 가라는 말을 했다가 여론의 호된 질타를 받고 자리에서 물러난 일도 있었다. 정치적 반대세력에게는 청와대를 공격할 아주 좋은 빌미가 되었다. 여당이었을 때 추진하던 정책을 야당이 되면 반대하고, 야당이었을 때 반대하던 정책을 여당이 되면 추진하는 일이 이제 새롭지도 의아하지도 않은 것이 대한민국 정치의 현주소라서, 청년실업이 반대파에 대한 공격의 도구로 쓰이는 것은 하나도 이상하지 않다. 하지만 당자자인 청년들이 해외취업에 이렇게까지 신경질적으로 반응하는 것은 다소 당혹스럽다.

상품과 마찬가지로 인간의 노동력도 시장에서 사고파는 한, 수요와 공급의 법칙에서 자유로울 수 없다. 한국 청년이 그 우수한 자질을 가지고도 제대로 된 직장을 잡지 못하고 있는 것은 공급에 비해 수요가 부족하기 때문이다. 공급이 수요를 초과하면 그 상품은 제값을 받을 수 없다. 기업은 국내 수요가 부족하다는 판단이 들면 해외 시장을 개척한다. 개인도 마찬가지다. 해외에 유학하고 연수를 다녀오고 했으면서도 결국 공무원, 국내 공기업, 국내 대기업만 고집하는 것은 자신의 가능성을 너무 제한하는 것이다. 자기만의 분명한 비전이 있어서 국내에 남아야 하거나, 외국에 나갈 수 없는 나름의 이유가 있는 경우도 있을 것이다. 그러나 그런 제약이 없다면 과감하게 해외 기업의 문도 두드려보라고 권하고 싶다.

### 실패는 어디에나 있다

"만일 네가 꿈꾸던 그 특별한 장소가 외로운 곳이 된다면, 너의 강함을 사랑에서 찾으라." 팝의 디바로 알려진 휘트니 휴스턴의 명곡 '가장 위대한 사랑' 마지막에 나오는 구절이다. 가장 위대한 사랑은 자신을 사랑하는 법을 배우는 것이다. 나는 이 곡이 방탄소년단의 노래 'Love yourself'에 영감을 주었다고 믿는다.

휘트니는 이 곡에서 '사랑'을 강조하고 싶었겠지만 나이가 쉰이 되어 이 노래를 다시 들으니, "네가 꿈꾸던 그곳이 외로운 곳이 된다면"이라는 말이 더 귀에 들어온다. 나는 젊어서 매번 이것만 손에 넣는다면 얼마나 행복할까, 라는 생각으로 도전하고 성취하고 또 도전하고 성취했다. 나는 늘 성실했고 거의 실패 없이 내가 목표로 한 것을 손에 넣었지만, 인생은 늘 힘들었고 그 어떤 성공도 나를 꿈의 낙원으로 인도하지 못했다. 나는 오십이 되어서야 그것이 인생이라는 것을 깨달았다.

한국의 젊은 학생들을 상담하다 보면, 실패에 대한 두려움이 상당한 것을 보게 된다. 아마 한국 사회가 경쟁이 심하고 불확실성이 높은 사회라서 그럴지도 모르겠다. 그래서 안정적인 직장을 원한다. 한 번 잡으면 안심할 수 있는 직장. 지금 젊은이들에게는 아마 그것이 공직이거나 공기업이거나 대기업일 것이다. 외국에서 직장을 잡으면 미래가 더 불확실해진다는 생각을 한다. 해외연수나 유학은 기한이 정해져 있지만 해외 취업은 기한이 없기 때문이기도 하다. 그러나 내가 20대 때 가장 선망하던 직장을 잡은 친구들이 30대, 40대가 되어서도 모두가 부러워하는 직장에 다니는 것은 아니었다. 회사가 망한 경우도 있고, 적성에 맞지 않아 그만두거나, 불운하게도 최악의 상사나 동료를 만나 그 때문에 털고 나온 경우도 있다. 그러나 50대가 된 내 동기들이 대개 동의하는 것은, "성실하고, 소통이 잘 되고, 성격이 좋은" 친구들은 대개의 경우 결국 어디에선가는 능력만큼 대접을 받는다는 것이다.

막상 해외에 나와서 일하는 한국 청년들을 보면 만족한 생활을 하는 경우가 많다. 외국 직장에서 있을 수 있는 제반 문제는 대부분의 경우 한국 직장에도 있는 문제다. 이 세상 어디에도 내 꿈을 배신하지 않는 직장은 없다. 그래서 "성실하고, 소통이 잘 되고, 성격이 좋은" 사람이라면 해외 취업에도 과감하게 도전해보라고 권하고 싶다. 지금처럼 국내 일자리가 부족한 시기에 해외에서 취업하는 청년이야말로 애국자다. 일자리 하나를 국내 취업자에게 양보한 것이기 때문이다. 한국 학생들에게 이런 조언을 할 때마다 가슴 한 편이 아프다. 그러나 어느 나라 청년보다도 우수한 그 재능을 썩히지 말고, 세계 어디라도 좋으니 네 재능을 발휘할 수 있고, 더 나은 인적자산으로 성장할 수 있는 곳에서 살아남으라고 간곡히 부탁한다. 네가 부푼 꿈을 안고 간 그곳이 너를 실망시키는 날이 오더라도, 너 자신이 가지고 있는 장점을 잃지 말고 성실히 노력해라. 그러면 새로운 기회는 반드시 너를 다시 찾아온다.

# 더 알아보기: 일본의 정년과 임금피크제

일본의 현행 '고연령자 고용안정법'에 따르면 정년을 최소한 65세로 하던가, 아니면 정년을 앞둔 직원이 원하는 경우 계약사원 등의 형식으로 적어도 65세까지는 고용을 보장해야 한다. 2018년 후생노동성의 조사에 따르면, 정년을 폐지한 기업은 전체의 2.6%, 65세 정년을 보장하는 기업은 전체의 16.1%에 이른다. 대기업과 중소기업으로 분리해 보면 중소기업에서 그 비율이 더 높은 것을 볼 수 있다. 중소기업의 인력난 때문일 것이다. 나머지 기업은 계약직원 등의 형식을 빌려 65세까지 고용을 보장한다. 종업원 입장에서 보면, 60~64세 직원의 경우 60% 이상이 계약직원인 것으로 보인다. 계약은 대개 1년 계약으로 매년 갱신되는 형식이다.

계약직원이 되면 업무내용이나 연봉에 변화가 있을까? 노동정책연구·연수기구의 조사에 의하면 업무내용에 변화가 있다는 응답이 60% 정도이다. 연봉에 관한 최근 통계는 찾기 어렵지만, 일본 미디어는 대개 정년 전의 50~70% 정도로 추측한다. 업무내용에 변화가 있다면 임금에도 변화가 있을 것이다. 그러나 업무내용에 변화가 없다면? 직원은 당연히 과거와 같은 대우를 받기 원하겠지만 기업의 입장은 다르다. 계약사원으로 고용하는 부담을 기업이 졌으니, 임금만큼은 삭감하기를 원한다.

2년여 전 일본에서는 한 학원의 정규직 강사가, 정년 후 임금과 관련해 학원을 상대로 법정 다툼을 벌인 일이 있다. 계약직 사원이 된 후에도 강의 시간에는 변화가 없는데 임금이 30~40% 삭감되었다는 것이 학원을 고소한 이유다. 2018년 1월, 법원의 판단은 임금 삭감이 정당하다는 것이었다. 우선 강의 부담에는 변화가 없었지만 강의 외 업무, 즉 학생이나 학부모에 대한 대응 업무 등에서는 부담이 상당히 경감되었다고 판단했다. 그리고 정년퇴직 후 임금이 삭감되는 것은 대부분의 회사에서 일반적인 일이므로 불합리하다고 보기 어렵다는 것도 학원의 손을 들어준 이유 중 하나이다.

업무내용이나 부담에 변화가 없는데도 임금을 삭감한 것이 정당하다는 판결도 있었다. 한 운수회사를 상대로 한 소송에서, 일심은 임금 삭감을 부당하다고 판결했지만 2018년 6월 대법원 판결은 "정년 후의 임금삭감은 사회적으로 용인되고 있다"는 이유로 운수회사의 손을 들어주었다. 실제로 한 조사에 따르면 정년 후 계약사원의 급료를 삭감하지 않는 기업은 전체의 13%에 지나지 않는다고 한다. 직무내용에 변화가 없더라도 어느 정도의 임금 삭감은 용인되는 것으로 보는 것이 현재 일본의 일반적 분위기이다. 그러나 정년 후 직무내용에 전혀 변화가 없는 것은 드문 케이스이고, 정년 후 업무에 변화가 있고 또 그에 따라 급료가 조정되는 것이 대부분이다. 일종의 임금피크제인 셈이다.

한국에서도 최근 정년연장에 관한 논의가 진행 중이다. 65세가 되어야 국민연금을 받을 수 있기에, 60세 정년을 앞 둔 직장인에게는 반가운 일이 아닐 수 없다. 그러나 청년 구직자들은 정년연장으로 인건비가 상승한 기업이 신규채용을 줄이지나 않을까, 마음을 졸이고 있다. 따라서 임금피크제 등을 활용하여 정년연장으로 인한 기업의 부담을 경감시

켜줄 필요가 있다.

한국에서 주요 정책의 입안자들은 50대인 경우가 많다. 정년이 연장된다면 당장 혜택을 볼 수 있는 연령이다. 반면 정년연장의 혜택이 먼 미래의 일인 청년 구직자들은 정책 결정에 참여할 방법이 없다. 국회에도 행정부에도 기업에도 노조에도 청년이 없기 때문이다. 정년연장의 사회적 비용이, 정책 결정 과정에 소외되어 있는 청년에게 집중되지 않도록 하는 배려가 절실하다.

# 참고문헌

大鹿靖明, 堕ちた翼 ドキュメントJAL倒産, 朝日新聞出版 (2010/4/20)

岩瀬達哉, ドキュメント　パナソニック人事抗争史, 講談社 (2016/4/20)

清武英利, しんがり　山一證券最後の１２人, 講談社 (2015/8/20)

平川紀義, パナソニックＶ字回復の真実, KADOKAWA (2016/3/14)

片山修, パナソニック、「イノベーション量産」企業に進化する, PHP研究所 (2018/10/18)

日本経済新聞社, シャープ崩壊――名門企業を壊したのは誰か, 日本経済新聞出版社 (2016/2/17)

大西康之, 会社が消えた日　三洋電機10万人のそれから, 日経BP社 (2014/5/20)

大西康之, 東芝解体　電機メーカーが消える日, 講談社 (2017/5/17)

清武英利, 奪われざるもの　ＳＯＮＹ「リストラ部屋」で見た夢, 講談社 (2016/5/19)

大鹿靖明, 東芝の悲劇, 幻冬舎 (2018/8/3)

鈴木崇久, "中西改革"が日立のタブーをぶち壊す 週刊ダイヤモンド 特集, ダイヤモンド社 (2013/3/18)

川村隆, ザ・ラストマン　日立グループのＶ字回復を導いた「やり抜く力」, KADOKAWA (2015/3/10)

川村隆, 100年企業の改革　私と日立　私の履歴書, 日本経済新聞出版社 (2016/1/20)

週刊東洋経済編集部,消沈の電機業界でV字回復　日立に学べ！,週刊東洋経済eビジネス新書 No.34,東洋経済新報社 (2013/2/2)

週刊ダイヤモンド編集部,変われぬ東芝　変わる日立、ダイヤモンド社 (2018/11/5)

竹内慎司、ソニー本社六階、アンドリュースプレス (2005/03)

日経産業新聞、SONY 平井改革の1500日、日本経済新聞出版社 (2016/5/23)

週刊東洋経済編集部、ソニーに学べ、東洋経済新報社 (2019/7/6)

三枝匡、V字回復の経営　2年で会社を変えられますか 企業変革ドラマ、日本経済新聞出版社 (2006/4/1)

三枝匡、戦略プロフェッショナル―シェア逆転の企業変革ドラマ、日本経済新聞社 (2002/9/1)

三枝匡、経営パワーの危機―会社再建の企業変革ドラマ、日本経済新聞社 (2003/3/1)

三枝匡、ザ・会社改造 340人からグローバル1万人企業へ、日本経済新聞出版社 (2016/9/1)

小笠原啓、東芝 粉飾の原点、日経BP社 (2016/7/15)

林文夫 (編)、金融の機能不全、勁草書房 (2007/1/30)

林文夫 (編)、経済停滞の原因と制度、勁草書房 (2007/1/30)

林文夫 (編)、経済制度設計、勁草書房 (2007/1/30)

藻谷浩介、デフレの正体　経済は「人口の波」で動く、KADOKAWA (2012/4/10)

小嶌典明、労働法改革は現場に学べ! これからの雇用・労働法制 (労新新書)、労働新聞社 (2015/9/14)

原英史,日本人を縛りつける役人の掟: 「岩盤規制」を打ち破れ!、小学館 (2014/7/1)

隆士,小塩、18歳からの社会保障読本: 不安のなかの幸せをさがして、ミネルヴァ書房 (2015/12/20)

浜田宏一 編、日本経済は復活するか、藤原書店 (2013/10/25)

若田部昌澄、ネオアベノミクスの論点 (PHP新書)、PHP研究所 (2015/2/14)

文藝春秋編、アベノミクス大論争 (文春新書)、文藝春秋 (2013/3/29)

小峰隆夫、日本経済の記録 歴史編 第1巻 (バブル/デフレ期の日本経済と経済政策)第2次石油危機への対応からバブル崩壊まで(1970年代~1996年)、佐伯印刷 (2011/3/31)

小峰隆夫、日本経済の記録 歴史編 第2巻 (バブル/デフレ期の日本経済と経済政策)金融危機、デフレと回復過程(1997年~2006年)、佐伯印刷 (2011/3/31)

野口悠紀雄、金融緩和で日本は破綻する、ダイヤモンド社 (2013/2/1)

# 불황 탈출

2019년 8월 16일 초판 1쇄 발행
2019년 9월  4일 초판 2쇄 발행

지은이 | 박상준
발행인 | 윤호권
책임편집 | 신수엽
마케팅 | 문무현 서영광 이영섭

발행처 | (주)시공사
출판등록 | 1989년 5월 10일(제3-248호)
브랜드 | 알키

주소 | 서울시 서초구 사임당로 82(우편번호 06641)
전화 | 편집(02)2046-2850 · 마케팅(02)2046-2894
팩스 | 편집 · 마케팅(02)585-1755
홈페이지 | www.sigongsa.com

ISBN | 978-89-527-3885-1 03320

알키는 ㈜시공사의 브랜드입니다.

도서의 국립중앙도서관 출판예정도서목록(CIP)은 서지정보유통지원시스템 홈페이지(http://seoji.nl.go.kr)와 국가자료공동목록시스템(http://www.nl.go.kr/kolisnet)에서 이용하실 수 있습니다.(CIP제어번호: CIP2019029905)